商周青銅器銘文暨圖像集成續編

第二卷

高明題

吴鎮烽 編著

簋 盨 簠 敦 盞 豆 鋪 盂 盆 匕

爵 角 觚 觶

上海古籍出版社

第二卷　目　　録

05. 盨

06. 簠

13. 角

14. 觚

15. 觶

0380. 伯𩡧簋

【時　　代】西周中期後段。

【出土時地】1955 年安徽無爲縣高士林捐獻。

【收 藏 者】安徽博物院。

【尺度重量】通高 24.6、口徑 20.7、腹徑 24.2 釐米，重 4.03 公斤。

【形制紋飾】弇口鼓腹，圈足下有三個小足，一對獸首耳，下有方形垂珥，蓋面隆起，上有圈狀捉手。蓋沿和口下飾竊曲紋，蓋面和腹部飾瓦溝紋，圈足飾斜角變形夔紋。

【著　　録】安徽銘文 303 頁圖 207.1，江淮 056。

【銘文字數】内底鑄銘文 12 字。

【銘文釋文】白(伯)𩡧乍(作)䜌(巒)白(伯)寶𣪘(簋)，足子孫寶用。

【備　　注】《銘圖》04678 收録一件同銘文簋，形制、紋飾、銘文相同。“足”字或爲“世”字之誤。

0381. 仲𨟻父簋

【時　　代】西周中期後段。

【收 藏 者】天津某收藏家。

【尺　　度】通高 22.2、口徑 18.8、兩耳間距 36 釐米。

【形制紋飾】斂口鼓腹，一對龍首耳，下有垂珥，圈足下連鑄三條獸面小足，蓋面隆起，上置圈狀捉手，沿下折。蓋面內圈和器腹均飾瓦溝紋，蓋面外圈和器口沿下均飾竊曲紋，以雲雷紋襯底，圈足飾變形夔紋。

【著　　録】未著録。

【銘文字數】蓋、器同銘，各 12 字。

【銘文釋文】中(仲) 𨟻父乍(作) 䊷汝障(尊) 毁(簋)，甘(其) 永寶用。

蓋

器

0382. 伯逆車簋甲

【時　　代】西周晚期。

【收 藏 者】中華古美術公司。

【尺　　度】通高 21.5、兩耳相距 34.5 釐米。

【形制紋飾】體低矮，弇口鼓腹，圈足下連鑄三個獸面小足，一對獸首半環耳，下有卷尾形垂珥，弧面形蓋，頂部有圈狀捉手。蓋沿和器口沿飾竊曲紋，蓋面和器腹飾瓦溝紋。

【著　　録】未著録。

【銘文字數】蓋、器同銘，各 12 字。

【銘文釋文】白（伯）逆車乍（作）辛始（姒）賸（媵）毁（簋），甘（其）永寶用。

【備　　注】據傳同坑出土四件，形制、紋飾相同，大小相若，應爲一家之物，現分爲二人收藏。這一件爲伯逆車作辛姒媵簋，蓋、器對銘，另一件蓋是伯逆車作辛姒媵簋，而器爲吕季姜作尊簋。另外兩件藏家未公布，詳情不知，有可能其一是蓋、器對銘的吕季姜作尊簋，其二是器銘爲伯逆車作辛姒媵簋，而蓋銘爲吕季姜作尊簋，四件中有兩件的蓋、器互相配錯。

蓋

器

0383. 伯逆車簋乙

【時　　代】西周晚期。

【收 藏 者】某收藏家。

【形制紋飾】體低矮，弇口鼓腹，圈足下連鑄三個獸面小足，一對獸首半環耳，下有卷尾形垂珥，一垂珥殘，弧面形蓋，頂部有圈狀捉手。蓋沿和器口沿飾竊曲紋，蓋面和器腹飾瓦溝紋。

【著　　録】未著録。

【銘文字數】蓋、器同銘，各 12 字。

【銘文釋文】白(伯)逆車乍(作)辛始(姒)賸(媵)𣪘(簋)，𠀠(其)永寶用。

0384. 祔簋

【時　　代】西周晚期。
【收 藏 者】某收藏家。
【尺　　度】通高19、口徑17.8釐米。
【形制紋飾】弇口鼓腹，腹部有一對獸首銜環耳，矮圈足沿外侈，連鑄三個長方小足，蓋面隆起，上有圈狀捉手。通體飾瓦溝紋。
【著　　録】未著録。
【銘文字數】蓋、器同銘，各12字(其中重文2)。
【銘文釋文】祔乍(作)寶段(簋)，孫＝(孫孫)子＝(子子)其(其)永寶用。

蓋

器

0385. 小臣唐簋

【時　　代】西周早期。

【收 藏 者】某收藏家。

【形制紋飾】弇口鼓腹，一對獸首耳，下有鉤狀垂珥，矮圈足，弧面形蓋，上有圈狀捉手，捉手有對穿小孔。蓋沿和器口沿各飾兩條弦紋。

【著　　録】古文字 30 輯 125 頁。

【銘文字數】蓋、器同銘，各 13 字。

【銘文釋文】王吏(使)小臣唐射，克，小臣闌，用乍(作)寳(寶)。

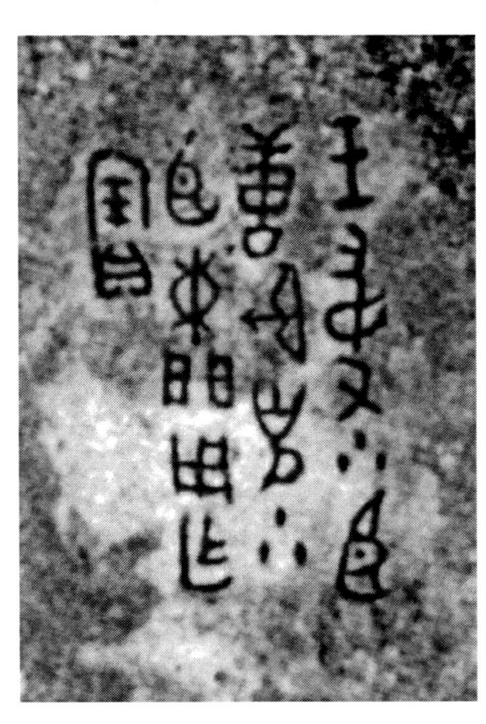

0386. 鄭虢叔安簋甲

【時　　代】西周晚期。

【收 藏 者】某收藏家。

【形制紋飾】斂口鼓腹，一對獸首耳，下有垂珥，圈足沿外侈，連鑄三條獸面扁足，蓋面隆起，沿下折，頂部有圈狀捉手。蓋面外圈和器口沿下均飾雙行重環紋，蓋面内圈和器腹均飾瓦溝紋，圈足飾單行重環紋。

【著　　録】未著録。

【銘文字數】蓋、器對銘，各 13 字(其中重文 1)。

【銘文釋文】奠(鄭) 虢弔(叔) 安乍(作) 寶毀(簋)，子= (子子) 孫永考(孝)用。

蓋

器

0387. 鄭虢叔安簋乙

【時　　代】西周晚期。

【收 藏 者】某收藏者。

【形制紋飾】斂口鼓腹，一對獸首耳，下有垂珥，圈足沿外侈，連鑄三條獸面扁足，蓋面隆起，沿下折，頂部有圈狀捉手。蓋面外圈和器口沿下均飾雙行重環紋，蓋面内圈和器腹均飾瓦溝紋，圈足飾單行重環紋。

【著　　録】未著録。

【銘文字數】蓋、器同銘，各 13 字。

【銘文釋文】奠（鄭）虢弔（叔）安乍（作）寶𣪘（簋），子$_{=}$（子子）孫用考（孝）用。

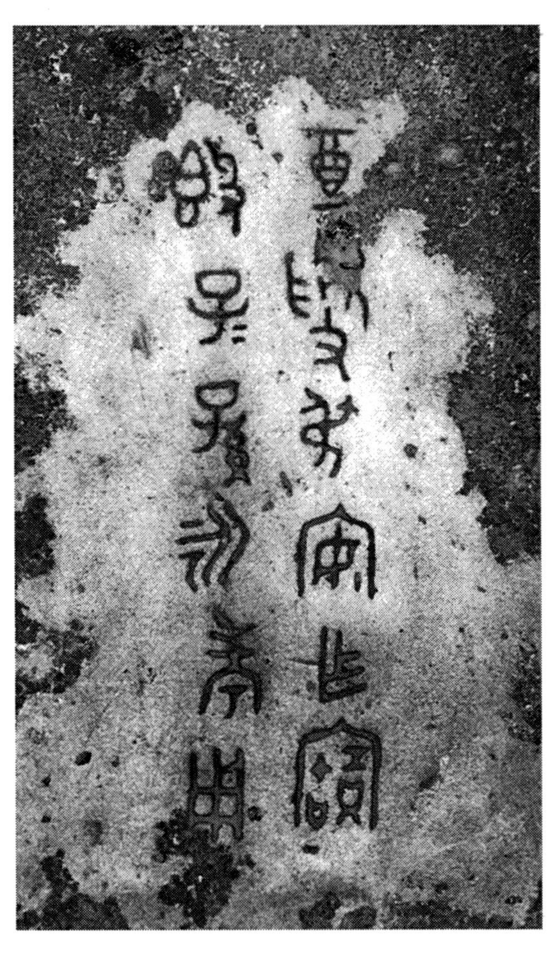

蓋

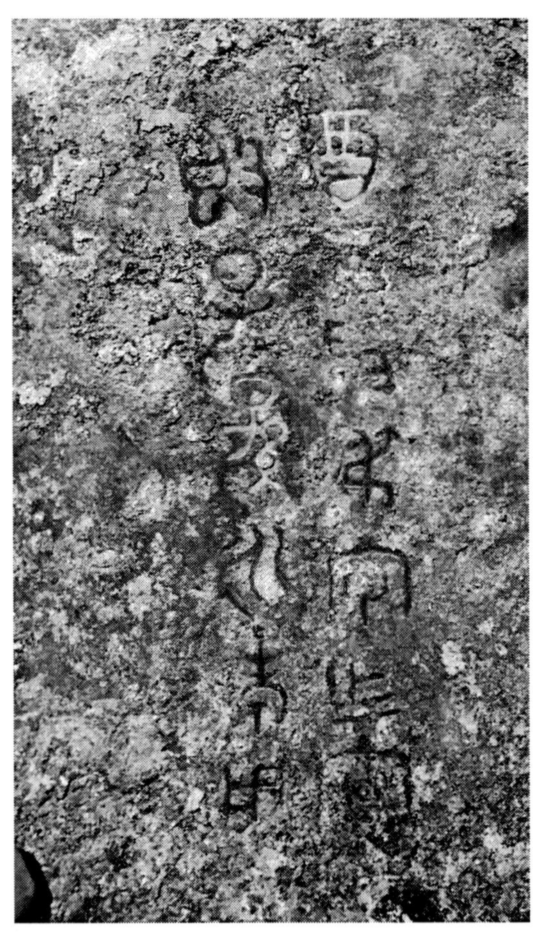

器

0388. 邾慶父簋(鼄慶父簋)

【時　　代】春秋早期。

【出土時地】2013 年 2 月出現在西安。

【收 藏 者】某收藏家。

【尺　　度】蓋高 8.7、口徑 23.5 釐米。

【形制紋飾】子口内斂,鼓腹,一對獸首耳,下有垂珥,底部近平,圈足連鑄三條獸面小足,蓋面隆起,上有圈狀捉手。捉手内飾卷曲的夔龍紋,蓋沿和器口下均有兩組紋飾,每組以浮雕獸頭爲中心,兩側各有兩隻小鳥和兩條夔龍組成,小鳥與夔龍相間,不施底紋,蓋面和器腹均飾瓦溝紋。

【著　　録】未著録。

【銘文字數】蓋、器同銘,各 13 字。

【銘文釋文】鼄(邾)慶父乍(作)州妠車母寶𣪕(簋),永寶用。

【備　　注】全形未允許拍照,器銘未允許拓印。

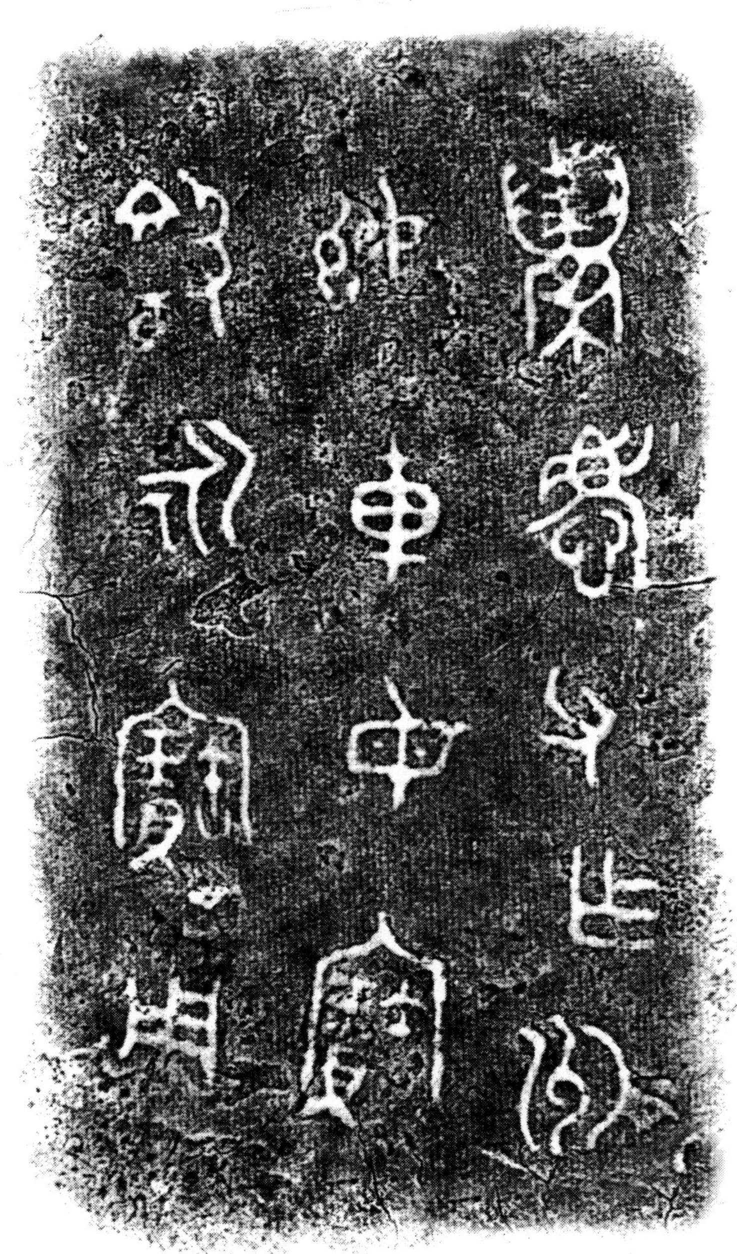

蓋

0389. 郳慶父簋(鼄慶父簋)

【時　　代】春秋早期。

【出土時地】2015 年 1 月出現在臺北臺灣世家春季拍賣會。

【收 藏 者】某收藏家。

【尺　　度】通高 39 釐米。

【形制紋飾】子口内斂,鼓腹,一對獸首耳,下有垂珥,底部近平,圈足連鑄三條獸面小足,蓋面隆起,上有圈狀捉手。捉手内飾卷曲的夔龍紋,蓋沿和器口下均有兩組紋飾,每組以浮雕獸頭爲中心,兩側各有兩隻小鳥和兩條夔龍組成,小鳥與夔龍相間,不施底紋,蓋面和器腹均飾瓦溝紋。

【著　　録】未著録。

【銘文字數】器内底鑄銘文 13 字,蓋内 12 字。

【銘文釋文】蓋銘: 鼄(郳) 慶父乍(作) 州車母寶𣪕(簋),永寶用。

【備　　注】器銘未公布。

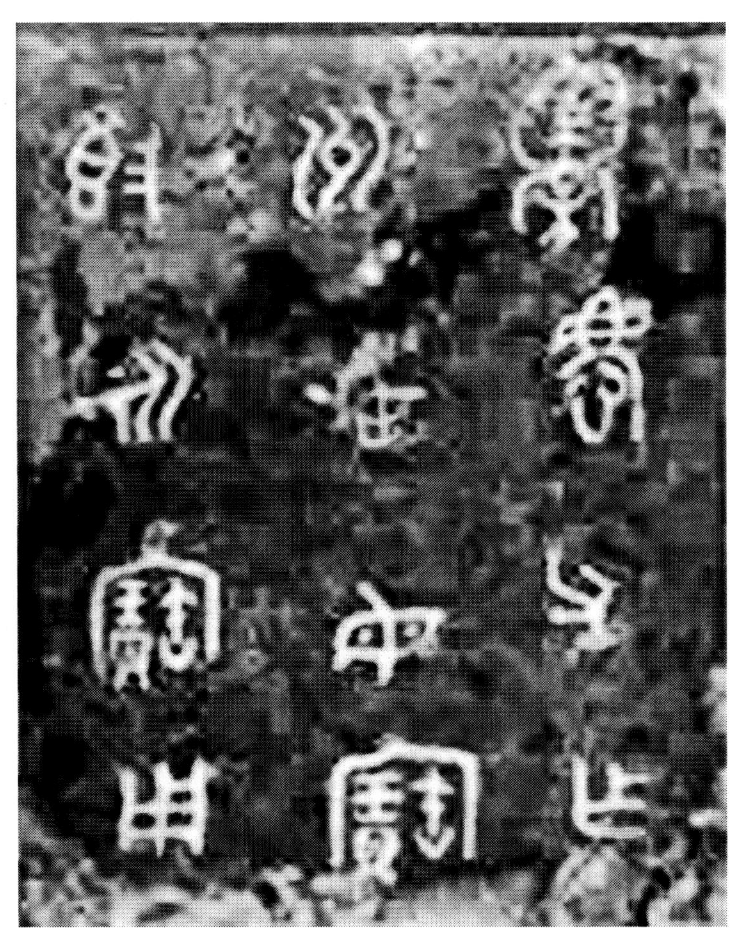

蓋

0390. 麗于簋

【時　　代】西周晚期。

【收 藏 者】臺北震榮堂(陳鴻榮、王亞玲夫婦)。

【尺　　度】通高 21、兩耳間距 25 釐米。

【形制紋飾】弇口鼓腹,矮圈足沿外侈,一對獸首耳,下有方形垂珥,蓋面隆起,上有圈狀捉手。通體飾覆瓦紋。

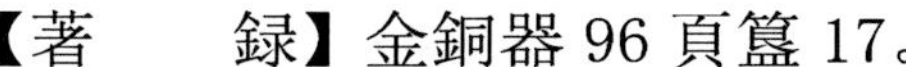

【著　　録】金銅器 96 頁簋 17。

【銘文字數】内底鑄銘文 14 字(其中重文 2)。

【銘文釋文】麗于乍(作)寶設(簋),其(其)徜(萬)年子₌(子子)孫₌(孫孫)永寶。

0391. 𠦪簋

【時　　代】西周晚期。

【收 藏 者】山東省鄒城市博物館。

【尺　　度】通高25.5、口徑21.5釐米。

【形制紋飾】弇口鼓腹，一對龍首半環耳，下有垂珥，矮圈足下連鑄三條獸面扁足，蓋面隆起，上有圈狀捉手。通體飾瓦溝紋。

【著　　録】濟寧珍71頁。

【銘文字數】蓋、器同銘，各14字。

【銘文釋文】𠦪乍(作)姬婁寶段(簋)，其萬年賁(眉)𠷎(壽)，永寶用。

0392. 录簋蓋甲

【時　　代】西周晚期或春秋早期。

【出土時地】1966 年河南平頂山市薛店鎮太僕寨村陳德州捐贈給河南省文物工作隊,20 世紀 60 年代移交開封市博物館。

【收 藏 者】開封市博物館。

【尺　　度】蓋高 8.2、口徑 20 釐米。

【形制紋飾】蓋面隆起,上有圈狀捉手。捉手内飾蟠龍紋,蓋沿飾竊曲紋和一道弦紋。捉手稍殘。

【著　　録】文物 2012 年 7 期 75 頁圖 3、4。

【銘文字數】蓋内鑄銘文 14 字(其中重文 2)。

【銘文釋文】录乍(作)䵼(齍)𣪘(簋),子=(子子)孫=(孫孫)𠀠(其)萬(萬)年永寶用。

【備　　注】館藏號:09319。

0393. 录簋蓋乙

【時　　代】西周晚期或春秋早期。

【出土時地】1966年河南平頂山市薛店鎮太僕寨村陳德州捐贈給河南省文物工作隊,20世紀60年代移交開封市博物館。

【收 藏 者】開封市博物館。

【尺　　度】蓋高8、口徑21釐米。

【形制紋飾】蓋面隆起,上有圈狀捉手。捉手内飾蟠龍紋,蓋沿飾竊曲紋和一道弦紋。經修復後完整。

【著　　録】文物2012年7期76頁圖7。

【銘文字數】蓋内鑄銘文14字(其中重文2)。

【銘文釋文】录乍(作)𩰫(齍)𣪕(簋),子=(子子)孫=(孫孫)亓(其)萬(萬)年永寶用。

【備　　注】館藏號:09321。

0394. 叔帶父簋

【時　　代】西周晚期。

【出土時地】2006 年徵集。

【收 藏 者】中國國家博物館。

【尺　　度】通高 23、口徑 19、兩耳相距 33 釐米。

【形制紋飾】子口内斂，鼓腹，一對獸首半環形耳，下有長方形垂珥，圈足下連鑄四條獸面扁足，外罩式蓋，上有圈狀捉手，沿下折。蓋面飾瓦溝紋和變形重環紋，捉手内飾圓渦紋，口沿下和圈足均飾變形重環紋，腹部飾瓦溝紋。

【著　　録】百年 118 頁 56。

【銘文字數】蓋、器同銘，各 14 字(其中重文 2)。

【銘文釋文】弔(叔)𦅫(帶)父乍(作)尊𣪘(簋)，𠀠(其)子=(子子)孫=(孫孫)永寶用。

蓋

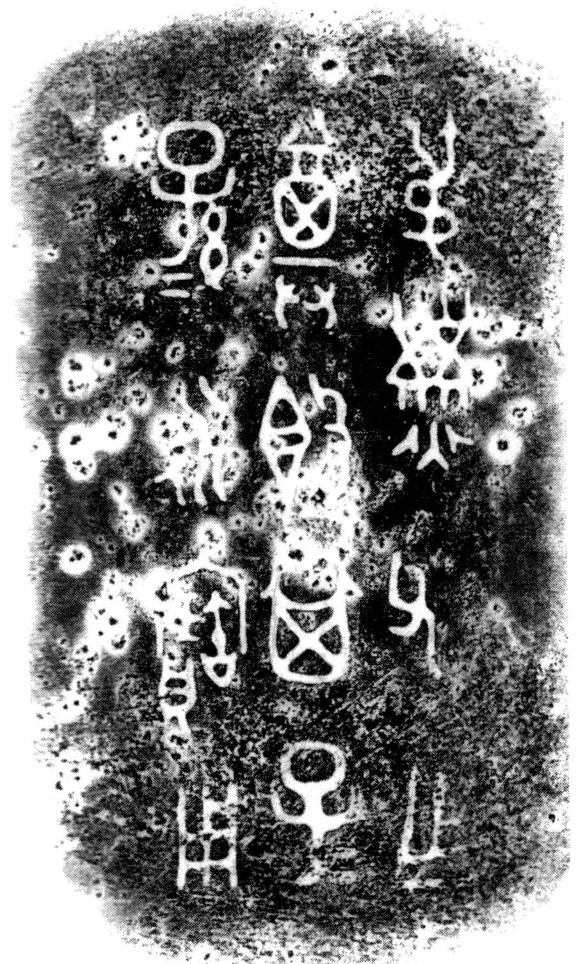

器

0395. 伯僧簋

【時　　代】西周早期。

【出土時地】2015 年 9 月出現在南京。

【收 藏 者】某收藏家。

【形制紋飾】斂口圓唇，鼓腹圜底，一對獸首半環耳，下有鈎狀垂珥，彎鈎向内，圈足下連鑄方座。頸部和圈足飾夔龍紋，以雲雷紋襯底，頸部的前後增飾浮雕獸頭，腹部飾連珠紋鑲邊的斜方格乳釘紋，方座壁每邊四周飾三列斜方格小乳釘。

【著　　録】未著録。

【銘文字數】内底鑄銘文 16 字(其中重文 2)。

【銘文釋文】白(伯)僧乍(作)哀白(伯)皀殳(簋)，𠀠(其)萬年子=(子子)孫=(孫孫)永寶用。

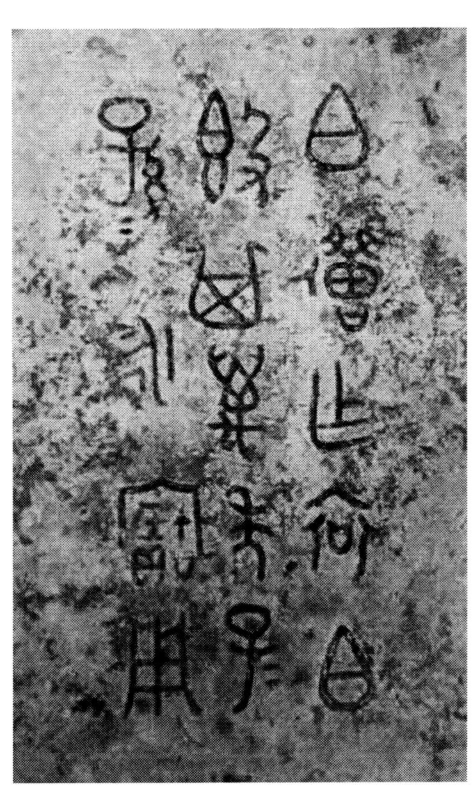

0396. 伯考父簋

【時　　代】西周中期後段。

【出土時地】陝西永壽縣店頭鎮好畤河村西周銅器窖藏出土。

【收 藏 者】原藏歐洲某收藏家，現藏香港御雅居。

【尺　　度】通高21、兩耳相距32.5釐米。

【形制紋飾】侈口鼓腹，一對獸首銜環耳，蓋面隆起，上有圈狀捉手，圈足下連鑄三條獸面扁足。蓋沿、器口下和圈足均飾竊曲紋，蓋面和腹部均飾瓦紋。

【著　　録】王侯70頁及119頁中、右。

【銘文字數】蓋、器同銘，各16字(其中重文2)。

【銘文釋文】白(伯)考父乍(作)寶毁(簋)，甘(其)禹(萬)年子=(子子)孫=(孫孫)永寶用。

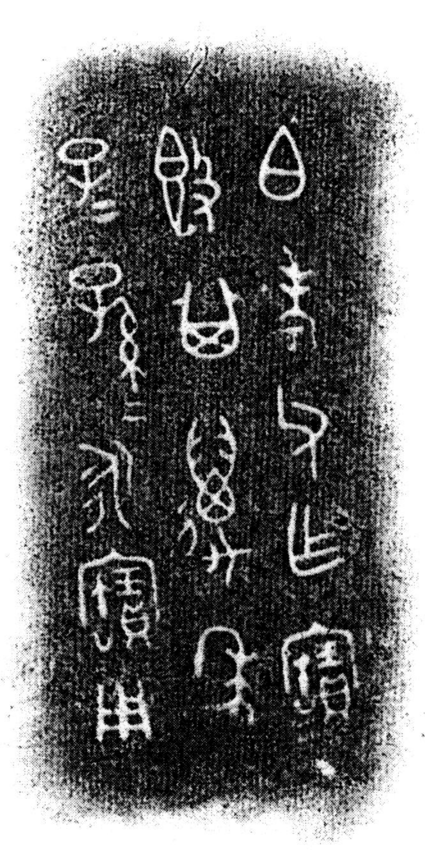

蓋

器

0397. 鬲褱友簋

【時　　代】西周中期後段。

【出土時地】2015 年 2 月陝西涇陽縣太平鎮太平堡村西周墓葬。

【收 藏 者】陝西省考古研究院。

【尺　　度】通高 23.4、口徑 18.5、兩耳相距 32.7 釐米。

【形制紋飾】子口内斂，鼓腹，一對獸首耳下有垂珥，矮圈足下連鑄三條小支足。蓋面呈弧形鼓起，上有圈狀捉手。蓋沿和器口下均飾竊曲紋，腹部飾瓦溝紋。

【著　　録】未著録。

【銘文字數】蓋、器同銘，各 16 字（其中重文 2 字）。

【銘文釋文】鬲褱友乍（作）寶毁（簋），子₌（子子）孫₌（孫孫）其（其）萬年永寶用。

蓋

器

0398. 小子𣪕簋

【時　　代】商代晚期。

【出土時地】2013 年 11 月出現在西安。

【收 藏 者】某收藏家。

【尺　　度】通高 14.2、口徑 19.2、腹深 11、兩耳相距 27.2 釐米。

【形制紋飾】侈口束頸，鼓腹，一對獸首耳，下有鉤狀垂珥，圈足沿下折，形成一道邊圈。頸部及圈足均飾三列雲雷紋組成的獸面紋，頸部前後增飾浮雕獸頭。

【著　　録】未著録。

【銘文字數】内底鑄銘文 17 字(其中合文 2)。

【銘文釋文】乙未，卿旋易(錫)小子𣪕貝二百，用乍(作)父隮(尊)段(簋)，𢀛。

0399. 芮公簋蓋

【時　　代】西周中期前段。

【收 藏 者】某收藏家。

【尺度重量】蓋高 7.6、口徑 22.9 釐米，重 1.95 公斤。

【形制紋飾】蓋面呈弧形，上有圈狀捉手。蓋面飾回首大鳳鳥紋，均無襯底。

【著　　録】張論集(三)81 頁圖三。

【銘文字數】蓋捉手内壁鑄銘文 17 字(其中重文 2)。

【銘文釋文】内(芮)公乍(作)盥(鑄)子㫃寶𣪘(簋)，𠀠(其)子＝(子子)孫＝(孫孫)永寶用亯(享)。

【備　　注】《銘圖》第 10 册收録 2 件(04825、04826)器、蓋完整的芮公簋，此爲另一同銘簋的蓋，説明這組芮公簋一共有四件，現還缺一件完整的簋和一件簋的器。

1

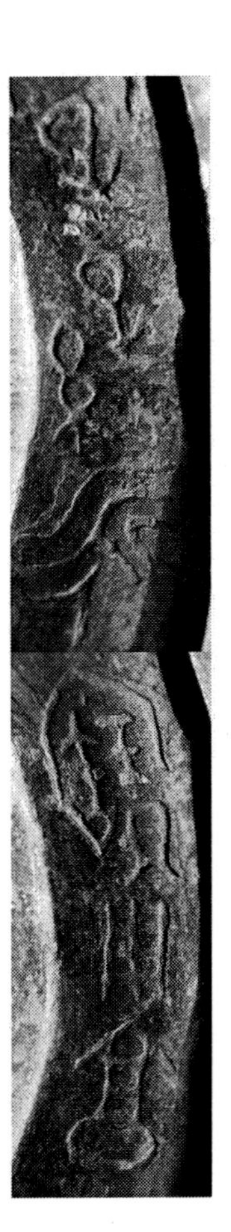

2

0400. 𠄣簋

【時　　代】西周中期。
【收 藏 者】某收藏家。
【著　　録】未著録。
【銘文字數】内底鑄銘文 17 字(其中重文 1)。
【銘文釋文】𠄣肇乍(作)寶設(簋),甘(其)邁(萬)年子= (子子)孫永寶用亯(享)于宗。

0401. 吕季姜簋(伯逆車簋)

【時　　代】西周晚期。

【收 藏 者】香港中華古美術公司。

【尺　　度】通高 21.5、兩耳相距 34.5 釐米。

【形制紋飾】體低矮,弇口鼓腹,圈足下連鑄三個獸面小足,一對獸首半環耳,下有卷尾形垂珥,弧面形蓋,頂部有圈狀捉手。蓋沿和器口沿飾竊曲紋,蓋面和器腹飾瓦溝紋。

【著　　録】未著録。

【銘文字數】蓋内鑄銘文 17 字(其中重文 2),器内底鑄銘文 12 字。

【銘文釋文】器銘: 吕季姜乍(作)隮(尊)段(簋),其萬年子₌(子子)孫₌(孫孫),永寶用亯(享)。蓋銘: 白(伯)逆車乍(作)辛始(姒)賸(媵)段(簋),甘(其)永寶用。

【備　　注】據傳同坑出土四件,形制、紋飾相同,大小相若,應爲一家之物,現分爲二人收藏。這一件爲伯逆車作辛姒媵簋,蓋、器對銘,另一件蓋是伯逆車作辛姒媵簋,而器爲吕季姜作尊簋。另外兩件藏家未公布,詳情不知,有可能其一是蓋、器對銘的吕季姜作尊簋,其二是器銘爲伯逆車作辛姒媵簋,而蓋銘爲吕季姜作尊簋,四件中有兩件的蓋、器互相配錯。

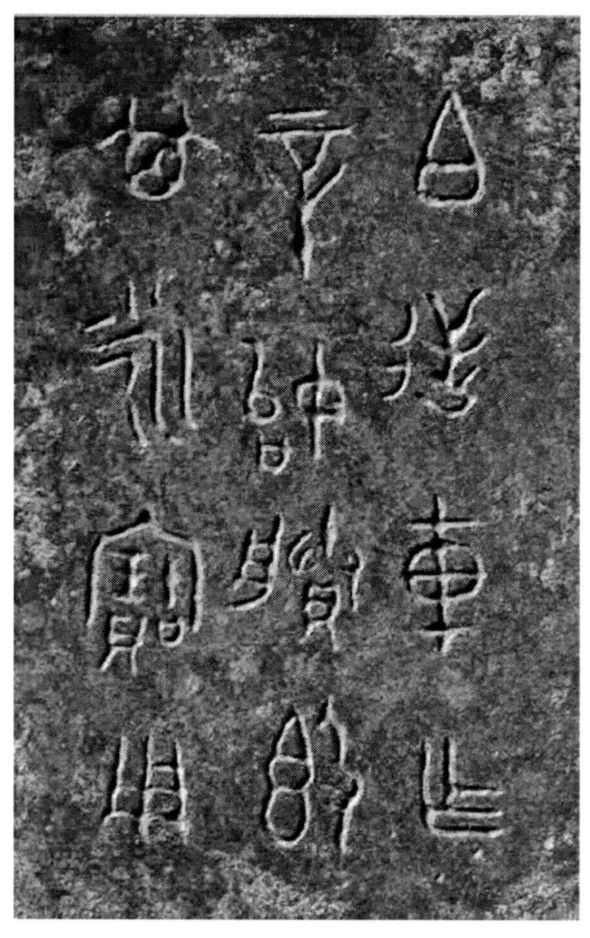

蓋

器

0402. 㝅生簋(原稱長生敦、髟生簋)

【時　　代】西周晚期。

【出土時地】清嘉慶年間出土,2015 年 3 月出現在保利(香港)春季拍賣會。

【收 藏 者】原藏劉體智,1916 年以前流傳到瑞典,後歸英國某藏家。

【尺　　度】通高 21、寬 28 釐米。

【形制紋飾】弇口鼓腹,體低矮,一對獸首銜環耳,圈足外侈,下設三條扁足。蓋面呈弧形隆起,上有圈狀捉手,下有短子口。通體飾瓦溝紋。

【著　　録】周金文存 3.74,攈古録 2 之 2.63,積古齋 6.9,善齋 7.66,小校 8.1。

【銘文字數】蓋、器同銘,各 18 字。

【銘文釋文】㝅生乍(作)寶隮(尊)𣪕(簋),㝅生𠀠(其)𠭯(壽)考萬年,子孫永寶用。

蓋

器

0403. 仲盂父簋

【時　　代】西周早期。

【收 藏 者】某收藏家。

【尺　　度】通高 19 釐米。

【形制紋飾】侈口方唇，深腹，一對獸首耳，下有鈎狀垂珥，高圈足沿外侈。腹飾兩組下卷角大獸面，圈足飾兩組長鳥紋。

【著　　録】未著録。

【銘文字數】内底鑄銘文 18 字。

【銘文釋文】中（仲）盂父乍（作）氒（厥）弔（叔）子寶器，氒（厥）子𬹄（胡）甘（其）永用事氒（厥）宗。

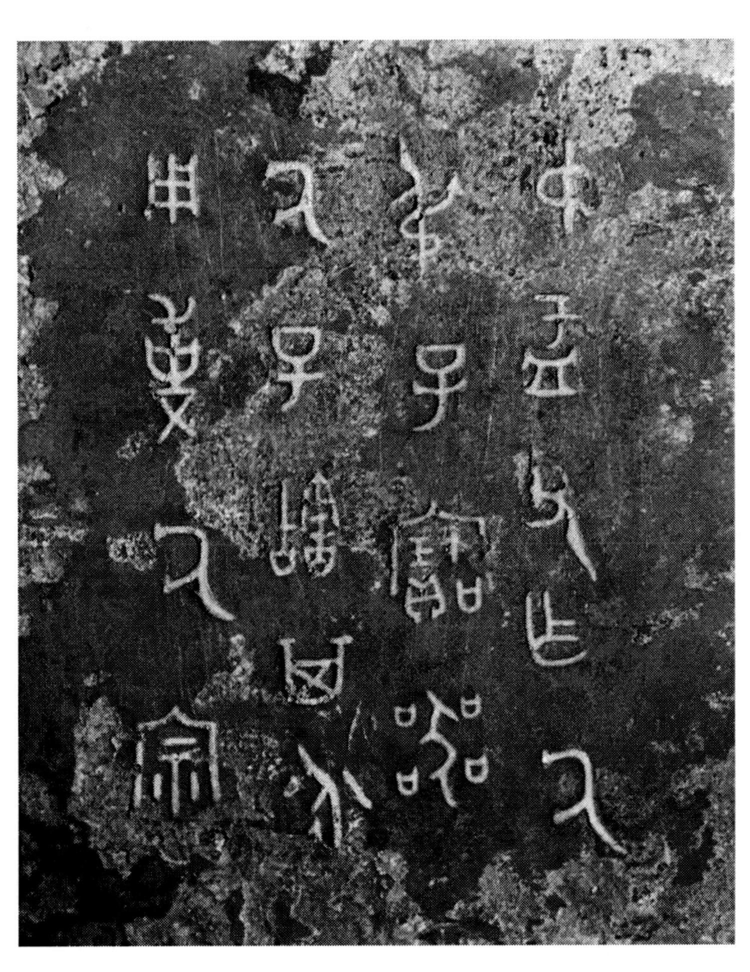

0404. 朿仲斊父簋

【時　　代】西周晚期。

【出土時地】1966 年河南平頂山市薛店鎮太僕寨村陳德州捐贈給河南省文物工作隊,20 世紀 60 年代移交開封市博物館。

【收 藏 者】開封市博物館。

【尺　　度】通高 21.2、口徑 20 釐米。

【形制紋飾】弇口鼓腹,一對獸首耳,下有方形垂珥,矮圈足沿外侈,連鑄三條獸面扁足,蓋面隆起,上有圈狀捉手。捉手内飾蟠龍紋,蓋面和器腹飾瓦溝紋,蓋沿和口沿下飾竊曲紋,圈足飾垂鱗紋。

【著　　録】文物 2012 年 7 期 74 頁圖 2。

【銘文字數】蓋、器同銘,各 18 字(其中重文 2)。

【銘文釋文】朿中(仲)斊父乍(作)齍(齍)𣪘(簋),𠀠(其)萬年子=(子子)孫=(孫孫)永寶用亯(享)。

【備　　注】館藏共 3 件,形制、紋飾、銘文相同,本器館藏號 09317,另 1 件館藏號 09318,失蓋,器高 18.5、口徑 20 釐米; 第 3 件館藏號 09320,失蓋,器高 18.2、口徑 20 釐米。銘文拓本未公布。湖南省博物館收藏一件蓋(見《銘圖》04805),與此銘文相同。

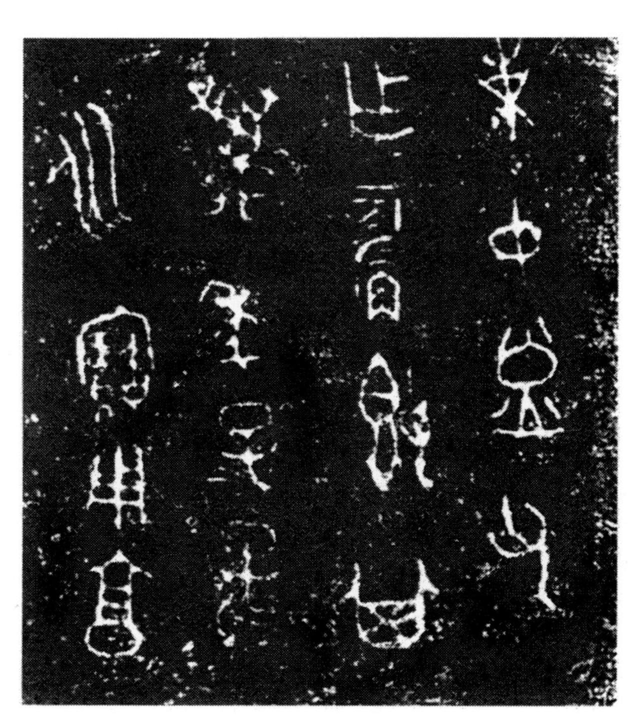

篚

0405. 臣孚生父簋

【時　　代】西周晚期或春秋早期。

【出土時地】2012 年 11 月出現在澳門大唐國際藝術品拍賣會。

【收 藏 者】某收藏家。

【尺　　度】通高 23.5、口徑 19 釐米。

【形制紋飾】斂口鼓腹，圜底，腹兩側有一對龍首半環耳，下有垂珥，圈足沿外撇，其下連鑄三條獸面扁足；蓋面隆起，上有圈狀捉手。蓋面和腹部均飾瓦溝紋，蓋沿和口沿下均飾竊曲紋，圈足飾垂鱗紋。

【著　　録】大唐(2012)244。

【銘文字數】内底鑄銘文 18 字(其中重文 2)。

【銘文釋文】臣孚生父自乍(作)寶毀(簋)，其萬年子₌(子子)孫₌(孫孫)永用亯(享)，舟。

【備　　注】第一字左邊从“臣”，右邊剝壞，似从“手”，暫釋爲“臣孚”，族氏文字“舟”放在“乍”與“年”之間。

0406. 汗簋

【時　　代】西周中期前段。
【出土時地】2013 年 4 月出現在西安。
【收 藏 者】某收藏家。
【尺度重量】通高 23、口徑 22.6、腹深 12.1 釐米，重 4.2 公斤。
【形制紋飾】侈口束頸，鼓腹，腹部有一對獸首耳，下有垂珥，圈足沿外侈，蓋面隆起，上有圈狀捉手，捉手有對穿小圓孔。蓋沿飾長尾鳥紋，器頸飾分尾長鳥紋，兩兩相對，頸部的兩鳥之間增飾浮雕虎頭，圈足飾兩道弦紋。
【著　　録】未著録。
【銘文字數】蓋、器同銘，各 19 字（其中重文 2）。
【銘文釋文】汗皇（追）孝于宫弔（叔），乍（作）宗隮（尊）段（簋），汗甘（其）孫₌（孫孫）子₌（子子）永寶用。

蓋

器

0407. 秦簋

【時　　代】西周中期前段。

【收 藏 者】某收藏家。

【形制紋飾】侈口束頸，鼓腹，一對獸首耳，下有方形垂珥，矮圈足沿外撇。頸部飾分尾長鳥紋，以雲雷紋襯底，前後增飾浮雕獸頭，圈足飾兩道弦紋。

【著　　録】未著録。

【銘文字數】内底鑄銘文 21 字（其中重文 1）。

【銘文釋文】𠦪（秦）乍（作）朕（朕）考甫（父）乙𡕓（饙）毁（簋），用追孝，旛（祈）禹（萬）年，孫子＝（子子）㞢（其）永寶光。

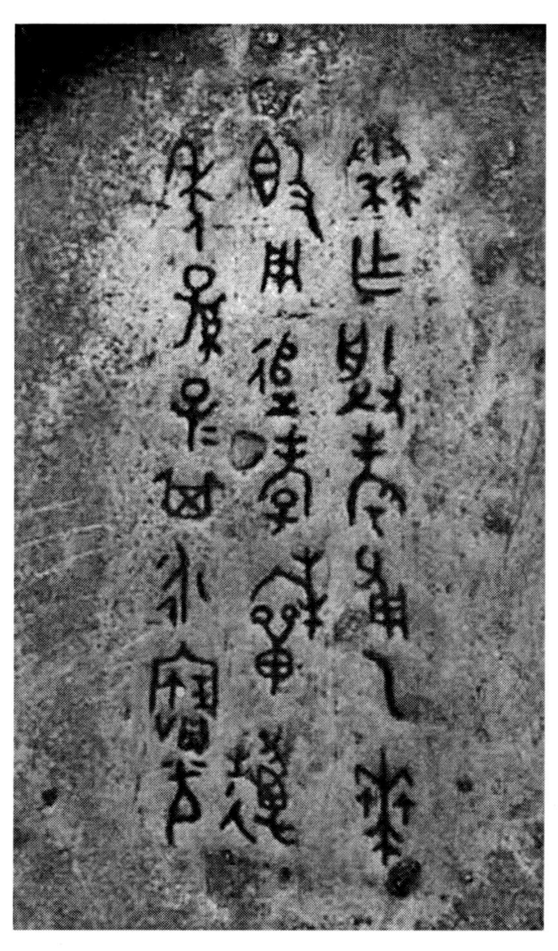

0408. 𧤼簋

【時　　代】西周中期前段。

【收 藏 者】某收藏家。

【形制紋飾】侈口鼓腹，矮圈足外撇，一對圓雕勾喙鳥形耳，下有象鼻形垂珥。腹部飾兩組下卷角大獸面紋，以雲雷紋襯底。

【著　　録】未著録。

【銘文字數】内底鑄銘文 21 字（其中合文 2）。

【銘文釋文】𧤼曰：余乍（作）朕（朕）文考日癸寶毁（簋），𠀠（其）萬年孫₌（孫孫）子₌（子子）永寶用。

0409. 𣲚簋

【時　　代】西周中期前段。

【出土時地】2012 年 10 月見於西安。

【收 藏 者】某收藏家。

【尺度重量】通高 14.7、口徑 20.7、腹深 12.7 釐米，重 2.8 公斤。

【形制紋飾】侈口鼓腹，矮圈足外撇，一對圓雕勾喙鳥形耳，下有象鼻形垂珥。腹部飾兩組大獸面紋，以雲雷紋襯底。

【著　　録】未著録。

【銘文字數】内底鑄銘文 21 字(其中重文 1)。

【銘文釋文】𣲚曰：余乍(作)朕(朕)㕚(文)考日辛寶𣪕(簋)，𠀠(其)萬年孫子=(子子)𠀠(其)永寶用。

0410. 伯句簋

【時　　代】西周中期前段。

【收 藏 者】某收藏家。

【形制紋飾】子母口，蓋面隆起，沿下折，上有圈狀捉手，腹壁較直，一對獸鈕銜環耳，一個環已失，下腹略微外鼓，矮圈足連鑄四條獸面支足。蓋面和器口下飾竊曲紋，圈足飾變形夔龍紋。

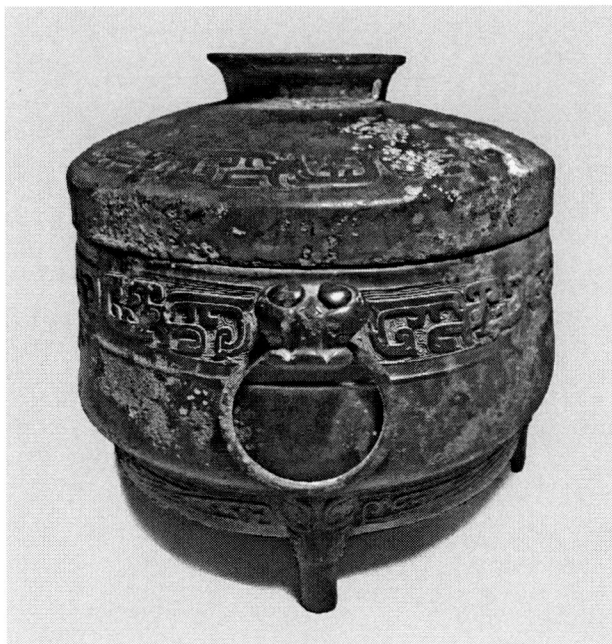

【著　　録】未著録。

【銘文字數】蓋、器同銘，各 22 字。

【銘文釋文】白（伯）句乍（作）寶毁（簋），𠀠（其）朝夕用盛旞（稻）、旐（粱）、雀（穛），𠀠（其）用亯（享）于尹人眔倗（朋）友。

【備　　注】此爲器銘，蓋銘未提供。《銘圖》04989 著録一件伯句簋，“旞（稻）、旐（粱）、雀（穛）”作“旞（稻）、京（粱）、雀（穛）”。

器

0411. 峕客簋

【時　　代】西周晚期。
【出土時地】2015 年 4 月出現在日本美協拍賣會。
【收 藏 者】日本東京某收藏家。
【尺　　度】通高 14.5、口徑 24 釐米。
【形制紋飾】弇口淺腹，下腹向外傾垂，口沿下有一對獸鈕銜環耳，矮圈足沿外侈，其下連鑄三個小足。口沿下飾竊曲紋。
【著　　録】未著録。
【銘文字數】内底鑄銘文 22 字（其中重文 2）。
【銘文釋文】峕客乍（作）朕（朕）文考日辛寶隮（尊）𣪕（簋），客𠀠（其）萬年子＝（子子）孫＝（孫孫）永寶用。
【備　　注】《銘圖》04962 著録一件峕客簋，銘文與此簋完全相同，但未見器形圖像。

0412. 公子屖父簋甲

【時　　代】春秋早期。

【出土時地】傳山東出土。

【收 藏 者】某收藏家。

【形制紋飾】子口内斂，腹部呈弧形鼓起，兩側有一對寬大的龍首耳，龍舌内卷，下有垂珥，圈足沿外侈，其下連鑄三條卷鼻獸頭扁足，蓋面呈弧形隆起，上有圈狀捉手。蓋的捉手内飾團夔紋，蓋邊和器沿飾獸目交連紋，每組間設一浮雕獸首，蓋上和器腹飾瓦溝紋，圈足飾垂鱗紋。

【著　　録】未著録。

【銘文字數】蓋、器同銘，各 22 字（其中重文 2）。

【銘文釋文】公子屖父乍（作）孟姜媵（媵）飤（簋），其萬年無彊（疆），子＝（子子）孫＝（孫孫），永寶用亯（享）。

【備　　注】同坑出土有鼎、簋、匜等，公子屖父簋目前見到 4 件（第四件失蓋），形制、紋飾、大小、銘文基本相同。公子屖父匜的“屖”字作“屖”。

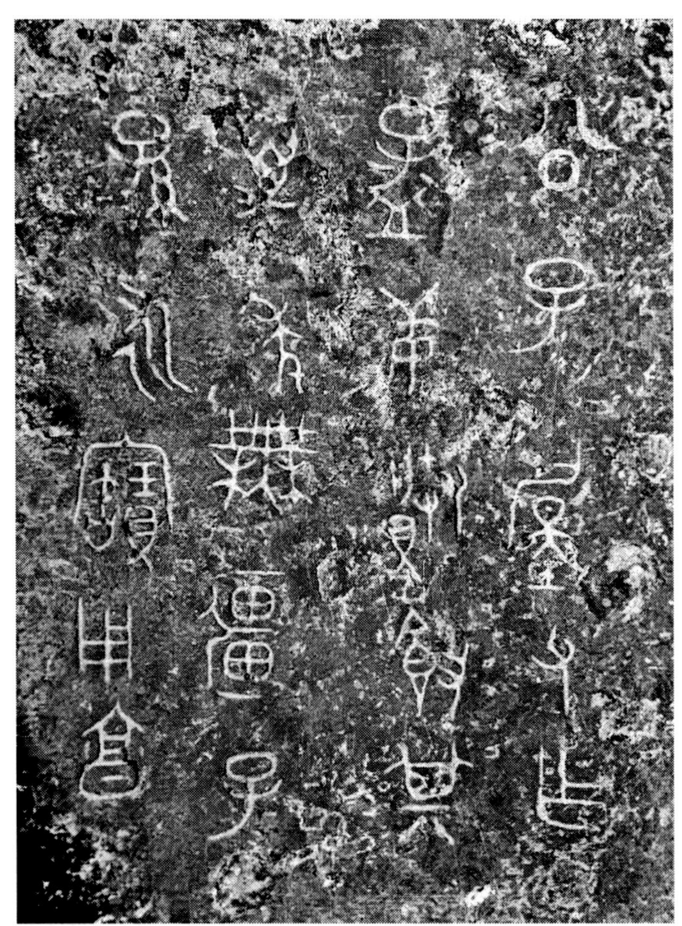

蓋

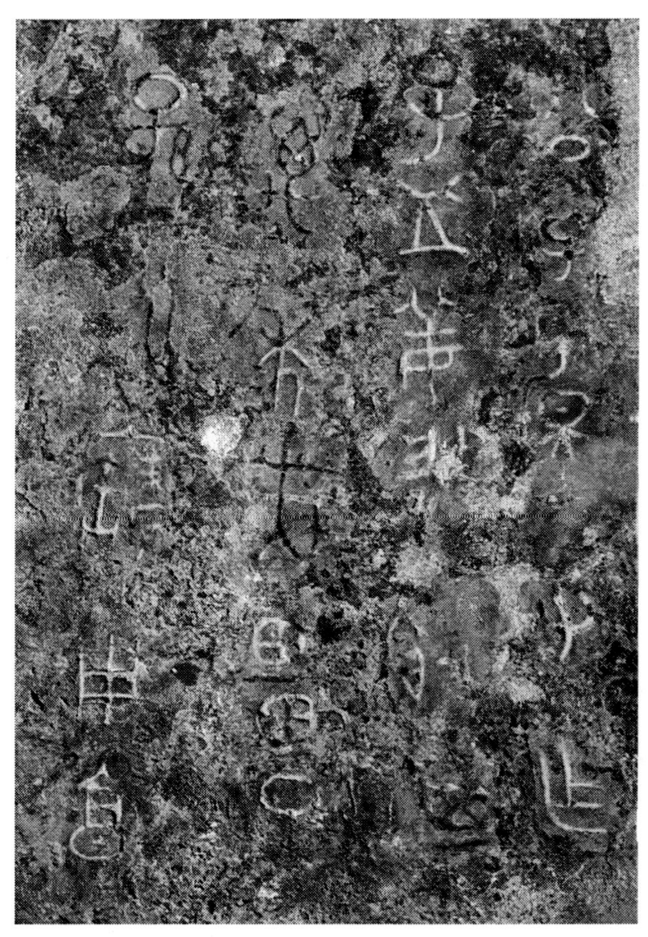

器

0413. 公子㡯父簋乙

【時　　代】春秋早期。

【出土時地】傳山東出土。

【收 藏 者】某收藏家。

【形制紋飾】子口内斂，腹部呈弧形鼓起，兩側有一對寬大的龍首耳，龍舌内卷，下有垂珥，圈足沿外侈，其下連鑄三條卷鼻獸頭扁足，蓋面呈弧形隆起，上有圈狀捉手。蓋的捉手内飾團夔紋，蓋邊和器沿飾獸目交連紋，每組間設一浮雕獸首，蓋上和器腹飾瓦溝紋，圈足飾垂鱗紋。

【著　　録】未著録。

【銘文字數】蓋、器同銘，各 22 字（其中重文 2）。

【銘文釋文】公子㡯父乍（作）孟姜賸（媵）毁（簋），其萬年無彊（疆），子=（子子）孫=（孫孫），永寶用亯（享）。

盖

器

0414. 公子㞒父簋丙

【時　　代】春秋早期。

【出土時地】傳山東出土。

【收 藏 者】某收藏家。

【形制紋飾】子口内斂，腹部呈弧形鼓起，兩側有一對寬大的龍首耳，龍舌内卷，下有垂珥，圈足沿外侈，其下連鑄三條卷鼻獸頭扁足。捉手内飾團夔紋，器沿飾獸目交連紋，每組間設一浮雕獸首，器腹飾瓦溝紋，圈足飾垂鱗紋。

【著　　録】未著録。

【銘文字數】内底鑄銘文 22 字(其中重文 2)。

【銘文釋文】公子㞒父乍(作)孟姜賸(媵)毁(簋)，其萬年無彊(疆)，子＝(子子)孫＝(孫孫)，永寶用亯(享)。

0415. 公子㞜父簋丁

【時　　代】春秋早期。
【出土時地】傳山東出土。
【收 藏 者】某收藏家。
【形制紋飾】子口内斂，腹部呈弧形鼓起，兩側有一對寬大的龍首耳，龍舌内卷，下有垂珥，圈足沿外侈，其下連鑄三條卷鼻獸頭扁足。捉手内飾團夔紋，器沿飾獸目交連紋，每組間設一浮雕獸首，器腹飾瓦溝紋，圈足飾垂鱗紋。
【著　　録】未著録。
【銘文字數】内底鑄銘文 22 字(其中重文 2)。
【銘文釋文】公子㞜父乍(作)孟姜媵(媵)毁(簋)，其萬年無彊(疆)，子$_=$(子子)孫$_=$(孫孫)，永寶用亯(享)。

0416. 向䚄簋

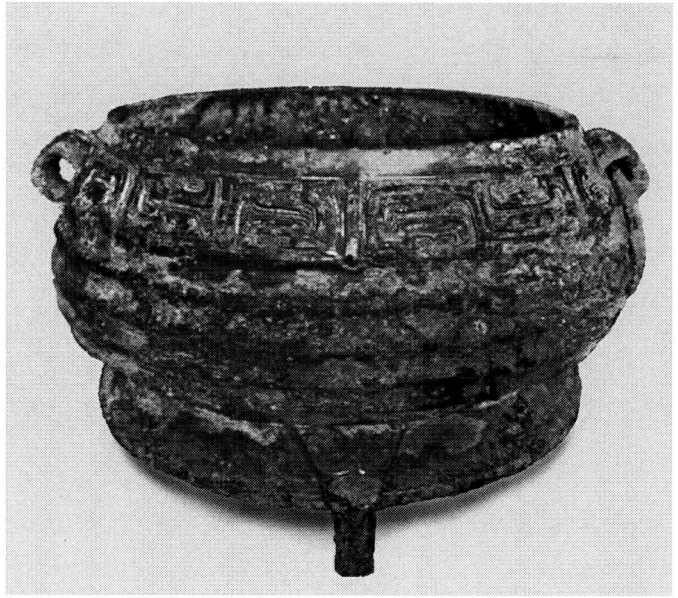

【時　　代】西周晚期。

【出土時地】2012 年出現在西安。

【收 藏 者】某收藏家。

【形制紋飾】弇口鼓腹，一對獸首銜環耳，圈足連鑄三條獸面扁足。口下飾 S 形竊曲紋，腹部飾瓦溝紋。

【著　　録】未著録。

【銘文字數】内底鑄銘文 23 字(其中重文 1)。

【銘文釋文】隹(唯) 王五月甲寅，向䚄乍(作) 旅毁(簋)，䚄𠀠(其) 𦒷(壽) 考萬年，孫子₌ (子子) 永寶用。

【備　　注】同銘器上海博物館收藏 2 件。

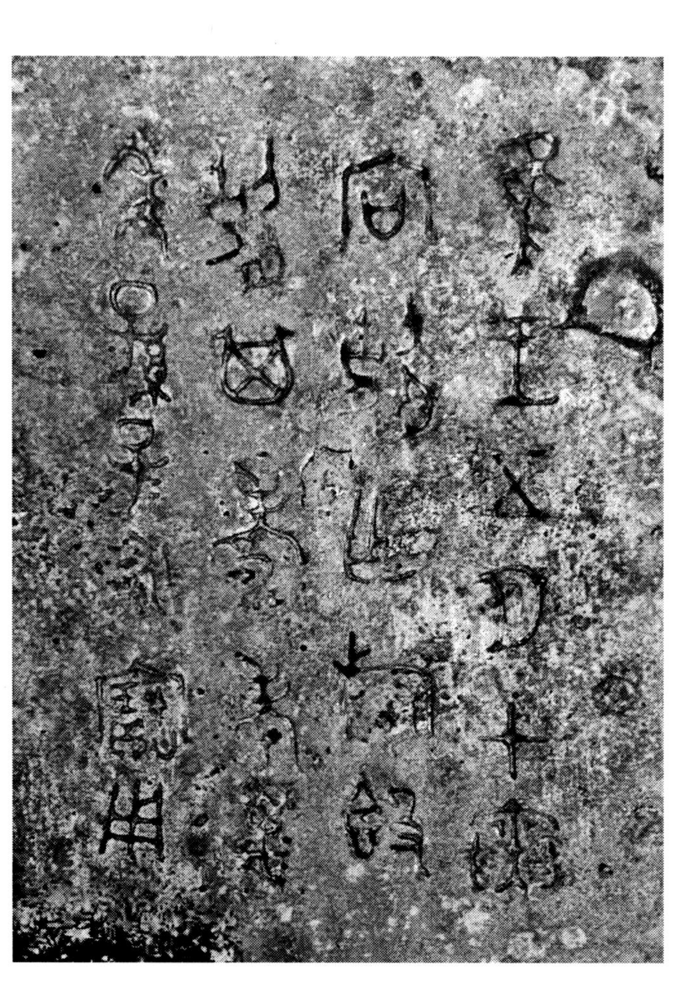

0417. 叔旅簋

【時　　代】西周中期前段。

【收 藏 者】某收藏家。

【尺　　度】口徑 22 釐米。

【形制紋飾】侈口束頸，弧面形蓋，下有短子口，上有圈狀捉手，鼓腹，一對獸首耳，下有垂珥，圈足沿外侈後下折，形成一道邊圈。頸部飾目雲紋，蓋面和腹部均飾斜方格乳釘紋。

【著　　録】未著録。

【銘文字數】銘文 24 字(其中重文 2)。

【銘文釋文】弔(叔)旅自乍(作)寶隮(尊)彝，甘(其)萬年用鄉(饗)氒(厥)辟魯医(侯)，亦雩(于)子=(子子)孫=(孫孫)亯(就)用。

【備　　注】銘文照片是蓋銘，器銘未清銹。同坑出土 2 件，形制、紋飾、銘文相同，另一件未公布。

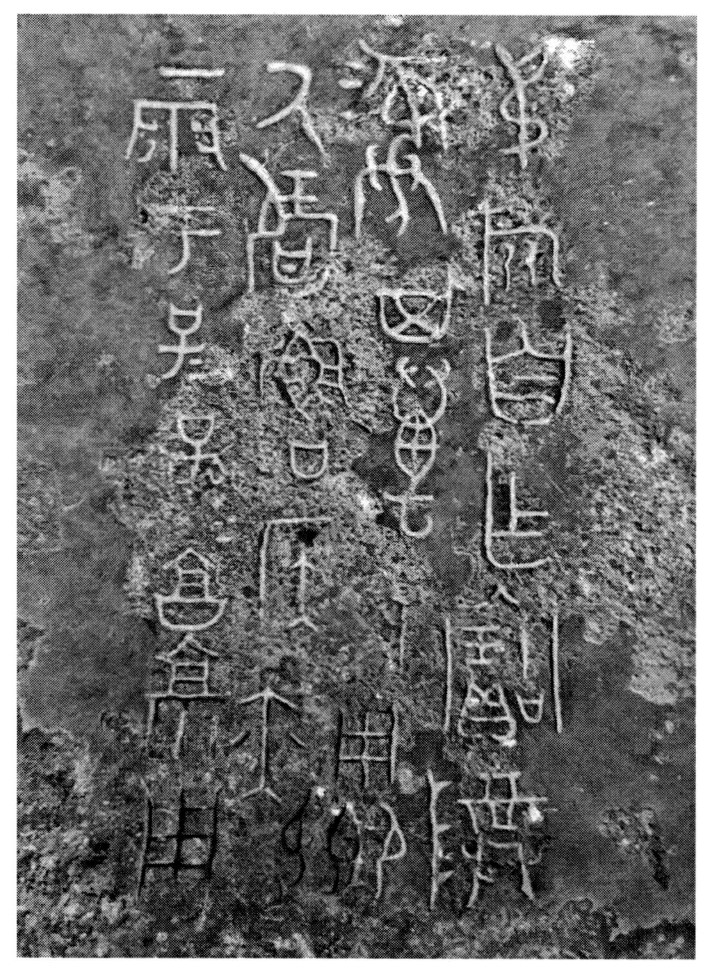

0418. 魯司徒馬皇父簋甲(魯嗣徒馬皇父簋)

【時　　代】西周晚期。

【出土時地】2014 年 10 月出現在北京古玩城。

【收 藏 者】某收藏家。

【尺　　度】口徑 22 釐米。

【形制紋飾】弇口鼓腹,一對龍首半環形耳,下有垂珥,蓋面隆起,上有圈狀捉手,圈足沿外侈,連鑄三條獸面附足。捉手内飾團鳥紋,蓋沿和器口沿飾竊曲紋,蓋面和腹部飾瓦溝紋,圈足飾垂鱗紋。

【著　　録】未著録。

【銘文字數】蓋、器同銘,各 24 字(其中重文 2)。

【銘文釋文】魯嗣(司)徒馬皇父乍(作)姬此母賸(媵)殷(簋),其(其)萬年釁(眉)壽(壽),子$_=$(子子)孫$_=$(孫孫),永寶用。

【備　　注】此爲蓋銘,銘文照片下部未照全,第一、三行各缺半個字。

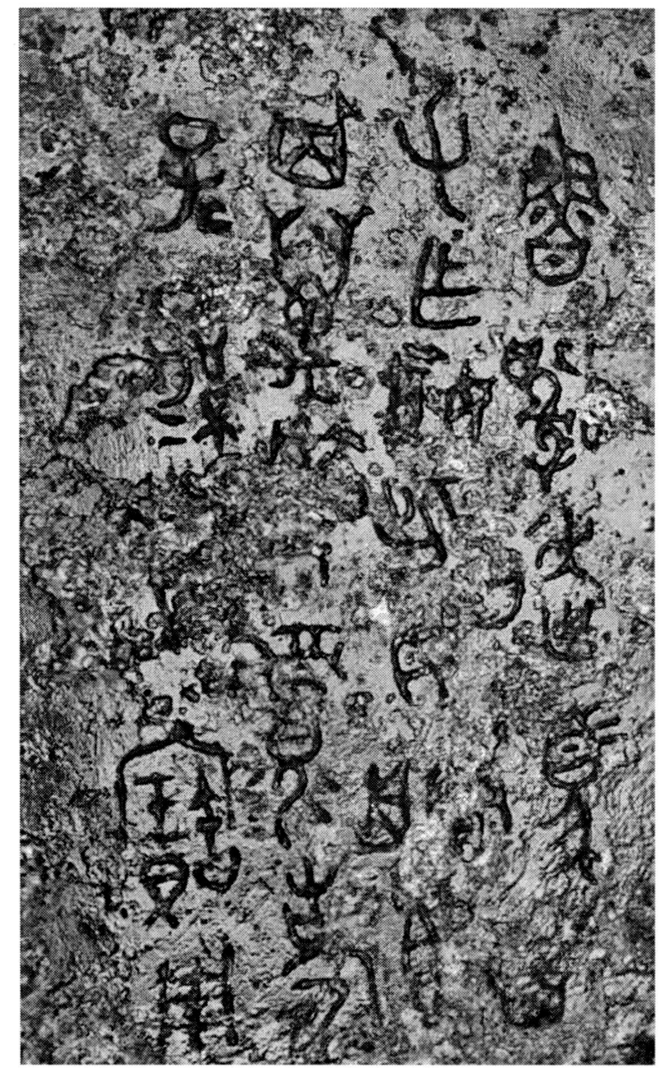

0419. 魯司徒馬皇父簋乙（魯嗣徒馬皇父簋）

【時　　代】西周晚期。

【出土時地】2014 年 10 月出現在北京古玩城。

【收 藏 者】某收藏家。

【尺　　度】口徑 22 釐米。

【形制紋飾】弇口鼓腹，一對龍首半環形耳，下有垂珥，蓋面隆起，上有圈狀捉手，圈足沿外侈，連鑄三條獸面附足。捉手内飾團鳥紋，蓋沿和器口沿飾竊曲紋，蓋面和腹部飾瓦溝紋，圈足飾垂鱗紋。

【著　　録】未著録。

【銘文字數】蓋、器同銘，各 24 字（其中重文 2）。

【銘文釋文】魯嗣（司）徒馬皇父乍（作）姬此母賸（媵）㲃（簋），𠀠（其）萬年釁（眉）壽（壽），子＝（子子）孫＝（孫孫），永寶用。

【備　　注】此爲器銘，蓋銘未提供。

器

0420. 聽簋

【時　　代】商代晚期。

【收 藏 者】某收藏家。

【形制紋飾】侈口束頸，鼓腹，高圈足，一對龍首半環形耳，垂珥飾鳥爪紋。頸部和圈足各飾四隻夔鳥紋，不施底紋，頸的前後增飾浮雕虎頭。

【著　　録】未著録。

【銘文字數】内底鑄銘文 25 字（其中合文 1）。

【銘文釋文】子壬辰彡（肜）玒，咸。敹（播）王賫（賞）。乍（作）父辛隫（尊）彝，才（在）十月。隹（唯）王八士耶（聽）用祀彡（肜）。

【備　　注】最後一句似可讀爲“隹（唯）王八祀，士耶（聽）用彡（肜）”，作器者爲士聽。“士”職官名。

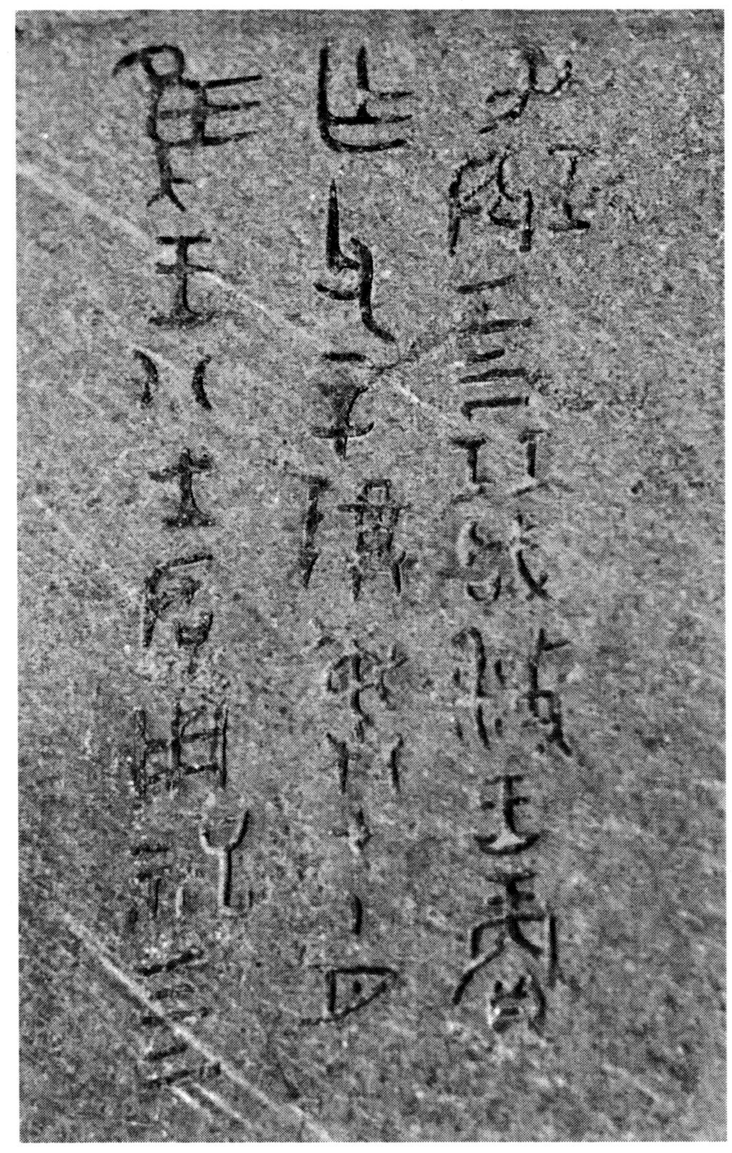

0421. □□父簋

【時　　代】西周晚期。

【收 藏 者】某收藏家。

【出土時地】2014 年 11 月出現在北京。

【形制紋飾】弇口鼓腹，圈足下連鑄三條獸面附足，一對龍首半環形耳，下有垂珥，蓋面呈弧形鼓起，上有圈狀捉手。蓋沿和器口下飾大小相間的重環紋，蓋面和器腹飾瓦溝紋，圈足飾重環紋。

【著　　録】未著録。

【銘文字數】蓋、器同銘，各 26 字(其中重文 2)。

【銘文釋文】□□父乍(作)朕(朕)皇□□□寶𣪘(簋)，𠀠(其)萬年無彊(疆)，子₌(子子)孫₌(孫孫)永寶用亯(享)大宗。

【備　　注】此爲蓋銘，器銘未提供。

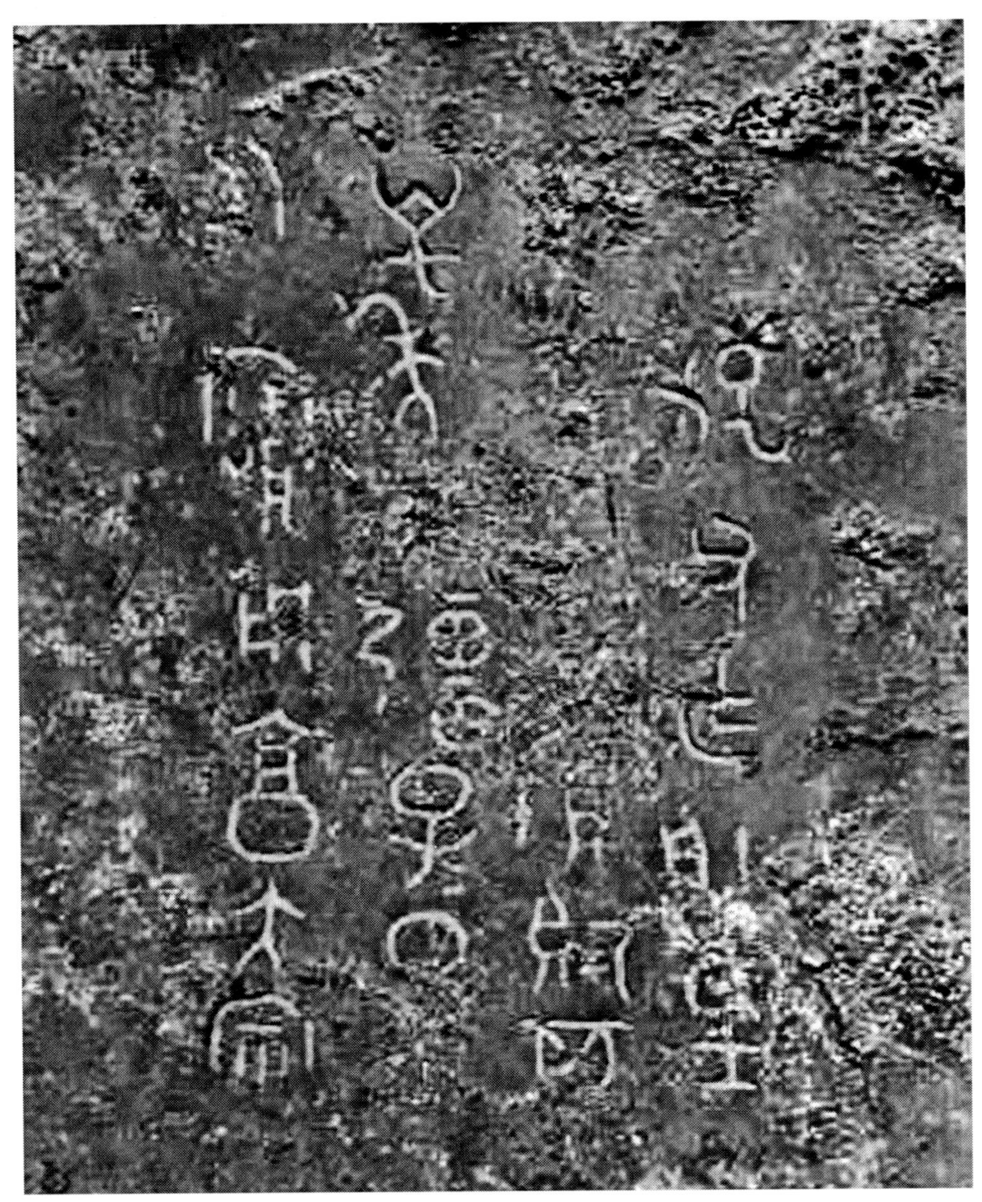

蓋

0422. 龕簋

【時　　代】西周中期前段(穆王世)。

【出土時地】2012年出現在西安。

【收 藏 者】原藏西安某收藏家,現藏中國國家博物館。

【尺　　度】通高19.7、口徑21、兩耳相距24.2釐米。

【形制紋飾】侈口斂腹,圜底,頸兩側有一對附耳,圈足較矮且外撇,蓋面隆起,上有圈狀捉手。蓋上飾兩道弦紋,頸部飾三道弦紋。

【著　　録】甲金粹145-146頁。

【銘文字數】蓋、器同銘,各26字。

【銘文釋文】隹(唯)廿年又三(四)年,才(在)八月既朢(望)丁子(巳),易(錫)𢿢鹵百車,龕用乍(作)氒(厥)文考寶𣪘(簋)。

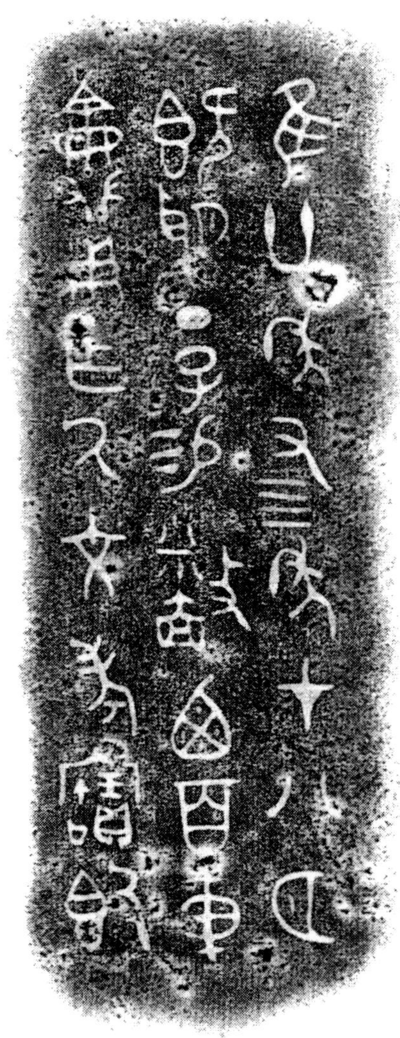

蓋 1

蓋 2

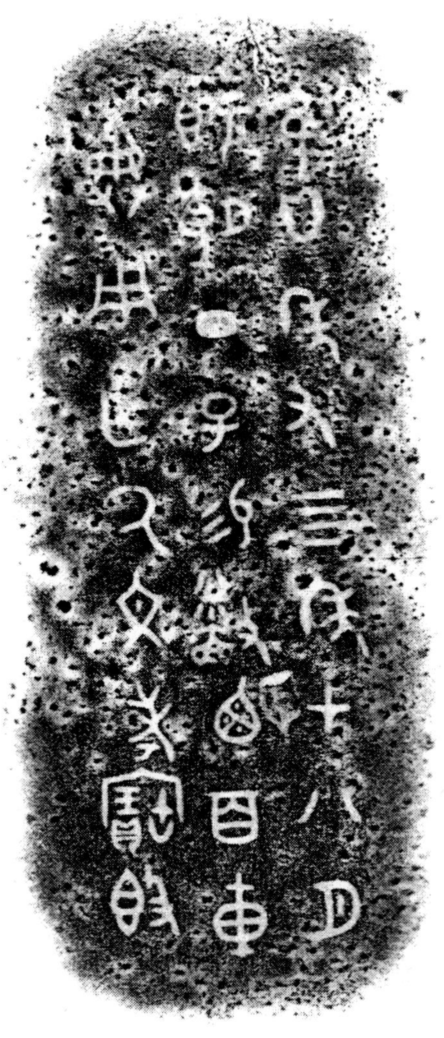

器 1

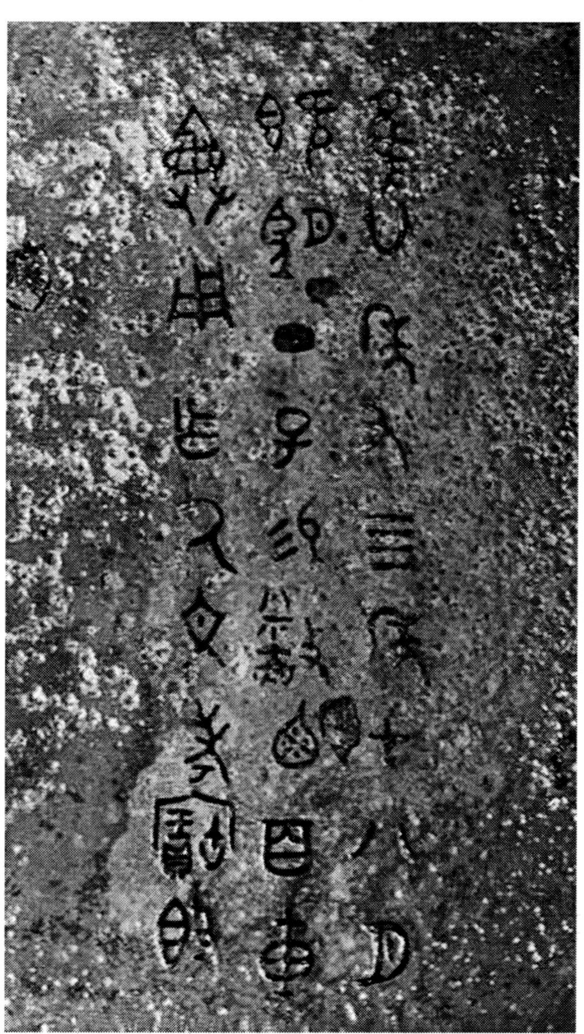

器 2

0423. 晉侯斷簋

【時　　代】西周中期。

【出土時地】1992 年山西曲沃縣北趙村晉侯墓地 8 號墓出土。

【收 藏 者】海外某收藏家。

【尺　　度】通高 38 釐米。

【形制紋飾】侈口束頸，鼓腹，圈足下連鑄方座，一對獸首耳，下有卷鼻形垂珥，蓋上有圈形捉手。蓋沿、器頸、器腹和圈足均飾獸目交連紋，腹部間飾覆瓦紋，方座每面三邊亦飾獸目交連紋，方座面上四角飾牛角形獸面紋。

【著　　録】未著録。

【銘文字數】蓋、器同銘，各 26 字。

【銘文釋文】隹（唯）九月初吉庚午，䣖（晉）灰（侯）斷乍（作）圅𣪘（簋），用亯（享）于文𥘅（祖）皇考，𠬝（其）萬啻（億）永寶用。

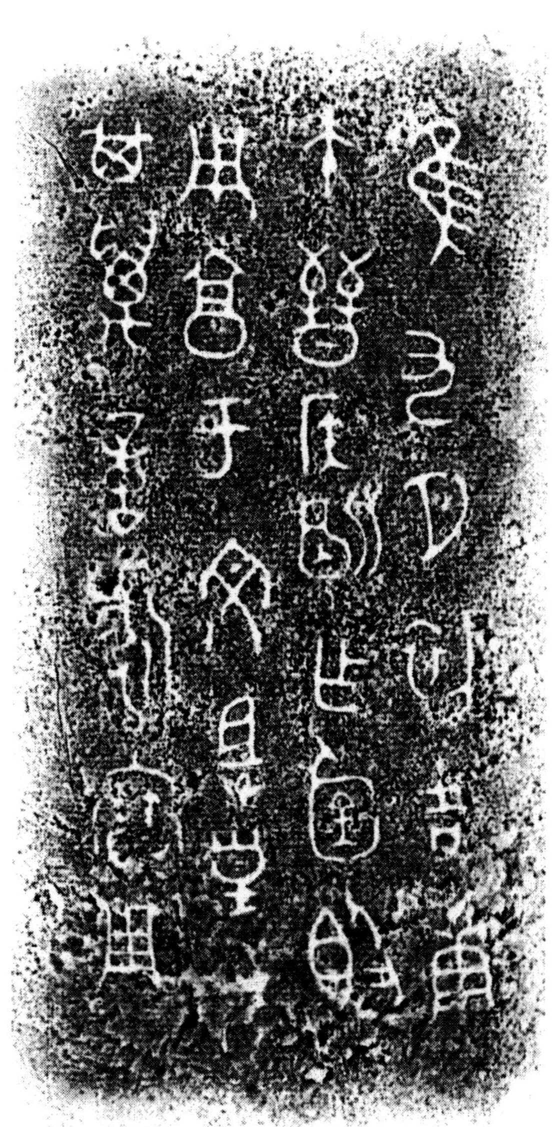

蓋

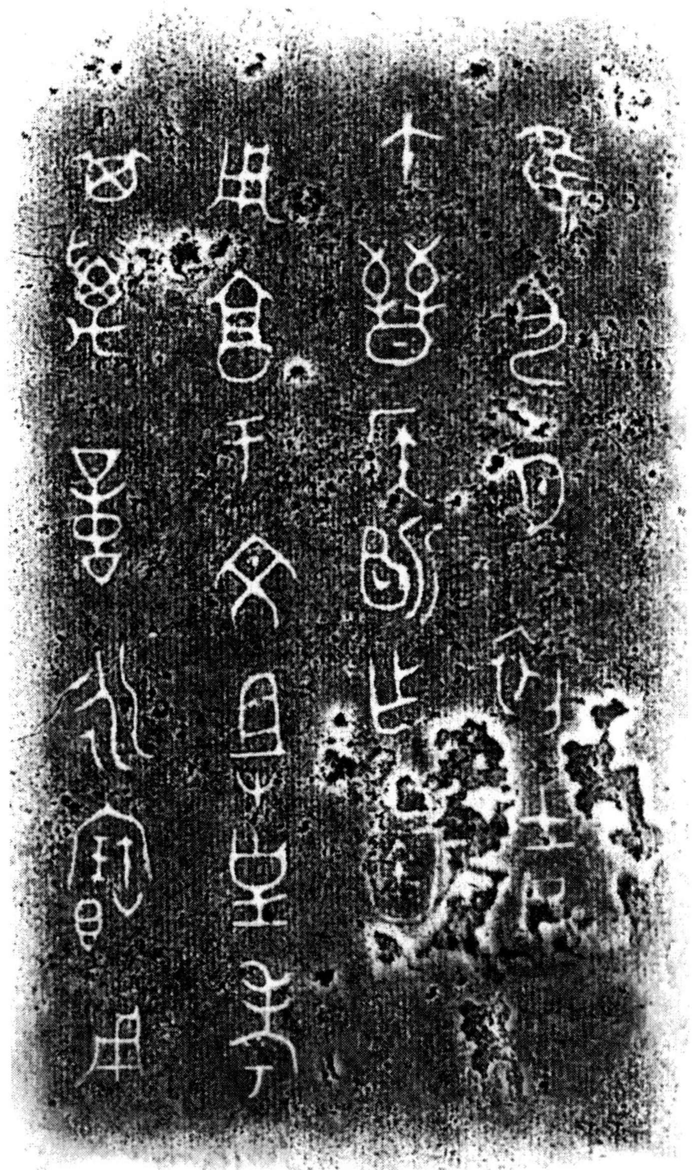

器

0424. 毛虢父簋

【時　　代】西周晚期。

【收 藏 者】某收藏家。

【尺　　度】通高 23、口徑 19.5、兩耳相距 35 釐米。

【形制紋飾】弇口鼓腹，一對龍首耳，下有方形垂珥，圈足連鑄三條獸面扁足，蓋面呈弧狀隆起，上有圈狀捉手。蓋沿和器口沿均飾大小相間的重環紋，蓋上和器腹均飾瓦溝紋，圈足飾斜角雲雷紋。

【著　　録】未著録。

【銘文字數】蓋、器同銘，各 26 字(其中重文 2)。

【銘文釋文】毛虢父乍(作)朕(朕)皇且(祖)文考障(尊)段(簋)，𠀠(其)萬年無彊(疆)，子₌(子子)孫₌(孫孫)永寶用亯(享)大宗。

蓋

器

0425. 曾大保嬬簋（曾太保嬬簋）

【時　　代】春秋早期。

【收 藏 者】某收藏家。

【形制紋飾】子口内斂，鼓腹，弧面形蓋，上有圈狀捉手，一對龍首耳，龍舌内卷，下有方形垂珥，圈足下設三個象鼻獸面支足。蓋沿和器口沿均飾竊曲紋，蓋面和器腹飾瓦溝紋。

【著　　録】中山學報 2009 年 5 期 21 頁圖 2。

【銘文字數】蓋、器同銘，各 26 字（其中重文 2）。

【銘文釋文】曾大（太）保嬬，用吉金自乍（作）寶段（簋），用亯（享）于其皇且（祖）文考，子=（子子）孫=（孫孫）永用之。

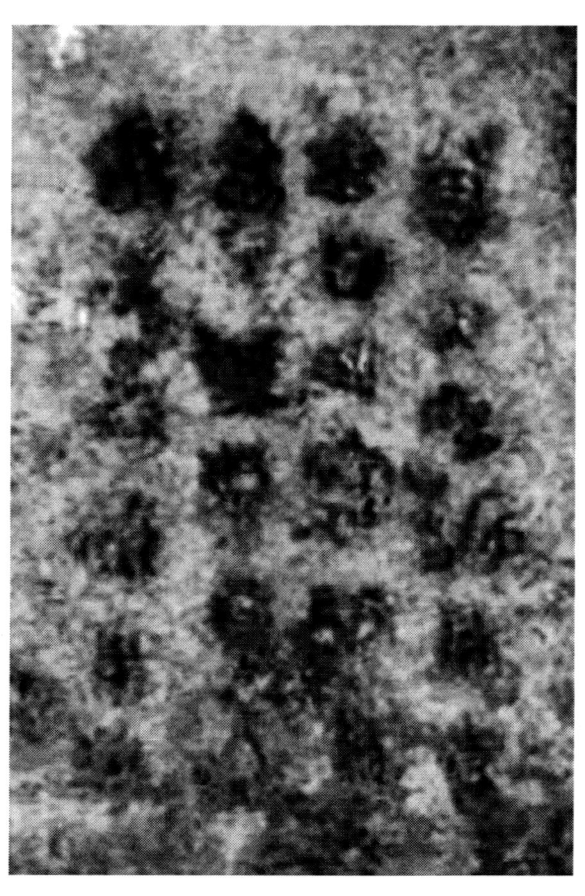

簋

0426. 召叔簋

【時　　代】西周中期後段。

【出土時地】2013 年 4 月出現在西安。

【收 藏 者】某收藏家。

【尺度重量】通高 23.5、口徑 17、腹深 12.7、兩耳相距 32 釐米，重 4 公斤。

【形制紋飾】子口鼓腹，腹部有一對龍首耳，下有方形垂珥，圈足沿外侈，連鑄三條獸面小足，蓋面隆起，上有圈狀捉手，捉手封頂，蓋沿下折且微内斂。蓋沿和口沿下均飾象鼻夔龍紋，捉手頂飾團鳥紋，圈足飾斜角變形夔龍紋，均以雲雷紋襯底。

【著　　録】未著録。

【銘文字數】蓋、器同銘，各 27 字。

【銘文釋文】隹（唯）三月初吉甲申，䜭（召）弔（叔）乍（作）東室寶隮（尊）段（簋），㠯（其）萬年𦘔（壽）考，用罘乎（厥）𠆢（朋）友旨鄉（饗）。

蓋

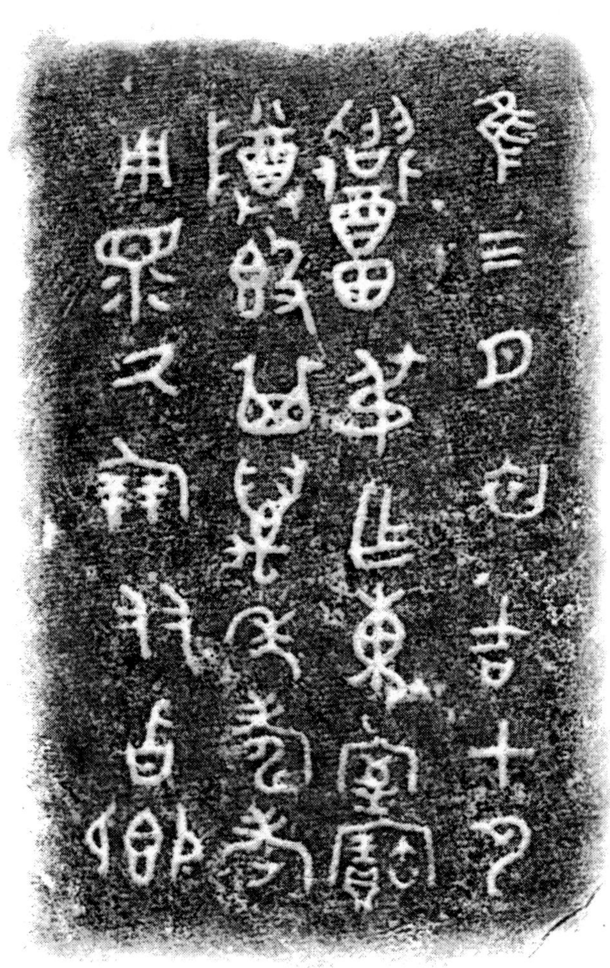

器

0427. 曾卿事窪簋

【時　　代】春秋早期。

【收 藏 者】某收藏家。

【尺　　度】通高 24、兩耳相距 36 釐米。

【形制紋飾】斂口鼓腹，一對龍首耳，下有垂珥，圈足沿外侈，連鑄三條獸面扁足，蓋面呈弧形隆起，上有圈狀捉手。通體飾瓦溝紋。

【著　　録】未著録。

【銘文字數】蓋、器對銘，各 28 字(其中重文 2)。

【銘文釋文】隹(唯) 曾卿事窪，用吉金自乍(作) 寶𣪘(簋)，用亯(享) 于朕(朕) 文考，用易(錫) 𩓚(眉) 𦓃(壽)，子=(子子) 孫=(孫孫) 永寶。

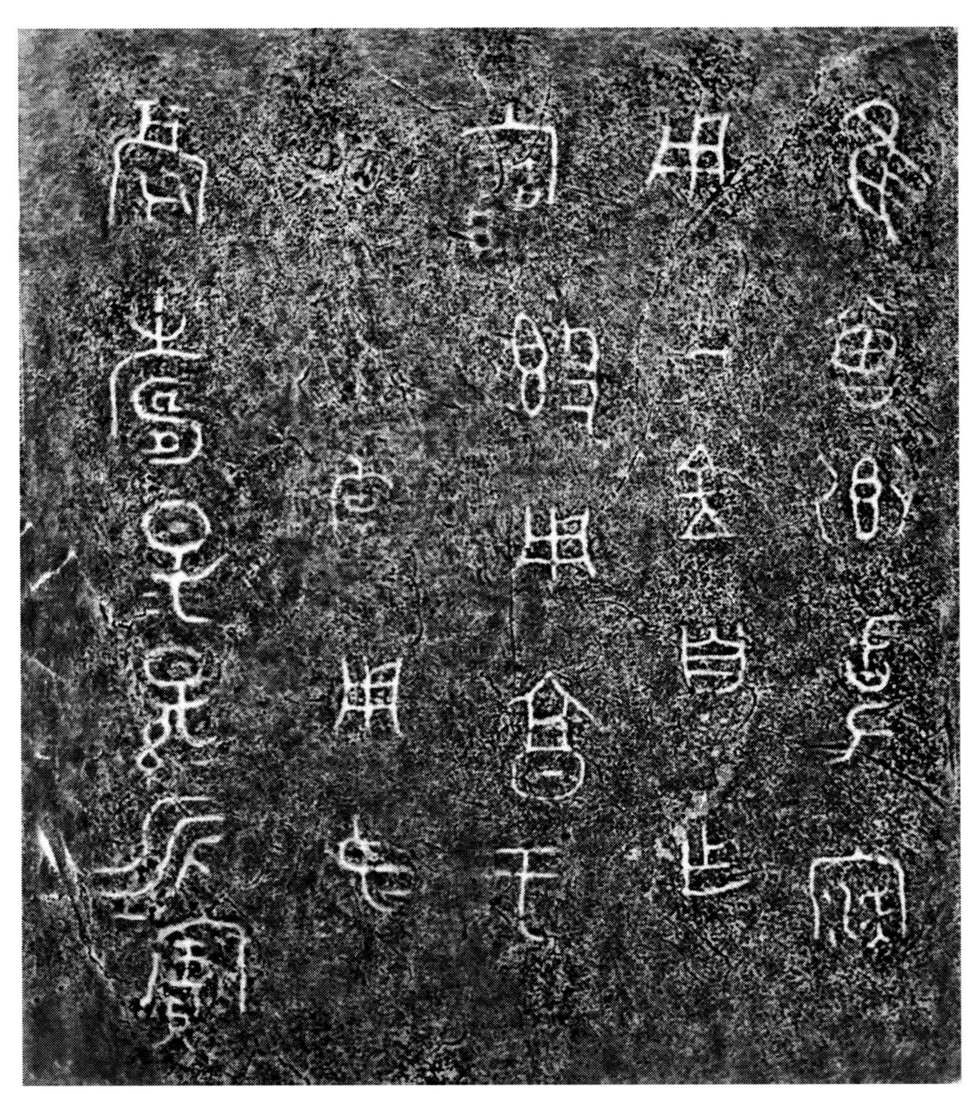

蓋

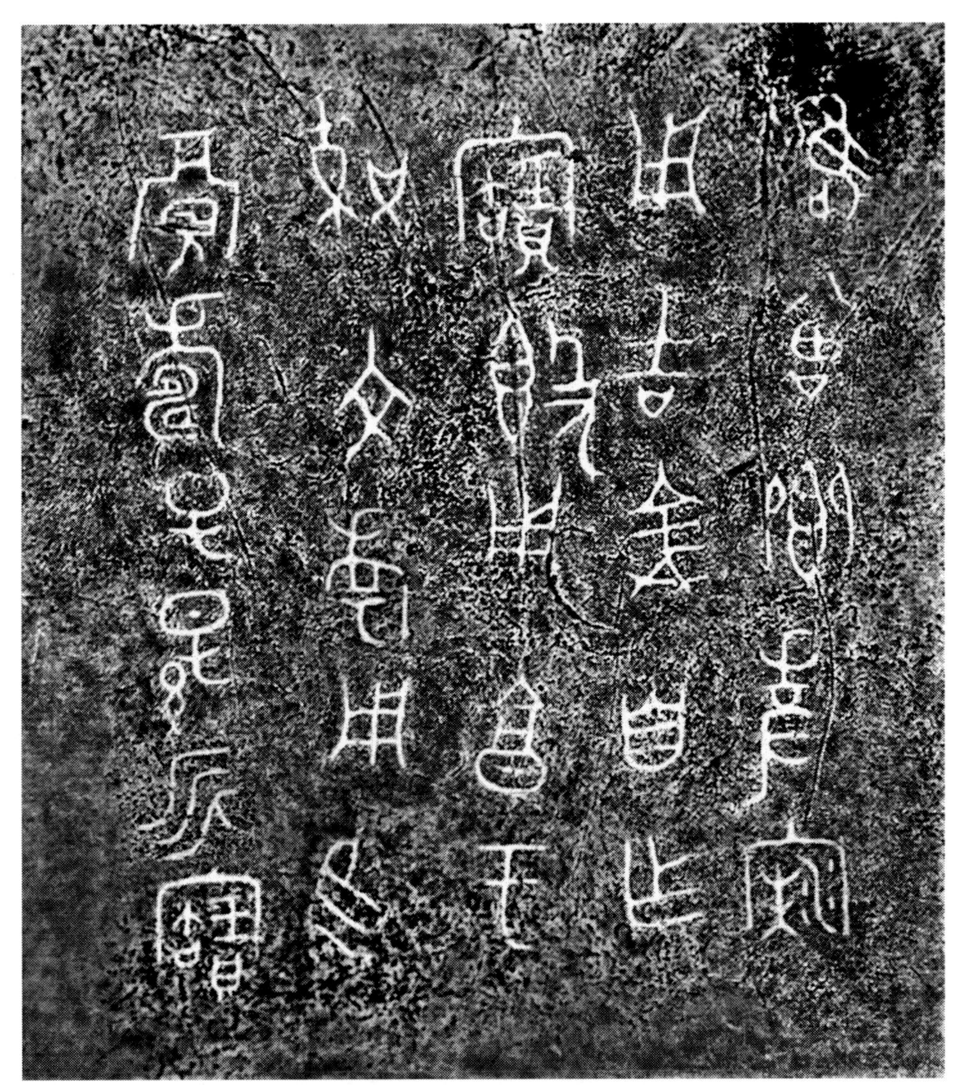

器

0428. 京叔簋甲

【時　　代】西周晚期。

【收 藏 者】某收藏家。

【形制紋飾】弇口鼓腹，弧形蓋與器的子口扣合，頂部有圈狀捉手，圈足沿外撇，其下連鑄三個小足，腹部有一對銜環獸首耳。蓋沿和器口沿之下飾重環紋，蓋面和器腹飾瓦溝紋，頸部和圈足各飾兩道弦紋。

【著　　録】未著録。

【銘文字數】内底鑄銘文29字(其中重文2)。

【銘文釋文】京弔(叔)乍(作)𩞄(萮)嬴媵(媵)毁(簋)，用亯(享)于文祜(姑)，用匄眉(眉)壽(壽)無彊(疆)，旻(得)屯(純)霝(令)冬(終)，子=(子子)孫=(孫孫)永寶用。

蓋

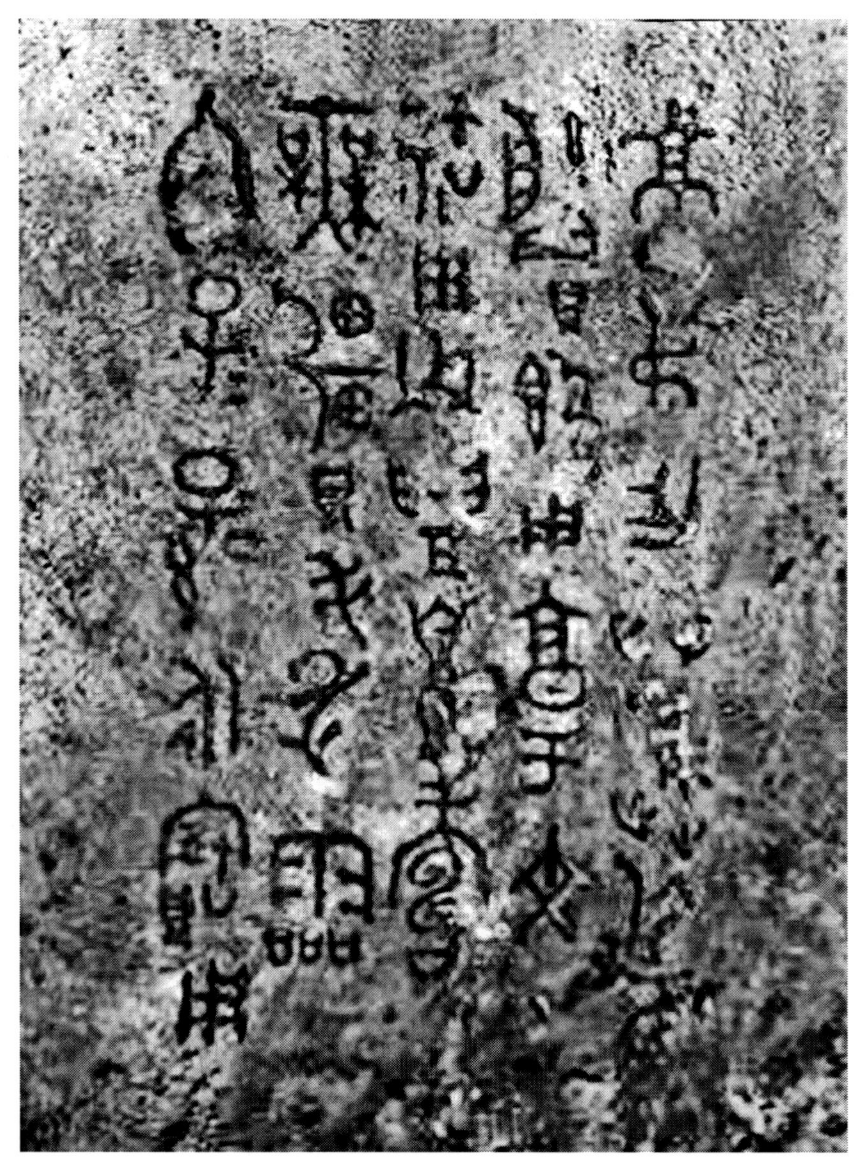

器

0429. 京叔簋乙

【時　　代】西周晚期。

【收 藏 者】某收藏家。

【形制紋飾】弇口鼓腹，弧形蓋與器的子口扣合，頂部有圈狀捉手，圈足沿外撇，其下連鑄三個小足，腹部有一對銜環獸首耳。蓋沿和器口沿之下飾重環紋，蓋面和器腹飾瓦溝紋，頸部和圈足各飾兩道弦紋。

【著　　録】未著録。

【銘文字數】蓋、器同銘，各 29 字(其中重文 2)。

【銘文釋文】京弔(叔) 乍(作) 䕼(莆) 嬴賸(媵) 㲃(簋)，用亯(享) 于文祜(姑)，用匄釁(眉) 䨓(壽) 無彊(疆)，㝵(得) 屯(純) 霝(令) 冬(終)，子₌(子子) 孫₌(孫孫) 永寶用。

蓋

器

0430. 丂史簋(考史簋)甲

【時　　代】西周晚期。

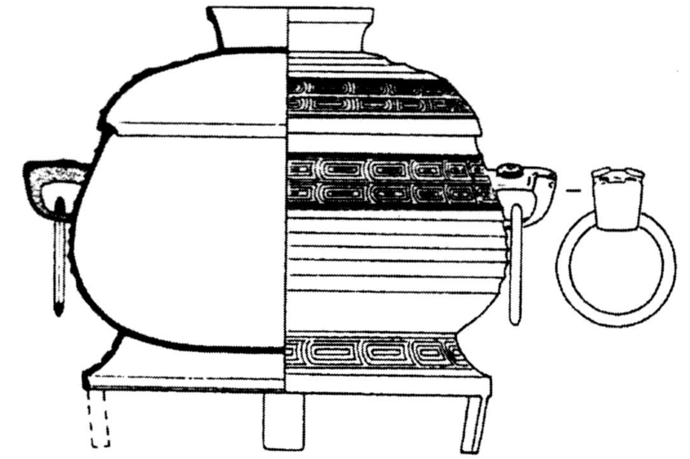

【出土時地】1993 年 3 月河南平頂山市新華區滍陽鎮北滍村西應國墓地(M257.1)。

【收 藏 者】河南省文物考古研究院。

【尺　　度】通高 22.4、口徑 20.2 釐米。

【形制紋飾】弇口鼓腹,獸首銜環耳,圈足下有三個小扁足,隆起的蓋上有圈狀捉手。蓋沿和器口沿均飾雙行重環紋,蓋上和器腹飾瓦溝紋,圈足飾單行重環紋。

【著　　録】華夏考古 2015 年 3 期 12 頁圖 5.1、2。

【銘文字數】蓋、器對銘,各 31 字(其中重文 2)。

【銘文釋文】隹(唯)十月初吉丁茆(卯)丂(攷、考)史乍(作)寎(㝑、唐)佁(姒)媵(媵)𣪘(簋),用旂(祈)睂(眉)壽(壽)永命,子₌(子子)孫₌(孫孫)其邁(萬)年,永寶用亯(享)。

蓋

器

0431. 丂史簋(考史簋)乙

【時　　代】西周晚期。

【出土時地】1993 年 3 月河南平頂山市新華區滍陽鎮北滍村西應國墓地(M257.2)。

【收 藏 者】河南省文物考古研究院。

【尺　　度】通高 22.8、口徑 19.6 釐米。

【形制紋飾】弇口鼓腹,獸首銜環耳,圈足下有三個小扁足,隆起的蓋上有圈狀捉手。蓋沿和器口沿均飾雙行重環紋,蓋上和器腹飾瓦溝紋,圈足飾單行重環紋。

【著　　録】華夏考古 2015 年 3 期 12 頁圖 5.3。

【銘文字數】器内底鑄銘文 31 字(其中重文 2)。

【銘文釋文】隹(唯)十月初吉丁茆(卯)丂(攷、考)史乍(作)亯(㝗、唐)佁(姒)賸(媵)設(簋),用旛(祈)賁(眉)壽(壽)永命,子=(子子)孫=(孫孫)其邁(萬)年,永寶用亯(享)。

簋

0432. 賈叔簋

【時　　代】春秋早期。

【收 藏 者】某收藏家。

【形制紋飾】弇口鼓腹，一對龍首半環耳，下有垂珥，矮圈足外撇，其下連鑄三條獸面小足，蓋面弧形鼓起，上有圈狀捉手。蓋沿和器口沿飾竊曲紋，蓋面和腹部飾瓦溝紋，圈足飾垂鱗紋。

【著　　録】未著録。

【銘文字數】蓋、器同銘，各 32 字（其中重文 2）。

【銘文釋文】隹（唯）王二月既死霸丁亥，賈弔（叔）乍（作）晉（晉）姬隮（尊）段（簋），亓（其）用亯（享）用孝，用旂（祈）萬壽（壽），子=（子子）孫=（孫孫）永寶用。

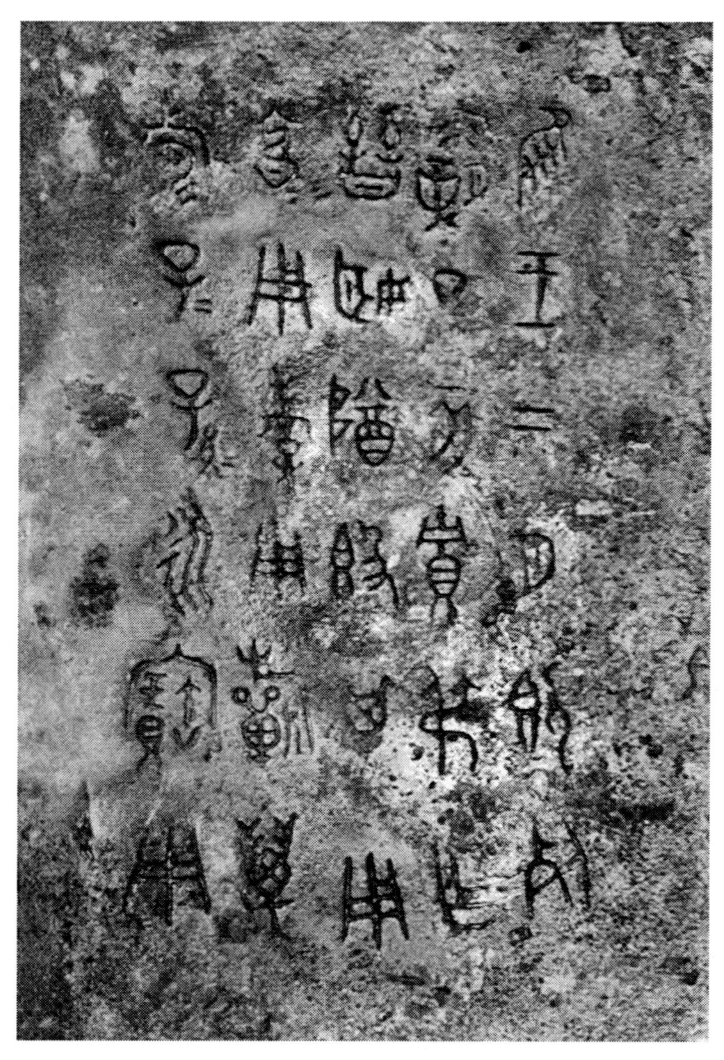

簋

0433. 壬卯簋

【時　　代】西周中期前段。

【收 藏 者】臺北震榮堂(陳鴻榮、王亞玲夫婦)。

【尺　　度】通高 24、兩耳間距 29 釐米。

【形制紋飾】侈口束頸,下腹向外傾垂,一對獸首耳,下有方形垂珥,矮圈足沿外撇。頸部飾分尾長鳥紋,以雲雷紋襯底,前後增飾浮雕獸頭,圈足飾兩道弦紋。

【著　　録】金銅器 94 頁簋 15。

【銘文字數】内底鑄銘文約 33 字。

【銘文釋文】隹(唯)正月辰才(在)壬卯,□□□□般(服)䞣(遣)□□□□□巿(韍)縈黄(衡)、□□□□匋(寶)設(簋),□孫□□永用。

【備　　注】銘文照片上下各裁去兩行字。

0434. 叔吝簋(叔友簋)甲

【時　　代】西周中期。

【出土時地】2014 年 11 月出現在北京,2015 年 9 月又出現在南京。

【收 藏 者】某收藏家。

【形制紋飾】直口深腹,下腹圜收,一對獸首銜環耳,圈足下連鑄三條獸面小足,蓋面呈弧形鼓起,上有圈狀捉手,蓋沿直向下折。蓋面和器口下飾竊曲紋,以雲雷紋襯底,圈足飾三角變形夔龍紋。

【著　　録】未著録。

【銘文字數】蓋、器同銘,各 36 字(其中重文 2)。

【銘文釋文】隹(唯)正月初吉丁亥,弔(叔)吝(友)追考(孝)于剌(烈)考鼇白(伯)鼇姬,乍(作)旂姜幾母寶賸(媵)毀(簋),子=(子子)孫=(孫孫)甾(其)躉(萬)年永寶用。

【備　　注】此爲蓋銘,器銘未提供。

盖 1

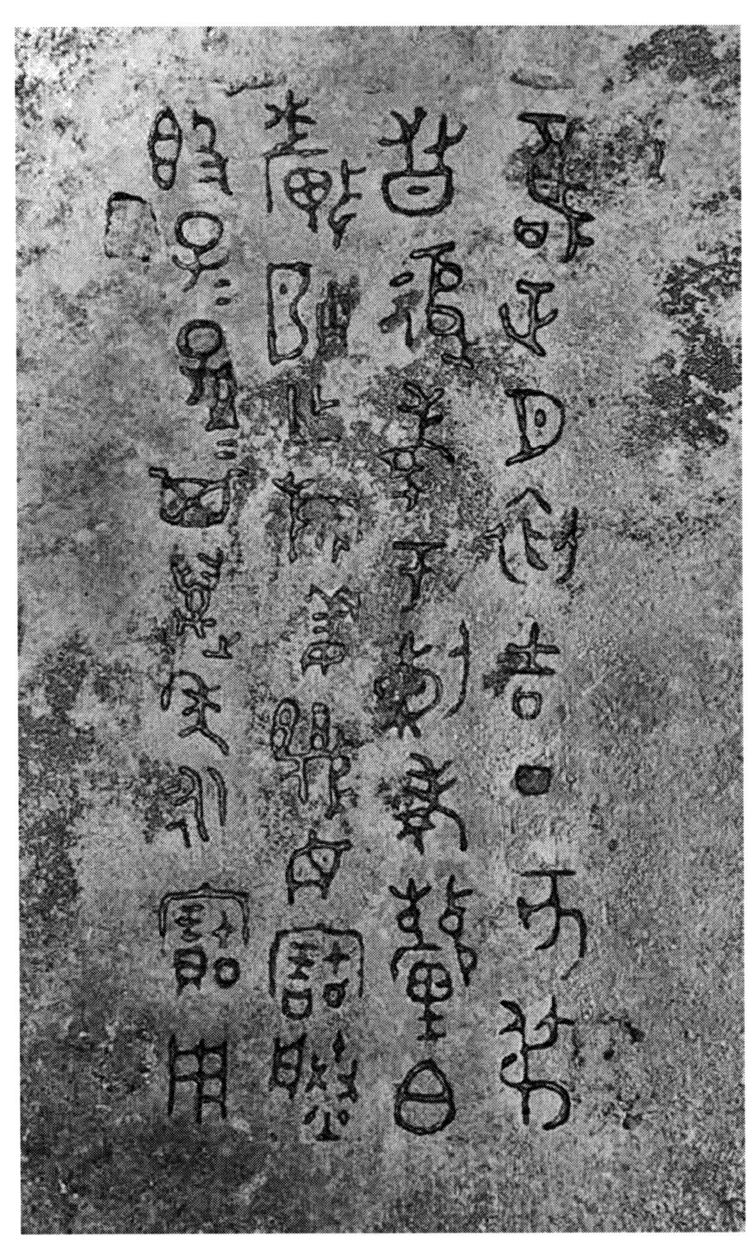

蓋 2

0435. 叔沓簋(叔友簋)乙

【時　　代】西周中期。

【出土時地】2014 年 11 月出現在北京。

【收 藏 者】某收藏家。

【形制紋飾】直口深腹，下腹圜收，一對獸首銜環耳，圈足下連鑄三條獸面小足，蓋面呈弧形鼓起，上有圈狀捉手，蓋沿直向下折。蓋面和器口下飾竊曲紋，以雲雷紋襯底，圈足飾三角變形夔龍紋。

【著　　録】未著録。

【銘文字數】蓋、器同銘，各 36 字(其中重文 2)。

【銘文釋文】隹(唯)正月初吉丁亥，弔(叔)沓(友)追考(孝)于剌(烈)考釐白(伯)釐姬，乍(作)旂姜幾母寶媵(媵)𣪘(簋)，子₌(子子)孫₌(孫孫)𠀠(其)萬(萬)年永寶用。

【備　　注】此爲蓋銘，器銘未提供。

蓋

0436. 伯旂簋

【時　　代】西周中期前段。

【出土時地】2002 年徵集。

【收 藏 者】中國國家博物館。

【尺　　度】通高 14.8、口徑 20.6 釐米。

【形制紋飾】侈口束頸，下腹向外傾垂，一對獸首耳，下有方形垂珥，圈足外侈，沿下折。頸部飾雲雷紋襯底的長鳥紋，腹部光素。

【著　　録】百年 80 頁 37。

【銘文字數】内底鑄銘文 39 字(其中重文 2)。

【銘文釋文】唯二月初吉丁卯，王易(錫)白(伯)旂牲五，啻唯用奠，旂于奠，對飘(揚)王休，用乍(作)氒(厥)取(祖)考寶鬻(肆)彝，子=(子子)孫=(孫孫)亓(其)永寶。

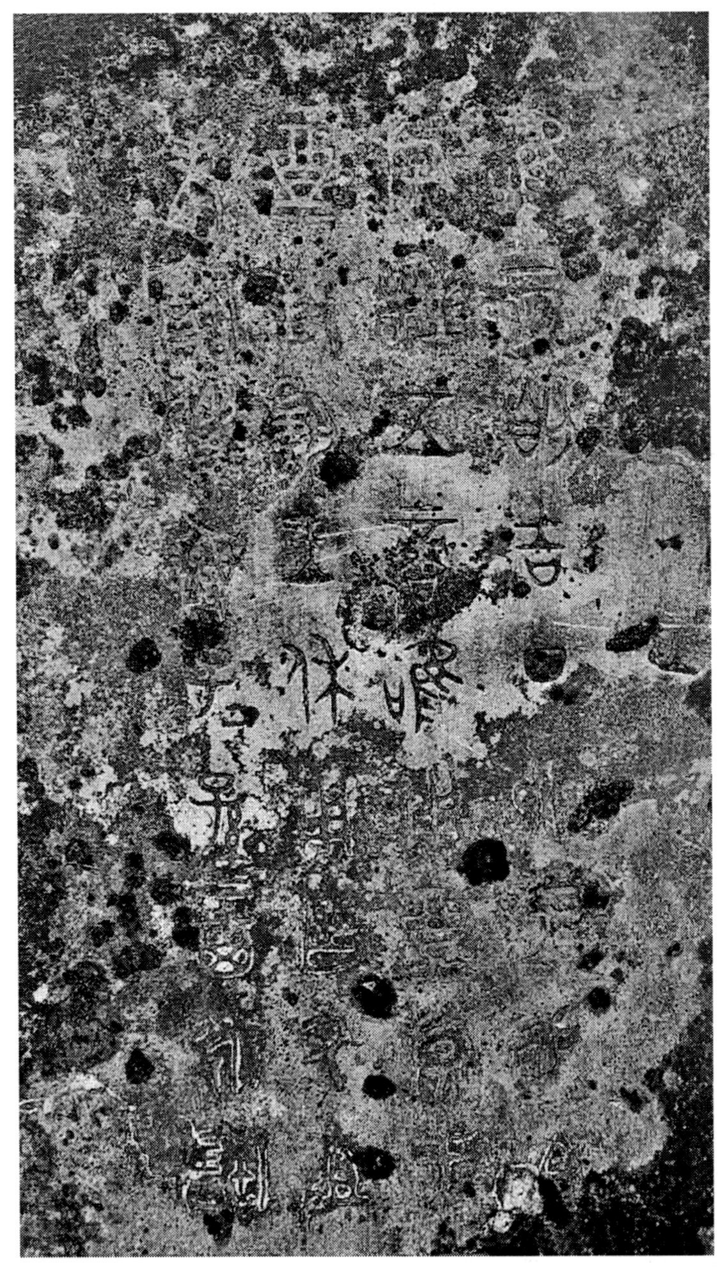

0437. 噐簋

【時　　代】西周中期後段。

【出土時地】2006 年徵集。

【收 藏 者】中國國家博物館。

【尺　　度】通高 16.7、口徑 24.3 釐米。

【形制紋飾】侈口寬沿，斂腹，一對獸首半環形耳，下有尾形垂珥，高圈足，沿外侈，然後下折。口沿下飾垂冠回首尾上卷的夔龍紋，以雲雷紋襯底。

【著　　録】百年 116 頁 55。

【銘文字數】内底鑄銘文 39 字。

【銘文釋文】隹（唯）九月初吉庚寅，雁（應）医（侯）令（命）噐曰：“嗣（司）䑣（朕）走馬、駸（馭）。”噐叡（敢）對䑣（揚）皇君顯令（命）。用乍（作）䑣（朕）剌（烈）考䵼（肆）彝。噐丌（其）邁（萬）年永寶用。

0438. 趞簋甲

【時　　代】西周中期前段。

【出土時地】2015 年 9 月出現在南京。

【收 藏 者】某收藏家。

【形制紋飾】侈口方唇，鼓腹，矮圈足，一對獸首耳，下有垂珥。頸部飾一對分尾長鳥紋，以雲雷紋襯底，兩鳥之間飾浮雕虎頭，圈足飾兩道弦紋。

【著　　録】未著録。

【銘文字數】内底鑄銘文 42 字(其中重文 2)。

【銘文釋文】隹(唯)亖(四)月，王執噩(魏)駒，至于異，内(入)光遳(趞)宫休，無眈(尤)，遳(趞)叙(敢)對虱(揚)天子光，用乍(作)朕(朕)変(文)考日癸寶毁(簋)，亓(其)子=(子子)孫=(孫孫)萬年永寶。

簋

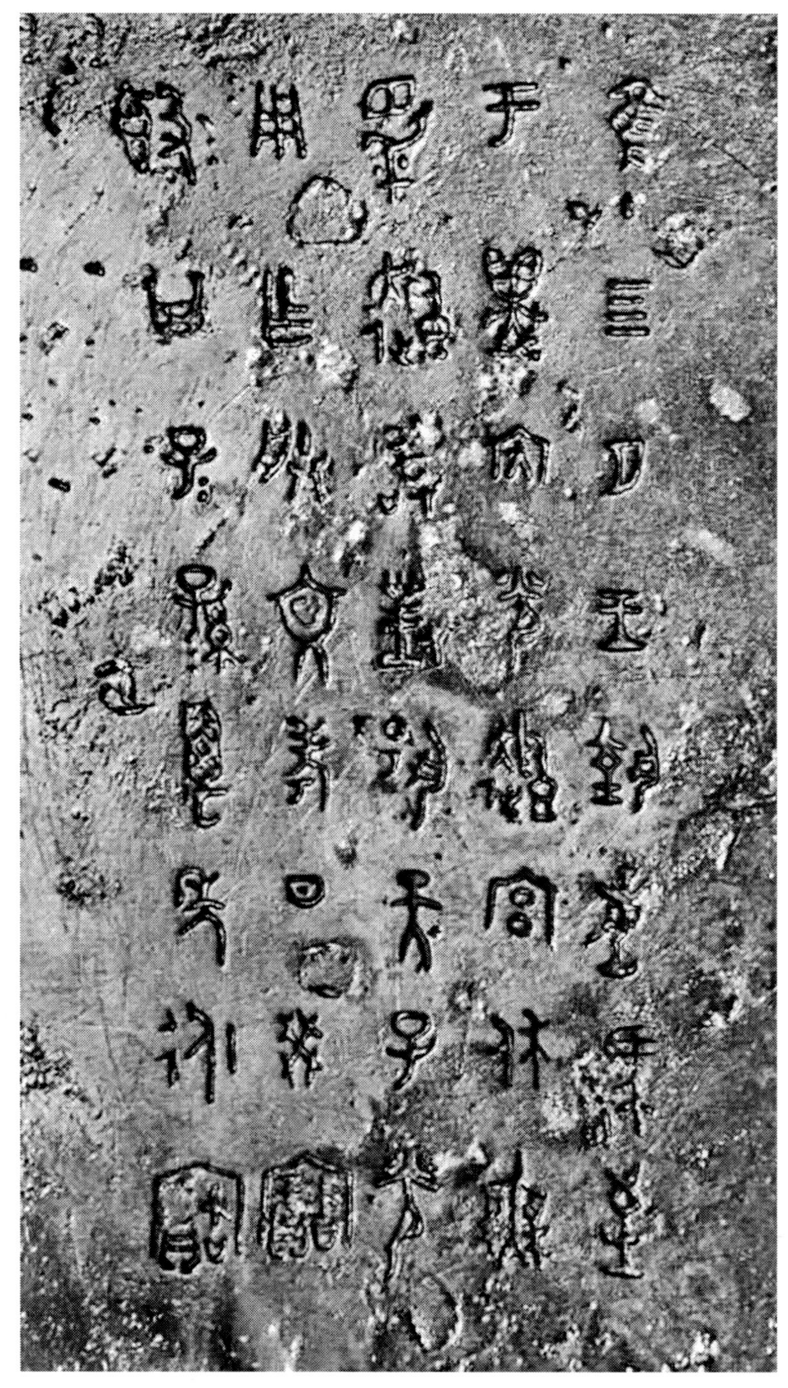

0439. 趞簋乙

【時　　代】西周中期前段。

【收 藏 者】某收藏家。

【形制紋飾】侈口方唇，鼓腹，矮圈足，一對獸首耳，下有垂珥。頸部飾一對分尾長鳥紋，以雲雷紋襯底，兩鳥之間飾浮雕虎頭，圈足飾兩道弦紋。

【著　　録】未著録。

【銘文字數】内底鑄銘文 42 字（其中重文 2）。

【銘文釋文】隹（唯）亖（四）月，王執畲（魏）駒，至于異，内（入）光趞（趞）宫休，無眈（尤），趞（趞）叡（敢）對觃（揚）天子光，用乍（作）朕（朕）㸚（文）考日癸寶𣪘（簋），甘（其）子₌（子子）孫₌（孫孫）萬年永寶。

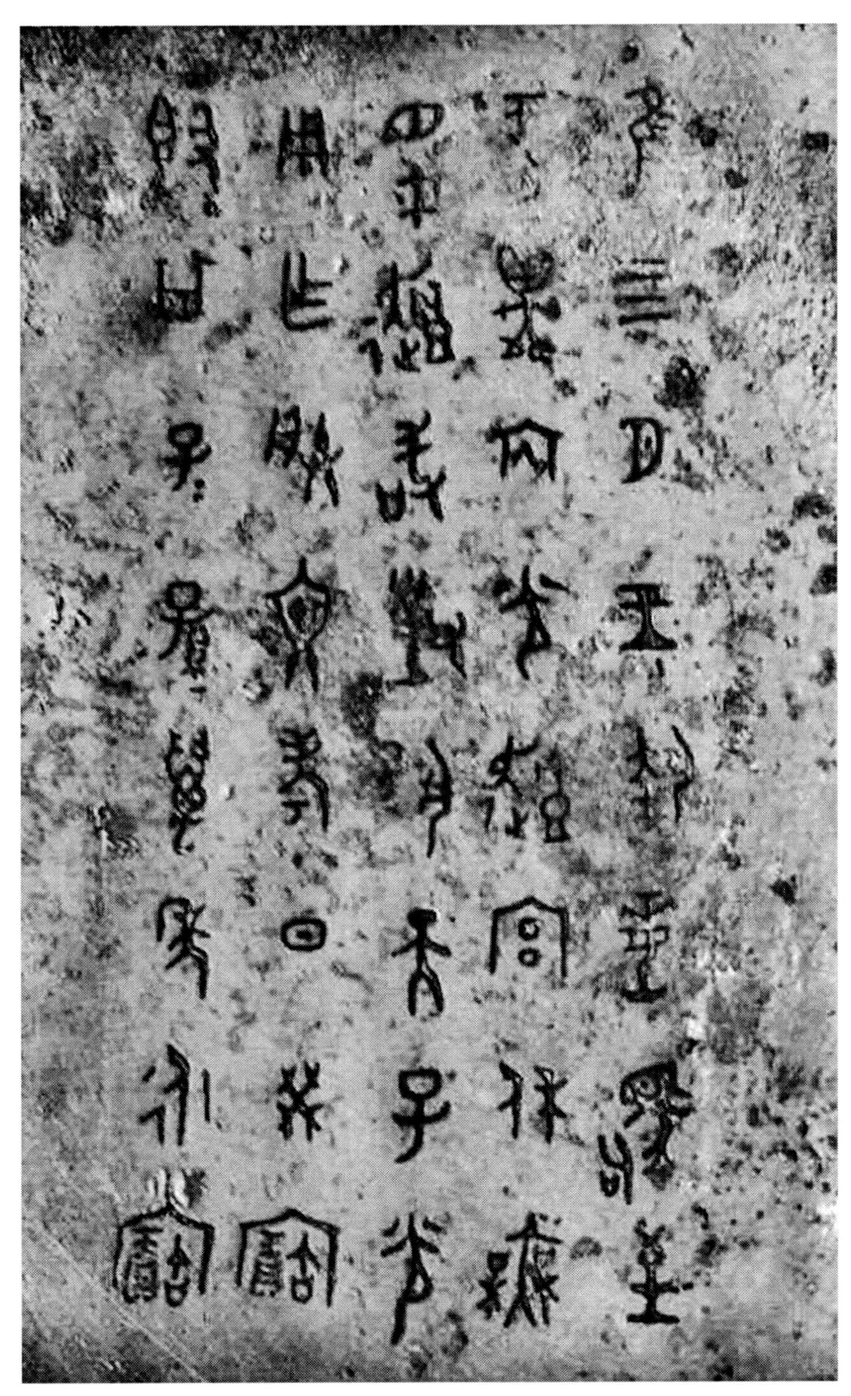

簋

0440. 叔安父簋(宗人簋)

【時　　代】西周中期。

【收 藏 者】某收藏家。

【形制紋飾】直口有蓋,腹壁較直,口沿之下的兩側有一對獸頭銜環耳,圈足下連鑄三個小足,蓋面隆起,上有圈狀捉手。蓋沿下折,與器的子口扣合。器口沿下飾竊曲紋,圈足飾斜角變形夔龍紋。

【著　　録】未著録。

【銘文字數】蓋、器同銘,各 42 字(其中合文 2)。

【銘文釋文】隹(唯)王三月初吉丁亥,弔(叔)安父乍(作)爲朕(朕)弔(叔)弟宗人寶𣪕(簋),宗人其(其)朝夕用亯(享)考(孝)于啇(嫡)宗室,其(其)邁(萬)年子=(子子)孫=(孫孫)永寶用。

【備　　注】此銘文照片不知是器還是蓋。

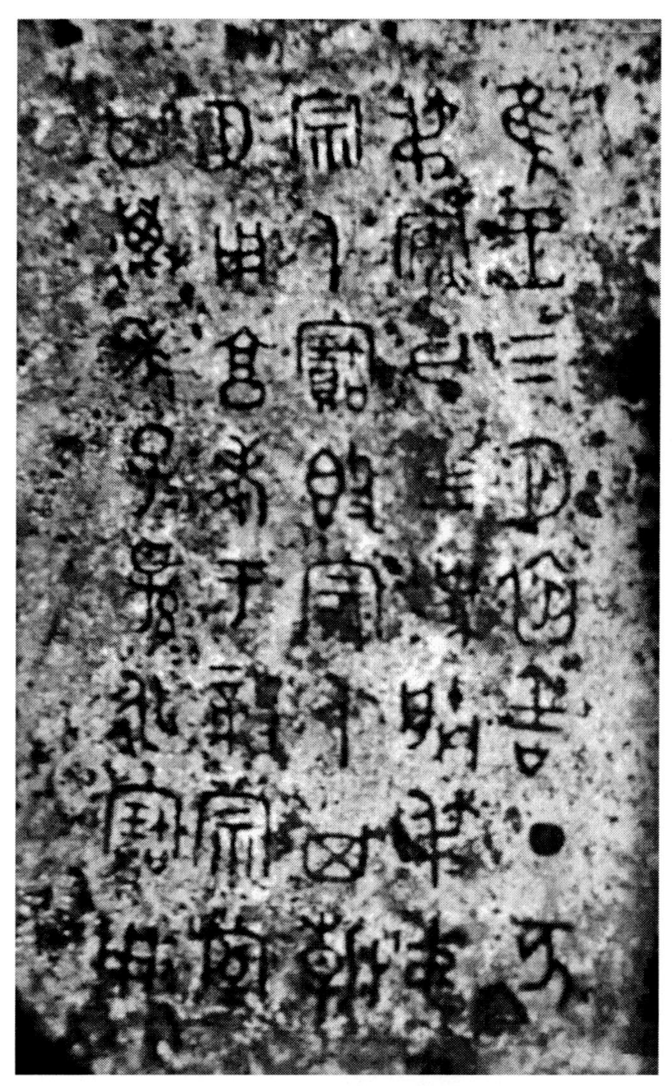

0441. 孝簋

【時　　代】西周中期。

【出土時地】2012 年出現在西安。

【收 藏 者】某收藏家。

【形制紋飾】子口，圜底，腹壁較直，口沿下有一對獸鈕銜環耳，矮圈足連鑄四條獸面小足，蓋面隆起，上有圈狀捉手，沿下折，蓋口稍微内收。蓋面和器口下均飾竊曲紋，圈足飾三角形變體夔紋。

【著　　録】未著録。

【銘文字數】蓋、器同銘，各 45 字。

【銘文釋文】隹（唯）三月初吉甲寅，君窒父才（在）新宫，易（錫）孝金五匀（鈞），孝摔（拜）韻（稽）首，叡（敢）䢅（對）易（揚）王（皇）君休，用乍（作）朕（朕）文孝（考）鳌（𩐙）白（伯）鳌（𩐙）姬寶𣪘（簋），其邁（萬）年永寶用。

【備　　注】此銘文照片未詳是蓋或器。“君窒父”當爲叔安父簋的叔安父，孝與宗人均爲叔安父的弟弟。

簋

0442. 倗伯簋

【時　　代】西周中期。

【出土時地】2004-2007 年山西絳縣橫水鎮橫北村西周墓地（M1006. 66）。

【收 藏 者】山西省考古研究所。

【著　　録】論衡 94 頁圖 5。

【銘文字數】蓋、器同銘，各 46 字（其中重文 1）。

【銘文釋文】倗白（伯）肇乍（作）内（芮）姬寶𣪕（簋），𠈌（其）用㚖（夙）夜亯（享）于氒（厥）宗，用亯（享）孝于朕（朕）文且（祖）考，用匄百福，𠈌（其）萬年永寶，子＝（子子）孫𠈌（其）萬年用，㚖（夙）夜于氒（厥）宗用。

【備　　注】同墓出土 2 件，形制、紋飾、銘文相同，大小相若，另一件資料未公布。

0443. 再簋丙

【時　　代】西周中期前段。

【收 藏 者】中國國家博物館。

【尺　　度】通高 21.5、口徑 20 釐米。

【形制紋飾】侈口斂頸，方唇，腹部向外傾垂，一對獸首耳，下有方形垂珥，蓋面呈弧形隆起，上有圈形捉手，圈足沿外侈，然後下折。蓋沿和頸部飾分尾長鳥紋，前後增飾浮雕虎頭，均以雲雷紋襯底。

【著　　録】百年 89 頁 43 上，甲金萃 155-156 頁。

【銘文字數】蓋、器同銘，各 49 字(其中合文 1)。

【銘文釋文】趞(遣) 白(伯) 乍(作) 再宗彝，甘(其) 用夙(夙) 夜亯(享) 卲(昭) 文神，用禱旂(祈)覺(眉)耋(壽)。朕(朕)文考甘(其)巠(經)趞(遣)姬、趞(遣)白(伯)之德言，甘(其)競余一子；朕(朕)文考甘(其)用乍(措)氒(厥)身，念再戈(哉)！亡匃(害)！

【備　　注】《銘圖》已著録 2 件(05213、05214)。

蓋 1

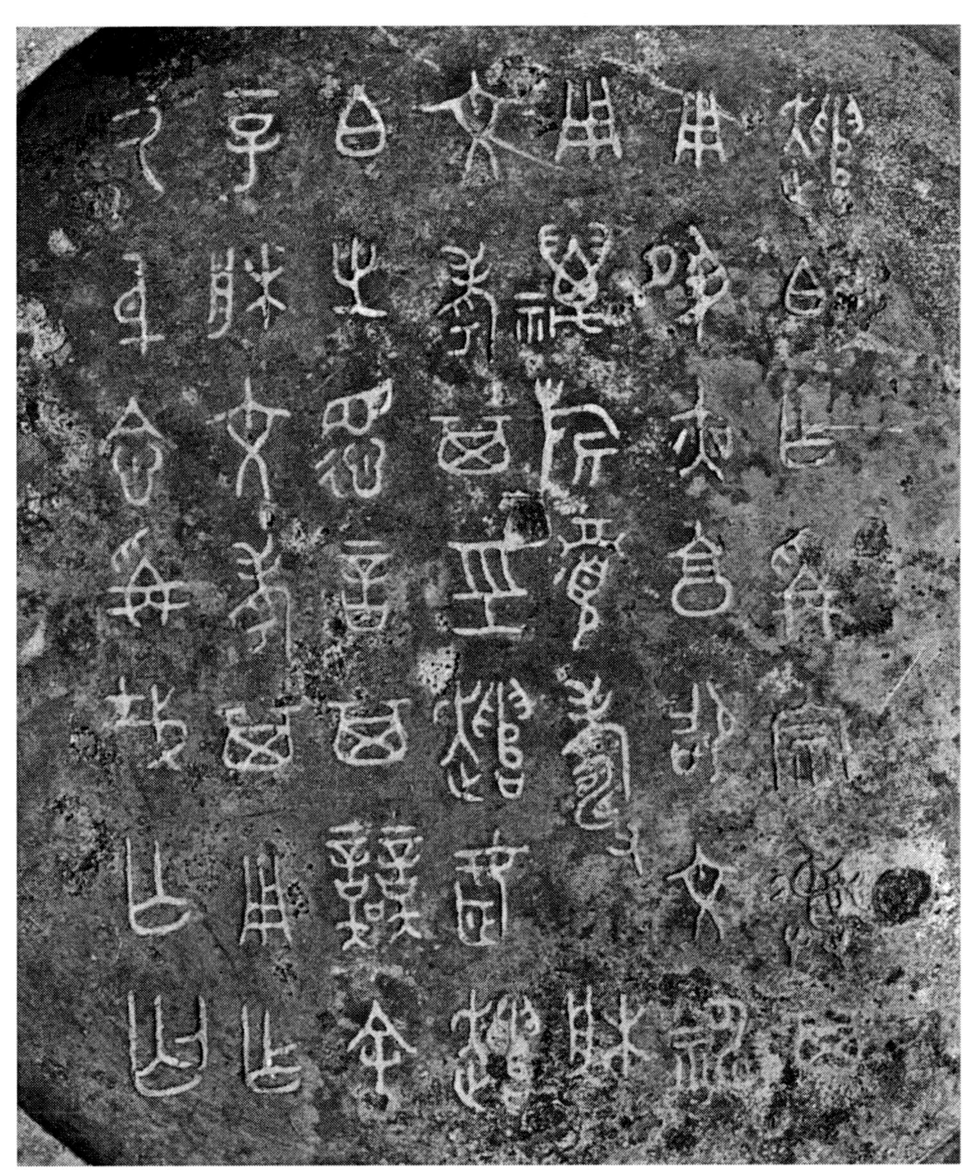

蓋 2

器

0444. 再簋丁

【時　　代】西周中期前段。

【收 藏 者】中國國家博物館。

【尺　　度】通高 21.5、口徑 20.5 釐米。

【形制紋飾】侈口斂頸，方唇，腹部向外傾垂，一對獸首耳，下有方形垂珥，蓋面呈弧形隆起，上有圈形捉手，圈足沿外侈，然後下折。蓋沿和頸部飾分尾長鳥紋，前後增飾浮雕虎頭，均以雲雷紋襯底。

【著　　録】百年 89 頁 43 下，甲金萃 157-158 頁。

【銘文字數】蓋、器同銘，各 49 字(其中合文 1)。

【銘文釋文】遣(遣)白(伯)乍(作)再宗彝，亓(其)用夙(夙)夜亯(享)卲(昭)文神，用禱旂(祈)釁(眉)壽(壽)。朕(朕)文考亓(其)巠(經)遣(遣)姬、遣(遣)白(伯)之德言，亓(其)競余一子；朕(朕)文考亓(其)用乍(措)氒(厥)身，念再戈(哉)！亡匄(害)！

蓋 1

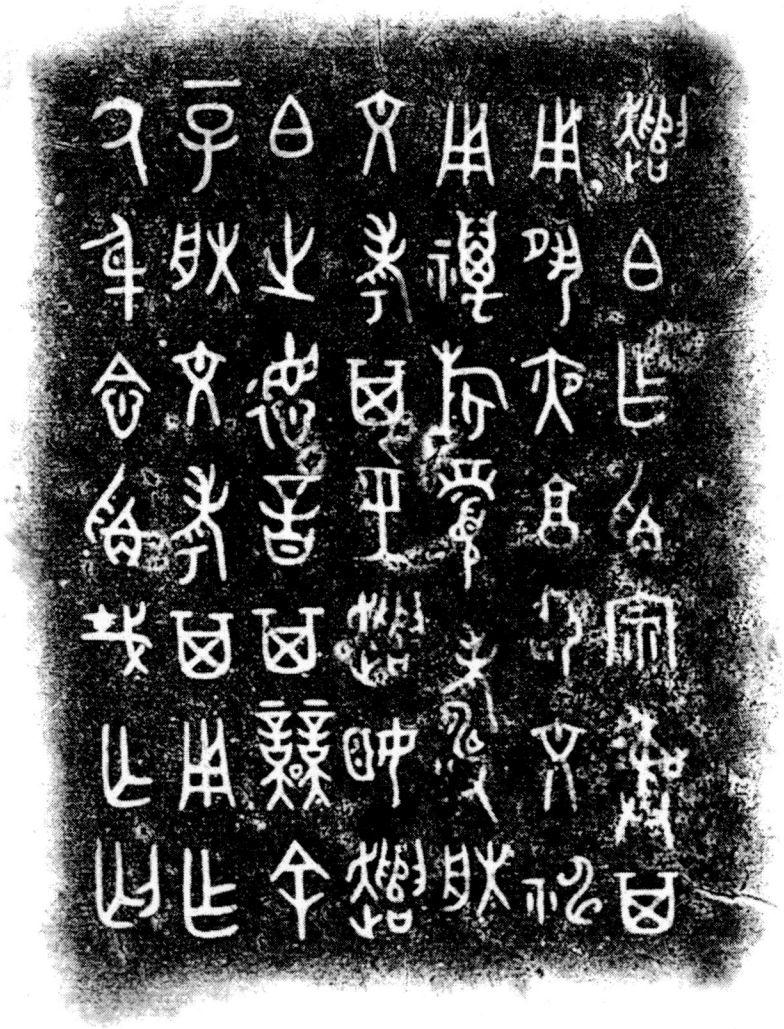

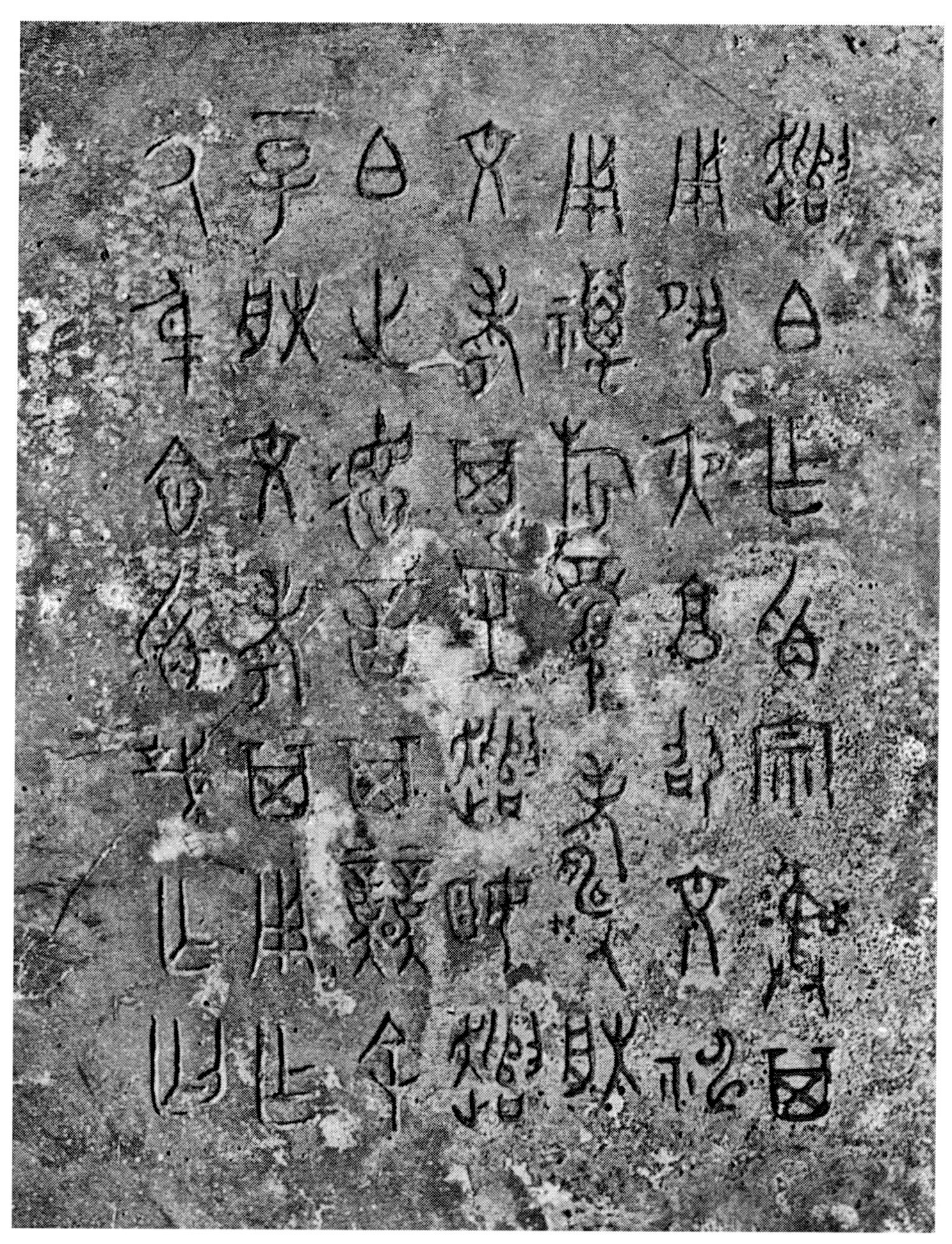

蓋 2

器

0445. 曾伯克父簋

【時　　代】春秋早期。
【收 藏 者】某收藏家。
【著　　録】未著録。
【銘文字數】蓋、器同銘，各50字(其中重文2)。
【銘文釋文】隹(唯)曾白(伯)克父甘婁(妻)自乍(作)大寶毁(簋)，用追孝于我皇且(祖)文(文)考，曾白(伯)克父其(其)用受多福無彊(疆)，眉(眉)壽(壽)永命，黄耇霝(令)冬(終)，其(其)萬年子=(子子)孫=(孫孫)永寶用。

蓋

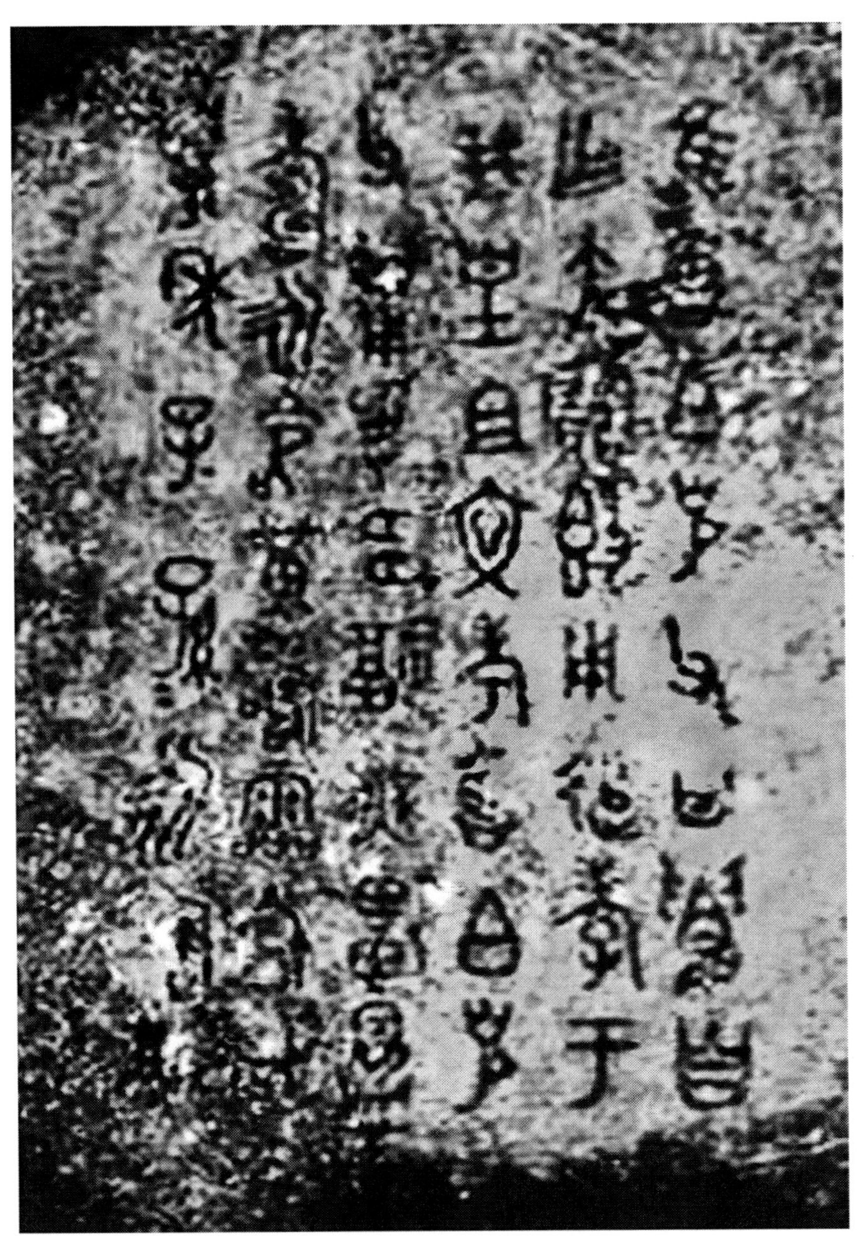

器

0446. 召簋(𩰫簋)

【時　　代】西周中期前段。

【出土時地】傳出晉南地區。

【收 藏 者】某收藏家。

【形制紋飾】侈口束頸,鼓腹,一對貘頭半環耳,圈足沿外侈並下折,形成一道邊圈。頸部飾分尾鳥紋帶,前後增飾浮雕獸頭。

【著　　録】未著録。

【銘文字數】内底鑄銘文 55 字。

【銘文釋文】隹(唯)三(四)月初吉,王才(在)周,各(格)大(太)室,即[立(位)],井(邢)白(伯)入右𩰫(召)。王乎(呼)内史册令(命)𩰫(召),曰:“易(錫)女(汝)幺(玄)衣、滰屯(純)、截市(韍)、幽黄(衡)、金雁(膺)。”曰:“用事。”𩰫(召)䭫(稽)首,對䚄(揚)王休,用乍(作)文考日癸隮(尊)毁(簋)。

【備　　注】器形照片未提供。

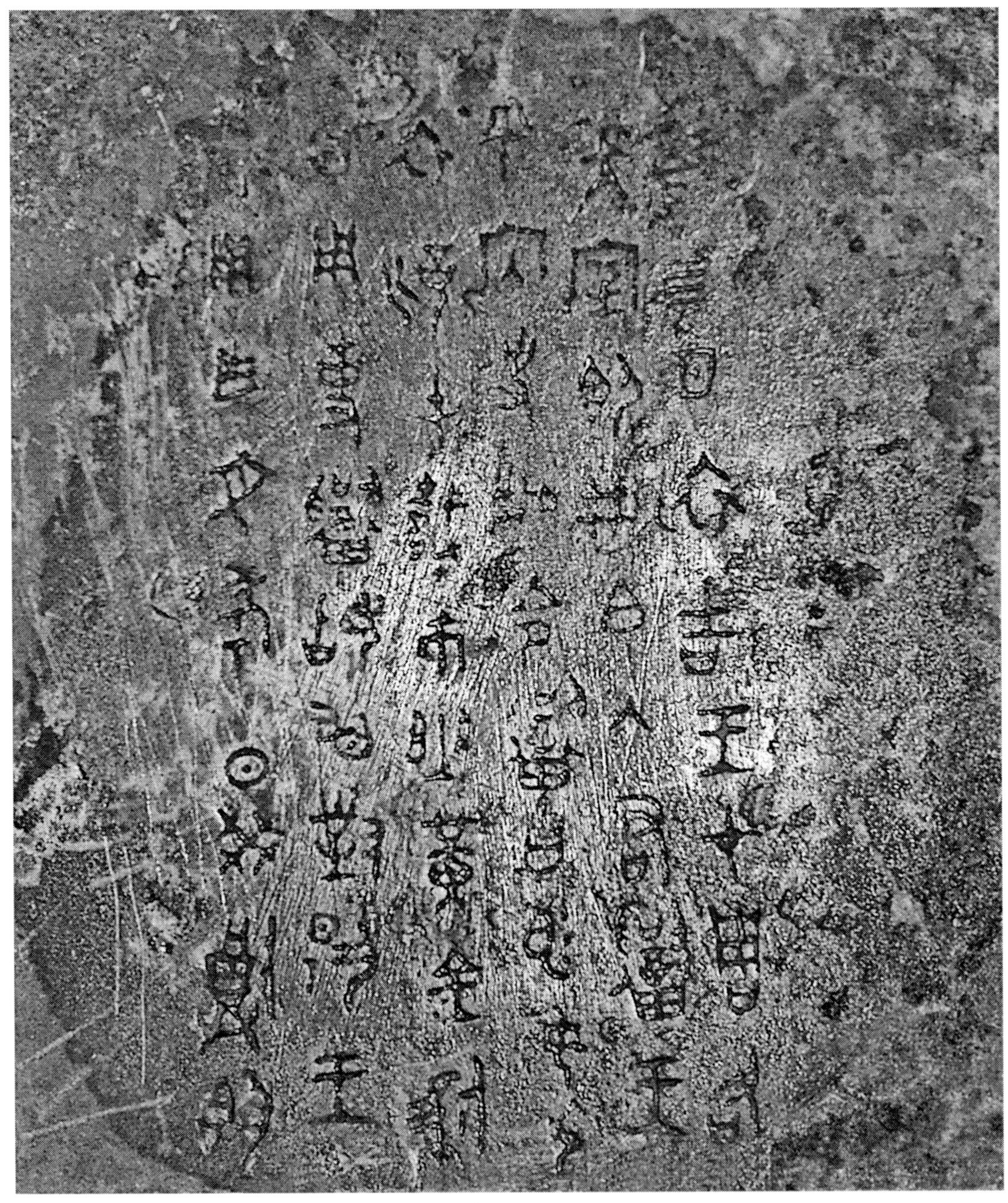

0447. 師大簋

【時　　代】西周中期前段。

【收 藏 者】某收藏家。

【形制紋飾】侈口束頸，鼓腹圈足，一對獸首耳，下有長方形垂珥。頸部飾四組鈎喙長鳥紋，以雲雷紋襯底。鳥冠一縷垂於頭前，一縷飄於腦後。

【著　　録】未著録。

【銘文字數】内底鑄銘文 61 字。

【銘文釋文】隹(唯)正月既生霸，王各(格)般［宫］，井(邢)白(伯)入右師大立中(中)廷，北鄉(嚮)，入(内)史令師大曰："易(錫)女(汝)赤市(韍)、朱睘(環)、幺(玄)衣黹(?)屯(純)。"師大拜(拜)䭫(稽)首，敢(敢)對䚄(揚)天子休，令乍(作)寶𣪘(簋)，大其(其)萬年子孫永寶亯(享)。

【備　　注】器形照片藏家未提供。

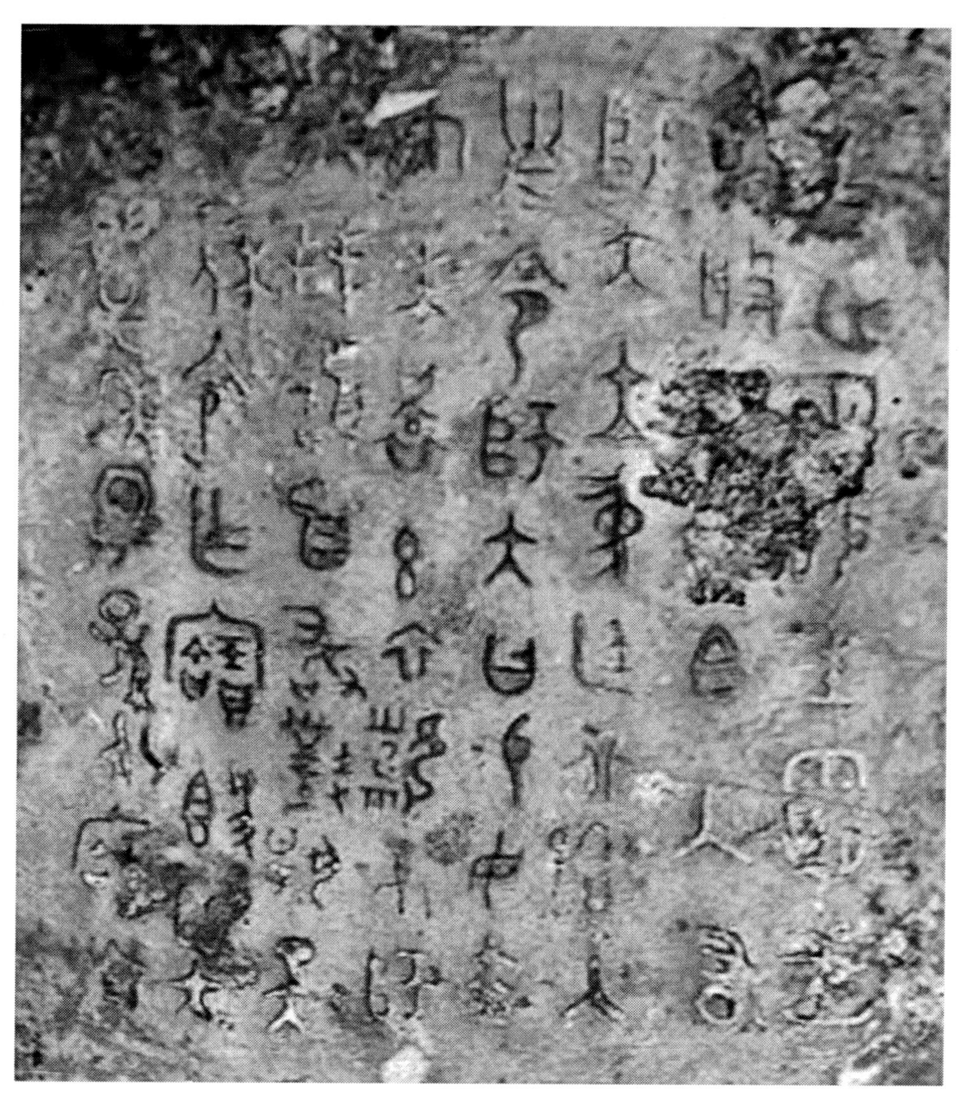

0448. 馻簋(舲簋)

【時　　代】西周中期前段。

【收 藏 者】某收藏家。

【尺　　度】通高 18、口徑 19 × 19.5、腹深 9、兩耳相距 27 釐米。

【形制紋飾】體較低矮,侈口束頸,下腹外鼓,一對獸首耳,下有方形短珥,蓋面隆起,上有圈狀捉手,圈足下連鑄三條短足。蓋沿及頸部均飾以垂冠回首夔龍紋兩對,以雲雷紋襯底。

【著　　録】未著録。

【銘文字數】蓋、器同銘,各 63 字。

【銘文釋文】隹(唯)正月初吉丁丑,昧曹(爽),王才(在)宗周,各(格)大(太)室,䔝(祭)弔(叔)右馻即立中廷,乍(作)册尹册命馻,易(錫)緣(鑾),令邑于奠(鄭),𢿩(訊)訟,取遷(賠)五寽(鋝)。馻對䚄(揚)王休,用乍(作)朕(朕)文且(祖)豐中(仲)寶𣪘(簋),世孫子𠀠(其)永寶用。

【備　　注】銘文中“馻”或釋爲“舲”。《銘圖》05258 曾著録一件馻簋,現爲中國國家博物館收藏,該簋與此簋形制、紋飾、銘文相同,大小相若。

蓋 1

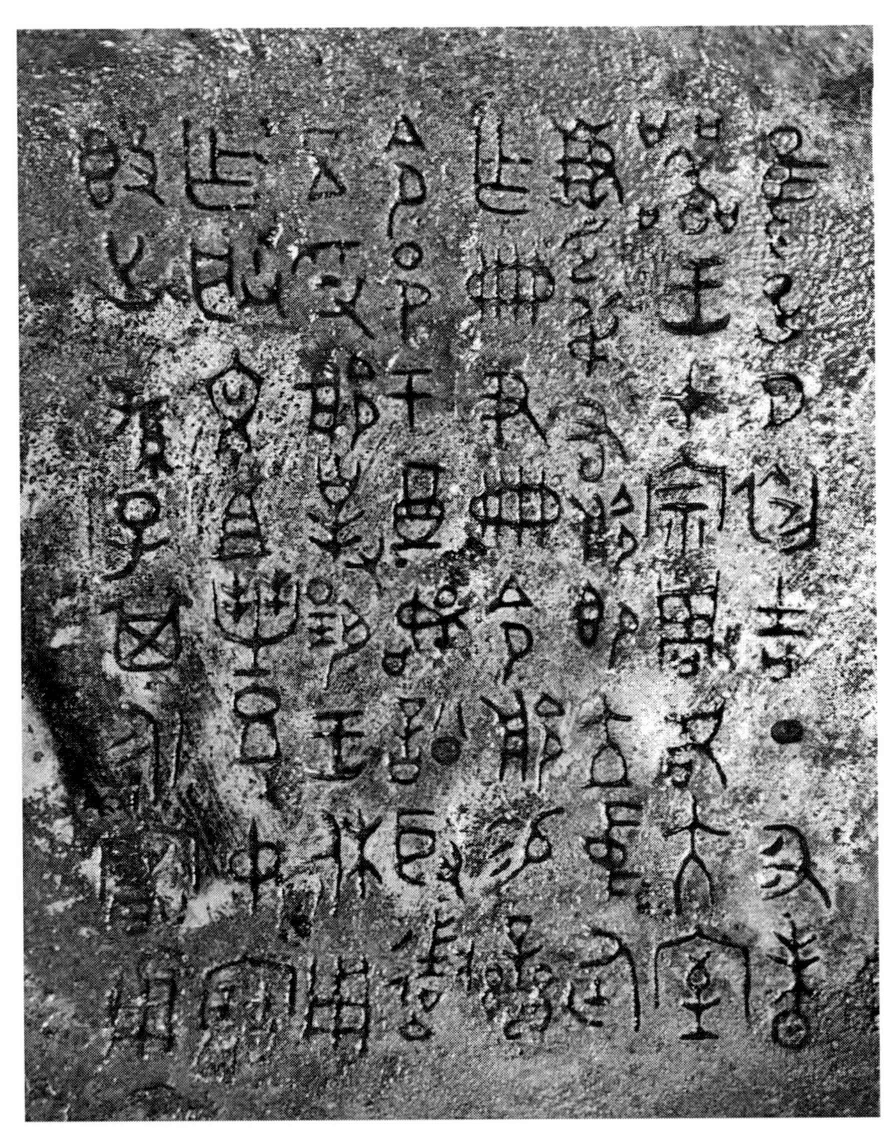

蓋 2

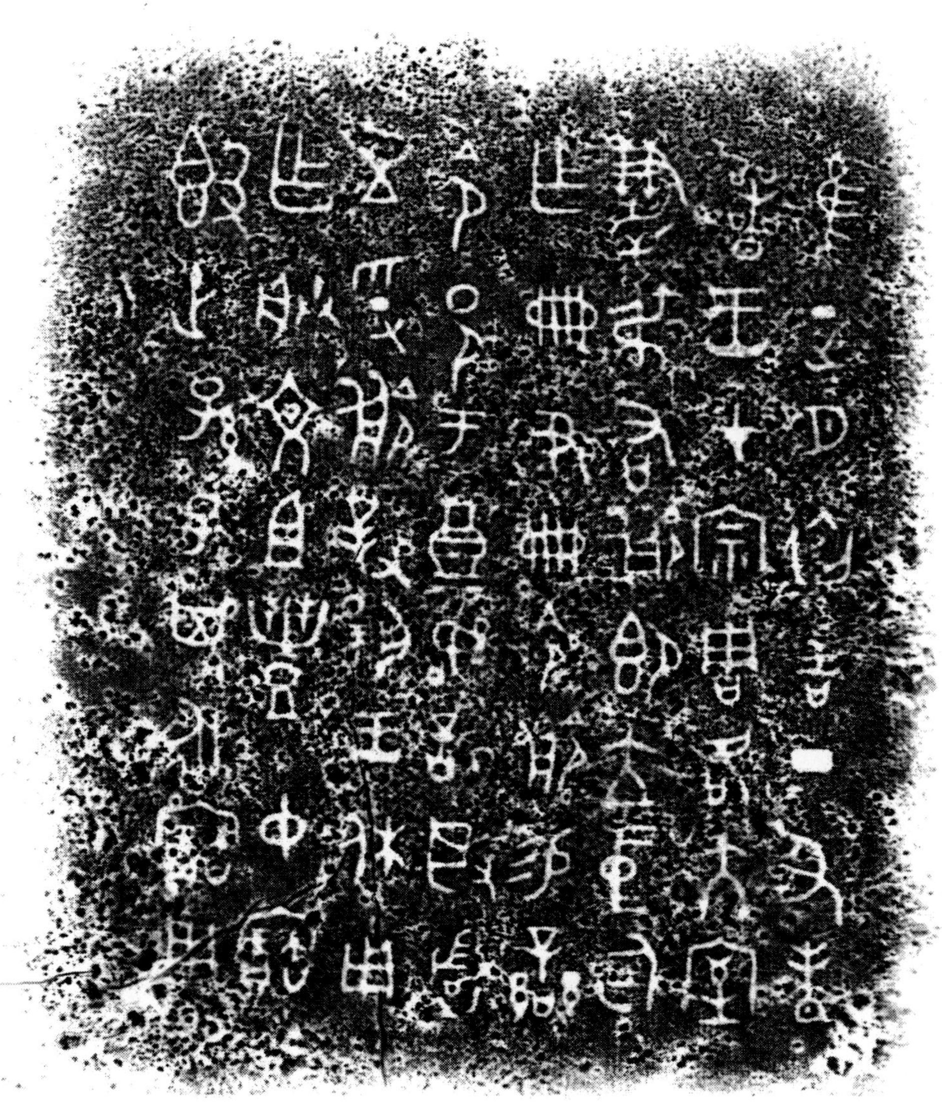

器 1

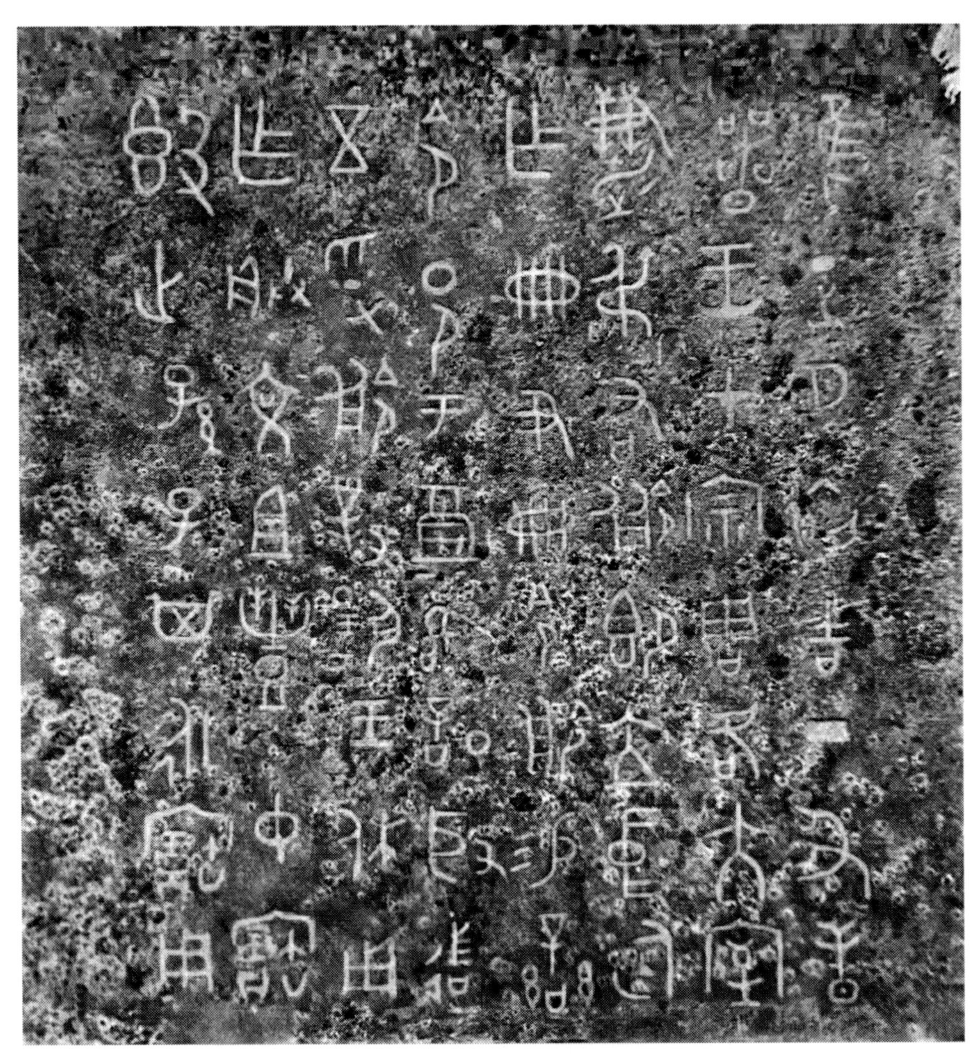

器 2

0449. 左右簋（伯□父簋蓋）

【時　　代】西周中期後段。

【出土時地】傳出山西南部。

【收 藏 者】某收藏家。

【形制紋飾】斂口鼓腹，矮圈足，沿外撇，一對獸首半環耳，口下飾S形竊曲紋，腹飾瓦溝紋。從有子口看原本有蓋，蓋失後另配的蓋是西周中期前段之物，蓋面隆起，上有圈狀捉手，飾垂冠分尾大鳳鳥紋。

【著　　録】未著録。

【銘文字數】内底鑄銘文65字（其中重文2），蓋内鑄銘文32字。

【銘文釋文】器銘：隹（唯）正月初吉丁亥，王各（格）于穆宮，桓（桓）白（伯）右左右即（即）立（位）。王命左右曰："更乃且（祖）考乍（作）冢（冢）嗣（司）立（位）于帝（蔡），易（錫）女（汝）幽黄（衡）、攸（鋚）勒、䜌（鑾）旂，用事。"叡（敢）對䚄（揚）王休令（命），用乍（作）寶毁（簋），其（其）萬年子=（子子）孫=（孫孫）永寶用亯（享）。蓋銘：隹（唯）白（伯）□父□□吉金，乍（作）寶毁（簋），□□亯（享）孝于其（其）皇且（祖）考，用易（錫）害（匄）釁（眉）壽（壽）萬年，子孫永寶用。

蓋

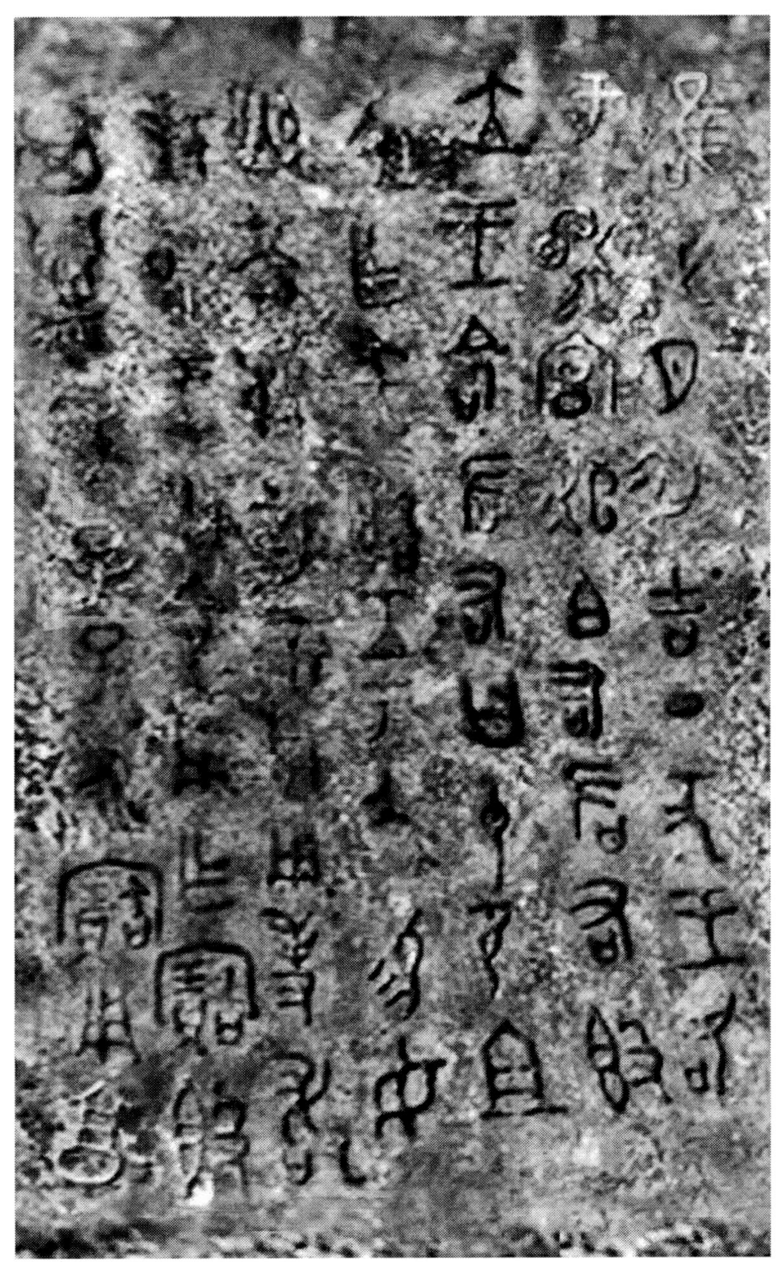

器 1

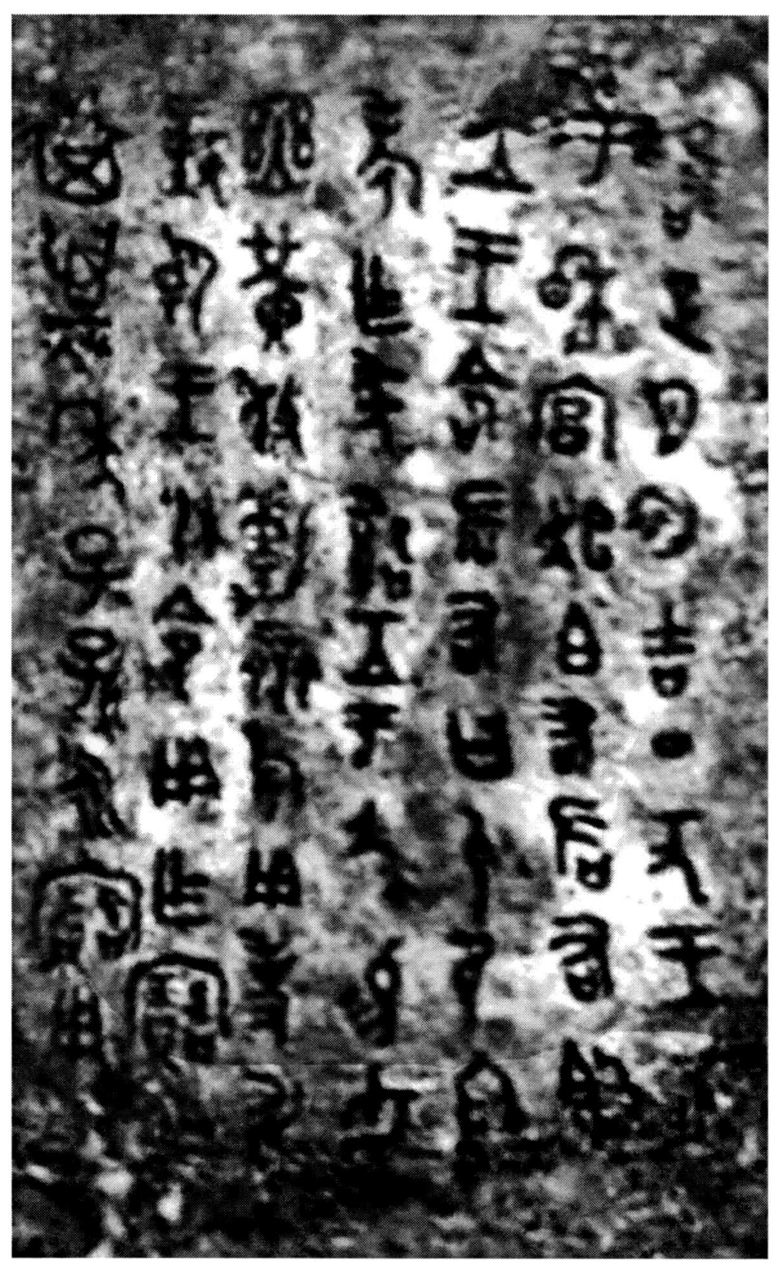

器 2

0450. 㦰簋

【時　　代】西周中期後段。

【出土時地】2014 年 4 月見於西安。

【收 藏 者】某收藏家。

【尺　　度】通高 14.2、口徑 21.2、腹深 13、兩耳相距 33.7 釐米。

【形制紋飾】口微斂，有子口，下腹外鼓，蓋面隆起，沿下折，頂部有圈狀捉手，腹部有一對獸首耳。下有方垂珥，圈足沿外撇，其下連鑄三個象鼻獸面小足。蓋沿和器口沿之下飾竊曲紋，以雲雷紋襯底，蓋面和器腹飾瓦溝紋。

【著　　録】未著録。

【銘文字數】蓋、器對銘，各 70 字(其中重文 2)。

【銘文釋文】隹(唯)王正月初吉庚寅，王才(在)成周大(太)室，單白(伯)内(入)右㦰，敚(微)史册命㦰，王曰："易(錫)女(汝)赤市(韍)、朱亢(衡)、攸(鋚)勒，用官嗣(司)霍(霍)駛(駛－使)，用楚(胥)乃長。"㦰拜(拜)手䭫(稽)首，䀠(對)䚄(揚)王休，用乍(作)朕(朕)文考害(憲)白(伯)寶𣪘(簋)，𠀠(其)子＝(子子)孫＝(孫孫)永寶用亯(享)。

【備　　注】蓋銘漏鑄"用亯"2 字。

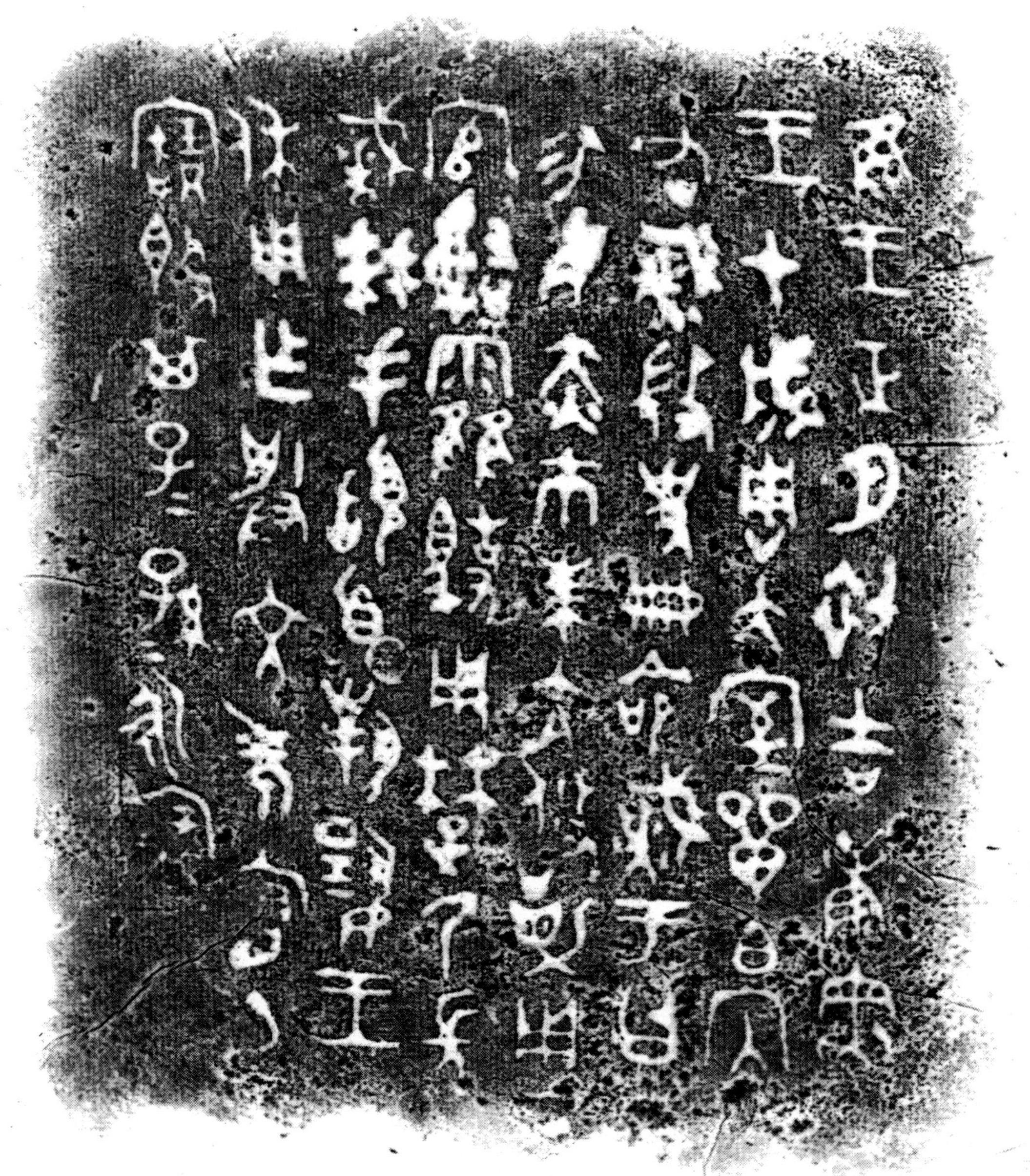

蓋

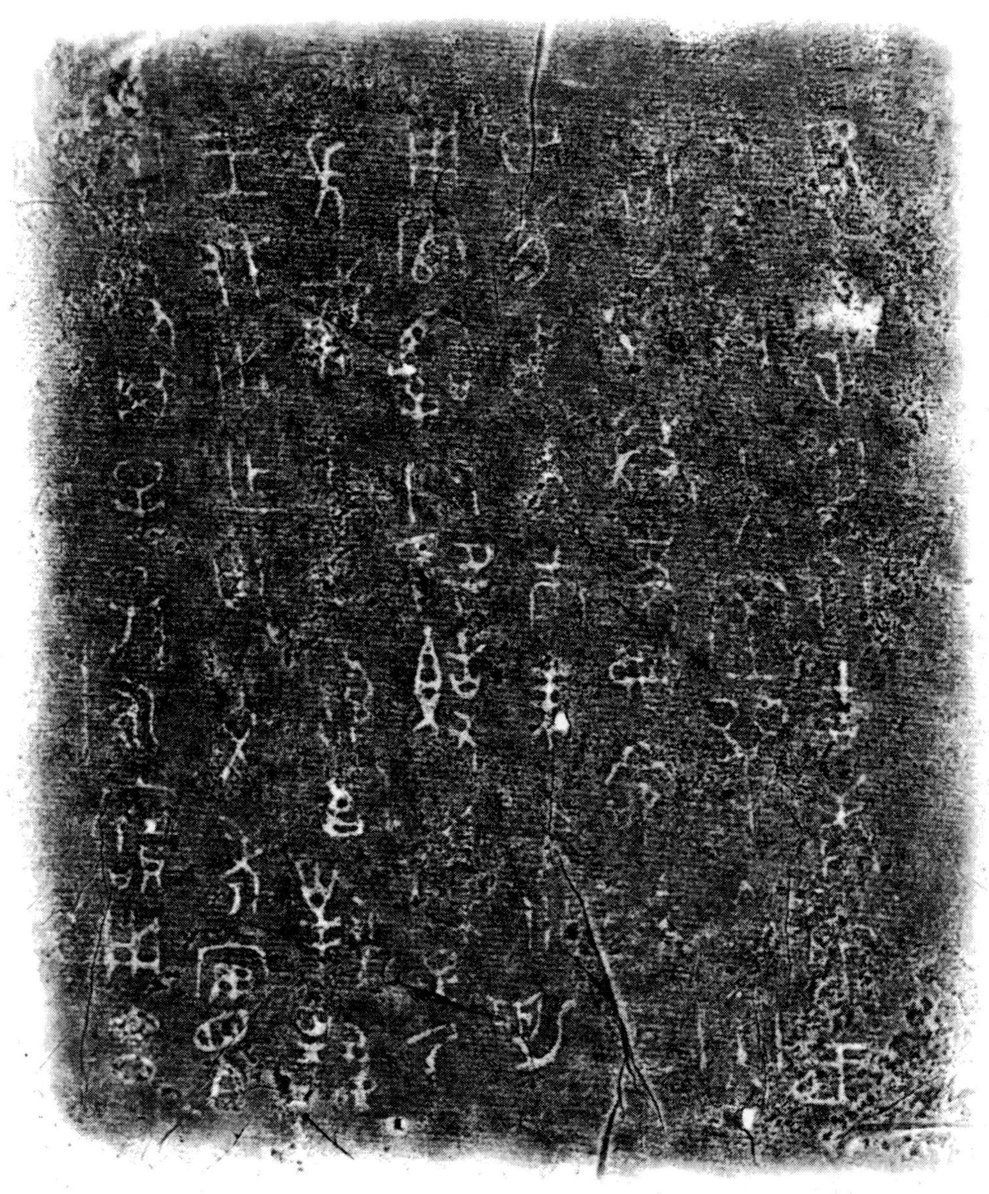

器

0451. 家伯束邗簋甲

【時　　代】春秋早期。

【收 藏 者】某收藏家。

【形制紋飾】侈口束頸，鼓腹，一對獸首耳，獸尾上卷作垂珥，圈足下連鑄方座。腹飾兩周體呈 C 形的雙頭獸紋，方座各邊均飾體呈 S 形的雙頭獸紋，不施底紋。

【著　　録】未著録。

【銘文字數】内底鑄銘文 73 字（其中重文 2）。

【銘文釋文】隹（唯）王正月初吉丁亥，王（皇）文大（太）子之孫家白（伯）束邗乍（作）其公辟、弔（叔）姜寶𣪘（簋），用亯（享）用孝于其不（丕）顯皇且（祖）文大（太）子、皇妣（妣）大（太）師氏姜、皇丂（考）武公、皇母武姜，用旟（祈）萬福無疆，每季男子釁（眉）耈（壽）子₌（子子）孫₌（孫孫），永俘（保）用亯（享）。

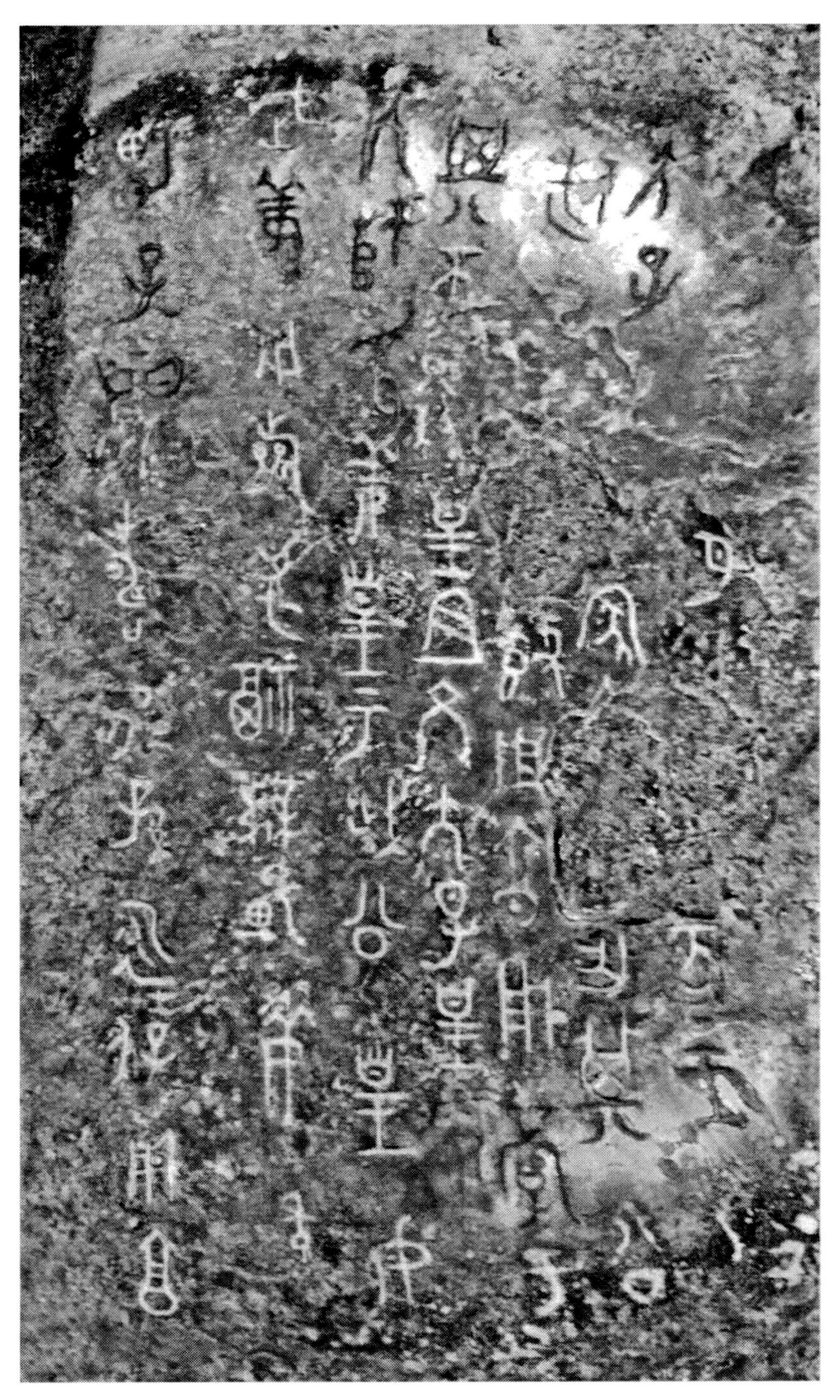

0452. 家伯朿邗簋乙

【時　　代】春秋早期。

【收 藏 者】某收藏家。

【形制紋飾】侈口束頸，鼓腹，一對獸首耳，獸尾上卷做垂珥，圈足下連鑄方座。腹飾兩周體呈 C 形的雙頭獸紋，方座各邊均飾體呈 S 形的雙頭獸紋，不施底紋。

【著　　録】未著録。

【銘文字數】内底鑄銘文 73 字(其中重文 2)。

【銘文釋文】隹(唯)王正月初吉丁亥，王(皇)文大(太)子之孫家白(伯)朿邗乍(作)其公辟、弔(叔)姜寶𣪘(簋)，用亯(享)用孝于其不(丕)顯皇且(祖)文大(太)子、皇妣(妣)大(太)師氏姜、皇丂(考)武公、皇母武姜，用旛(祈)萬福無疆，每季男子釁(眉)耆(壽)子=(子子)孫=(孫孫)，永俘(保)用亯(享)。

【備　　注】器形照片未提供。

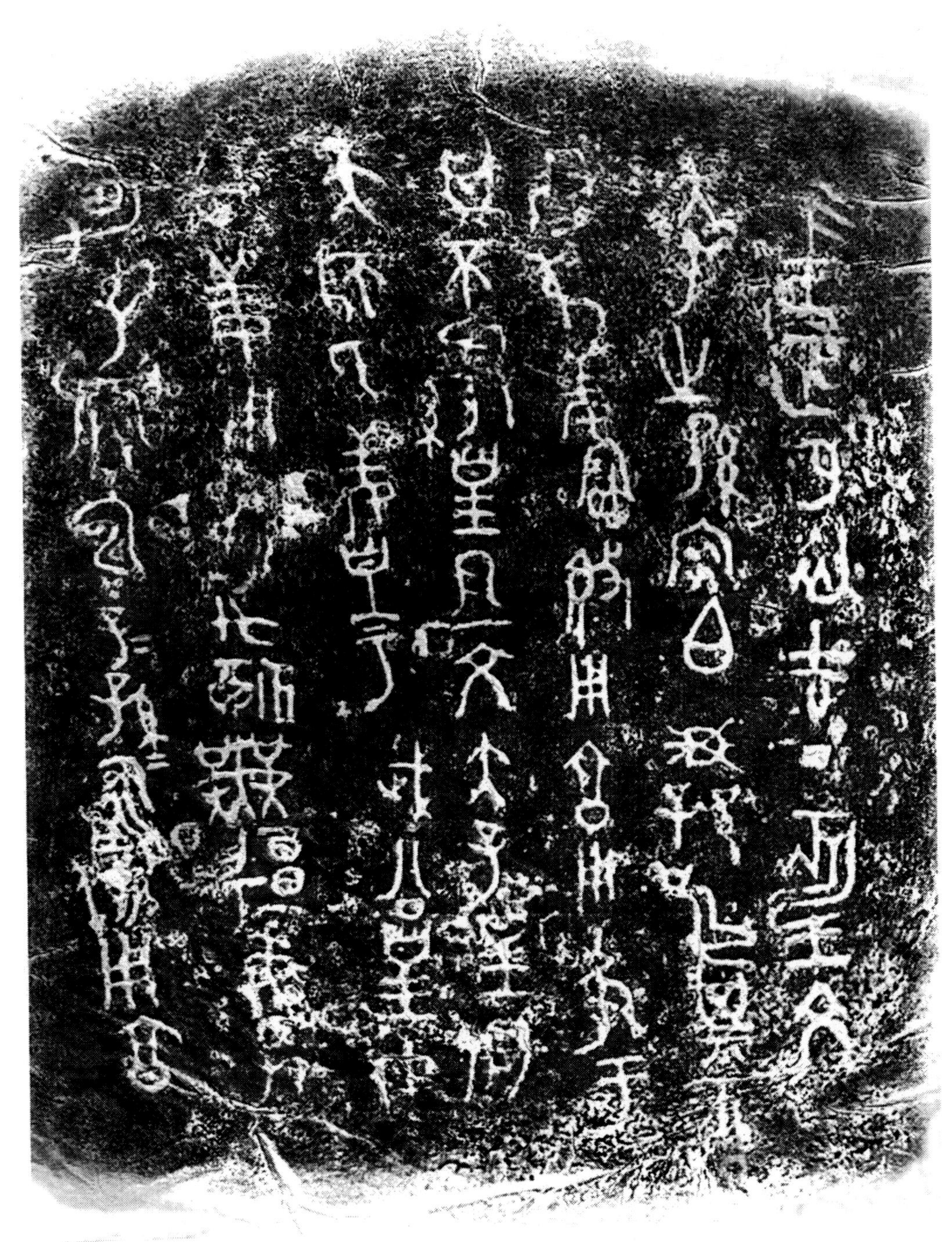

簋

0453. 槐簋(梚簋)甲

【時　　代】西周中期後段。

【收 藏 者】某收藏家。

【尺　　度】通高 22、口徑 18.2、兩耳相距 26.5 釐米。

【形制紋飾】斂口鼓腹，一對銜環獸首耳，矮圈足連鑄三條獸面象鼻形扁足，蓋面呈弧形隆起，上有圈狀捉手，捉手有對穿小孔。蓋沿和器口沿均飾竊曲紋，蓋上和器腹均飾瓦溝紋。

【著　　録】未著録。

【銘文字數】器内底鑄銘文 76 字(其中重文 2)。

【銘文釋文】隹(唯)正月初吉丁亥，王才(在)宗周，各(格)于大(太)室，卿(卿)事内(入)右梚(槐)，命乍(作)典(册)尹册命梚(槐)曰："易(錫)女(汝)幽黄(衡)、鋚鞞(勒)，用死(尸)嗣(司)王家。"梚(槐)捧(拜)䭬(稽)首，敢(敢)對䚄(揚)天子不(丕)顯休，用乍(作)朕(朕)皇且(祖)文考寶段(簋)，用追孝百神，甘(其)子=(子子)孫=(孫孫)永寶用。奠(鄭)井(邢)梚(槐)。

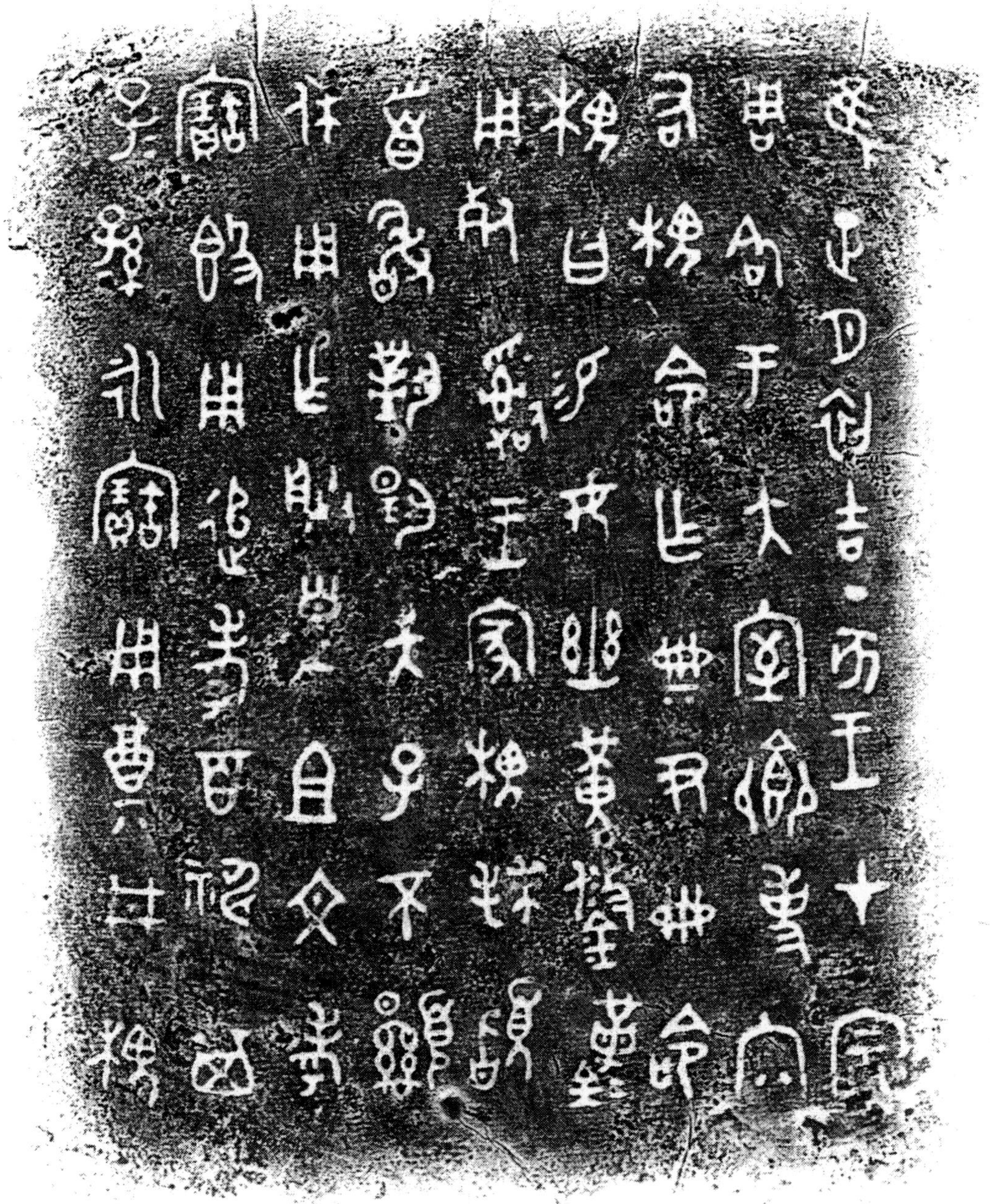

簋

0454. 槐簋(槐簋)乙

【時　　代】西周中期後段。

【收 藏 者】某收藏家。

【形制紋飾】斂口鼓腹，一對銜環獸首耳，矮圈足連鑄三條獸面象鼻形扁足，蓋面呈弧形隆起，上有圈狀捉手，捉手有對穿小孔。蓋沿和器口沿均飾竊曲紋，蓋上和器腹均飾瓦溝紋。

【著　　録】未著録。

【銘文字數】器内底鑄銘文 76 字(其中重文 2)。

【銘文釋文】隹(唯)正月初吉丁亥，王才(在)宗周，各(格)于大(太)室，卿(卿)事内(入)右梡(槐)，命乍(作)典尹册命梡(槐)曰：易(錫)女(汝)幽黃(衡)、鋚鞞(勒)，用死(尸)嗣(司)王家。梡(槐)捧(拜)韻(稽)首，叡(敢)對玥(揚)天子不(丕)顯休，用乍(作)朕(朕)皇且(祖)文考寶毁(簋)，用追孝百神，其(其)子=(子子)孫=(孫孫)永寶用。奠(鄭)井(邢)梡(槐)。

0455. 衍簋(遣姞簋)

【時　　代】西周中期後段。

【出土時地】傳出山西。

【收 藏 者】海外某收藏家。

【尺　　度】通高 22.3、口徑 18.1、兩耳相距 26.8 釐米。

【形制紋飾】斂口鼓腹，一對銜環獸首耳，一環失落，矮圈足外撇，其下連鑄三條卷鼻象首形小足，蓋面弧形鼓起，上有圈狀捉手。蓋沿和器口沿飾竊曲紋，蓋面和腹部飾瓦溝紋。

【著　　録】未著録。

【銘文字數】内底鑄銘文 81 字(其中重文 2)。

【銘文釋文】隹(唯)三月初吉戊寅，王才(在)宗周，各(格)于大(太)室，𤇾(榮)白(伯)内(入)右衍，王命女(汝)曰:“死(尸)嗣(司)王家，易(錫)女(汝)同(絅)衣、赤舄、幽黄(衡)、鋚鞞(勒)，易(錫)女(汝)田于盉、于小水。”衍䭫(稽)首，敢(敢)對飘(揚)天子不(丕)顯休，用乍(作)朕(朕)文考奠(鄭)井(邢)季寶𣪘(簋)，子=(子子)孫=(孫孫)其(其)萬(萬)年永寶用，遣(遣)姞眔乍(作)。

【備　　注】據説同坑出土四件，形制、紋飾、銘文相同。

簋

0456. 㝵簋

【時　　代】西周中期前段(恭王世)。

【收 藏 者】某收藏家。

【形制紋飾】侈口,斜坡窄沿,頸微束,鼓腹,一對龍首耳,下有方形垂珥,圈足沿外侈然後下折,形成一道邊圈。頸部飾雲雷紋襯底的分尾長鳥紋,前後增飾浮雕獸頭,腹部飾斜方格雷紋,圈足飾斜角變形夔紋。

【著　　録】未著録。

【銘文字數】雙耳兩側腹壁各鑄銘文四行,共82字(其中重文2)。

【銘文釋文】唯正月初吉,王才(在)葊京。丁卯,王各(格)于溼宫,穆王窺(親)命㝵曰:"夏(更)乃且(祖)考足(疋-胥)乃官,易(錫)女(汝)□□矢、金車、金旜。女(汝)尚用宫事。"㝵𢷎(拜)䭫(稽)首,受穆王休命,對䚄(揚)穆王休命,用乍(作)朕(朕)𠫑(文)𣅀(祖)戊公寶𥂴(肆)彝,孫=(孫孫)子=(子子)甘(其)邁(萬)年寶用丝(茲)穆王休命。

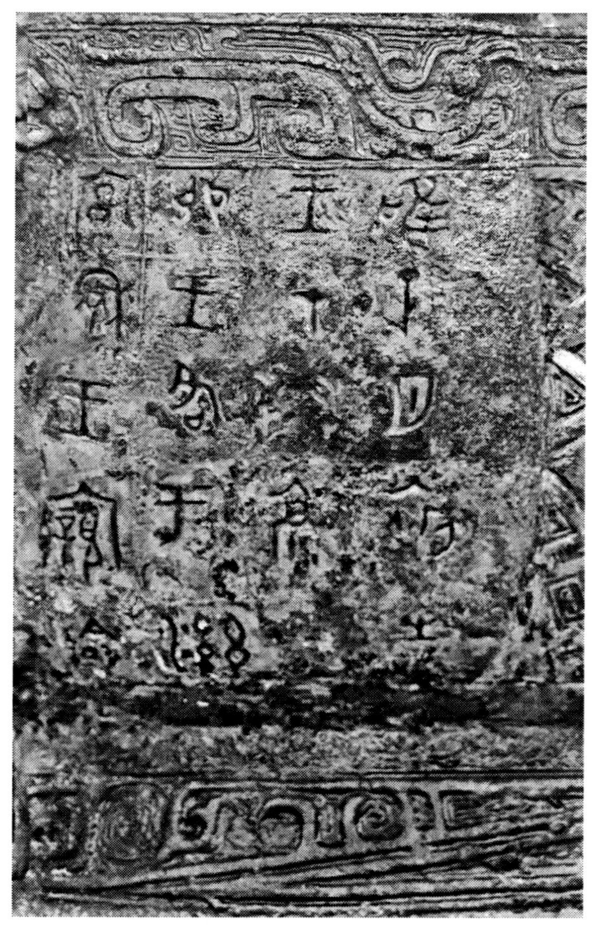

1

2

3

4

0457. 獄簋甲(三式獄簋甲)

【時　　代】西周中期前段。

【收 藏 者】某收藏家。

【形制紋飾】斂口鼓腹,腹部有一對獸首耳,下有垂珥,矮圈足沿外侈,下部連鑄三個小足。口沿下飾垂冠回首尾下卷作刀形的夔龍紋,器腹飾瓦溝紋。

【著　　録】未著録。

【銘文字數】内底鑄銘文 89 字(其中重文 2)。

【銘文釋文】唯十又一月既望丁亥,王各(格)于康大(太)室。獄曰:舼(朕)光(皇)尹周師右告獄于王,王或(又)賜(錫)獄仲(佩)、戠(緇)市(韍)㫃(朱)亢。曰:"用事。"獄𢷎(拜)䭫(稽)首,對訊(揚)王休。用乍(作)舼(朕)文(文)考甲公寶隮(尊)段(簋),甘(其)日夙(夙)夕用氒(厥)𩱦(茜)香(香)𦎫(敦)祀于氒(厥)百神,孫=(孫孫)子=(子子)甘(其)邁(萬)年永寶,用丝(茲)王休,甘(其)日引勿㚘(替)。

【備　　注】拓本中有幾個字未拓出。

0458. 獄簋乙（三式獄簋乙）

【時　　代】西周中期前段。

【收 藏 者】某收藏家。

【形制紋飾】斂口鼓腹，腹部有一對獸首耳，下有垂珥，矮圈足沿外侈，下部連鑄三個小足。口沿下飾垂冠回首尾下卷作刀形的夔龍紋，器腹飾瓦溝紋。

【著　　録】未著録。

【銘文字數】内底鑄銘文 89 字（其中重文 2）。

【銘文釋文】唯十又一月既望丁亥，王各（格）于康大（太）室。獄曰：㸚（朕）光（皇）尹周師右告獄于王，王或（又）賜（錫）獄仲（佩）、戈（緇）市（韍）殺（朱）亢。曰："用事。"獄䫉（拜）䭫（稽）首，對䚄（揚）王休。用乍（作）㸚（朕）文（文）考甲公寶䵼（尊）毁（簋），𠀠（其）日夙（夙）夕用氒（厥）𦎫（茜）香（香）𦎫（敦）祀于氒（厥）百神，孫₌（孫孫）子₌（子子）𠀠（其）邁（萬）年永寶，用丝（兹）王休，𠀠（其）日引勿𡗺（替）。

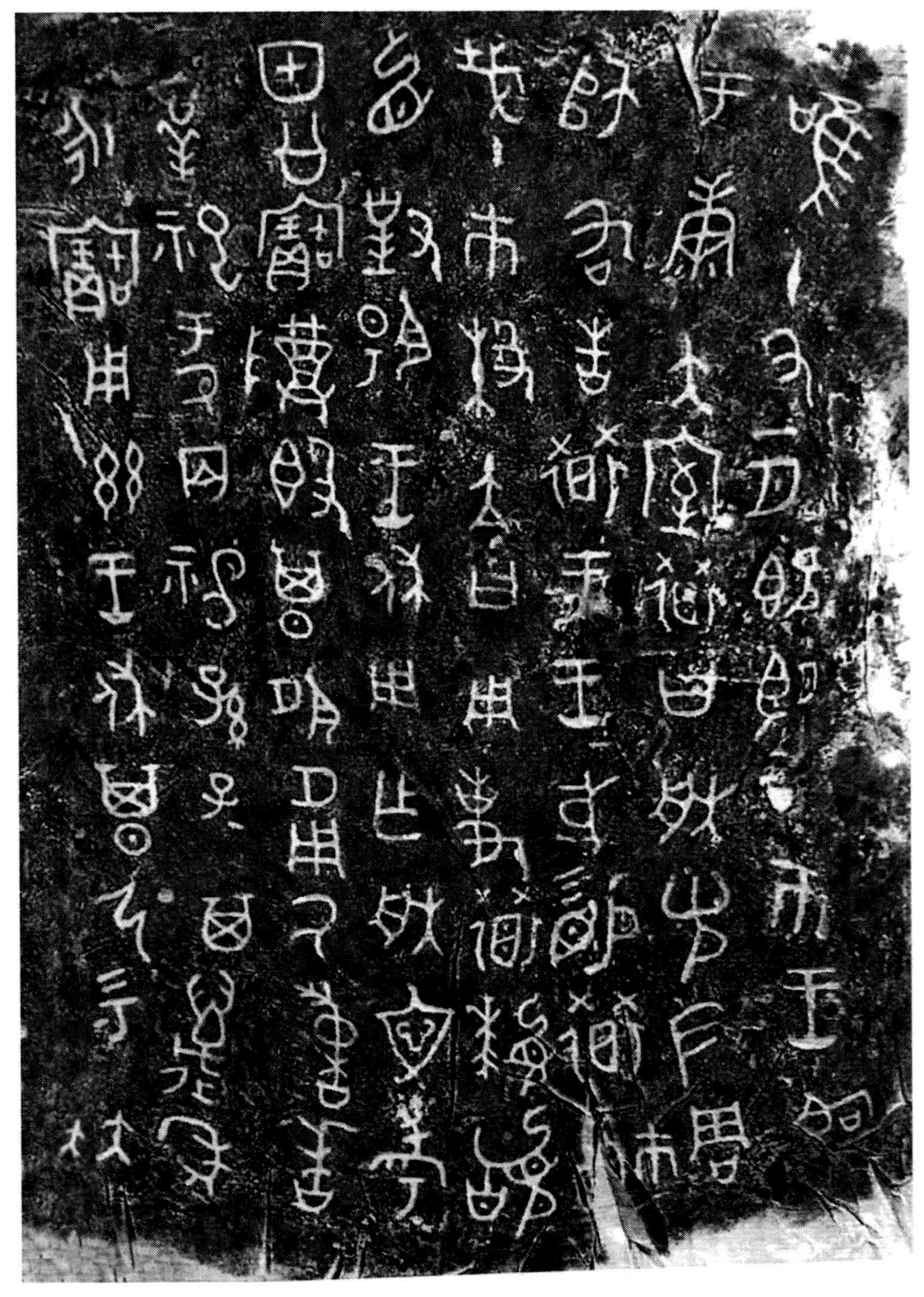

0459. 獄簋(二式獄簋)

【時　代】西周中期前段。

【出土時地】傳出陝西關中東部。

【收 藏 者】臺北樂從堂。

【形制紋飾】侈口束頸,鼓腹,圈足沿外侈,然後下折,腹部有一對獸首耳,長方形垂珥,蓋面隆起,上有圈形捉手。蓋沿和頸部飾分尾鳥紋,以雲雷紋襯底,頸部前後還增飾一對浮雕獸頭,圈足飾兩道弦紋。

【著　録】中山學報 2009 年 5 期 14 頁附圖二。

【銘文字數】蓋、器同銘,各 89 字(其中重文 2)。

【銘文釋文】唯十又一月既望丁亥,王各(格)于康大(太)室。獄曰:朕(朕)光(皇)尹周師右告獄于王,王或(又)賜(錫)獄仲(佩)、戈(緇)市(韍)粒(朱)亢。曰:"用事。"獄𩠞(拜)䭫(稽)首,對𢱭(揚)王休。用乍(作)朕(朕)㐅(文)考甲公寶䵼(尊)𣪘(簋),其(其)日夙(夙)夕用氒(厥)𨗳(茜)香(香)辜(敦)祀于氒(厥)百神,孫=(孫孫)子=(子子)其(其)邁(萬)年永寶,用丝(茲)王休,其(其)日引勿𡚇(替)。

蓋

器

0460. 伯獄簋乙（一式獄簋乙）

【時　　代】西周中期前段。

【出土時地】傳出陝西關中東部。

【收 藏 者】原藏上海崇源藝術品拍賣公司，現藏中國國國家博物館。

【形制紋飾】侈口束頸，鼓腹，圈足沿外侈，然後下折，腹部有一對獸首耳，長方形垂珥，蓋面隆起，上有圈形捉手，捉手上有對穿門洞形孔。蓋面和器腹飾斜方格乳釘紋，頸部飾目雷紋，前後增飾一對浮雕獸頭，圈足飾雲雷紋組成的獸面紋帶。

【著　　録】甲金萃 166-167 頁。

【銘文字數】蓋内壁鑄銘文 69 字（其中重文 2），器内底鑄銘文 16 字（其中重文 2）。

【銘文釋文】蓋銘：獄肇乍（作）朕（朕）㚒（文）考甲公寶䵼（肆）彝，𠬝（其）日殂（夙）夕用氒（厥）䅹（馨）香（香）辜（敦）示（祀）于氒（厥）百神，亡（無）不鼎；㸒（豳、芬）夆（芳）䅹（馨）香（香），劓（則）㚇（登）于上下；用匄百福、邁（萬）年，俗（欲）丝（茲）百生（姓），亡（無）不竂臨睪（逢）魯（魯），孫=（孫孫）子=（子子）𠬝（其）邁（萬）年羕（永）寶用丝（茲）彝，𠬝（其）諟（世）母（毋）朢（忘）。器銘：白（伯）獄乍（作）甲公寶障（尊）彝，孫=（孫孫）子=（子子）𠬝（其）邁（萬）年用。

盖 1

蓋 2

器 1

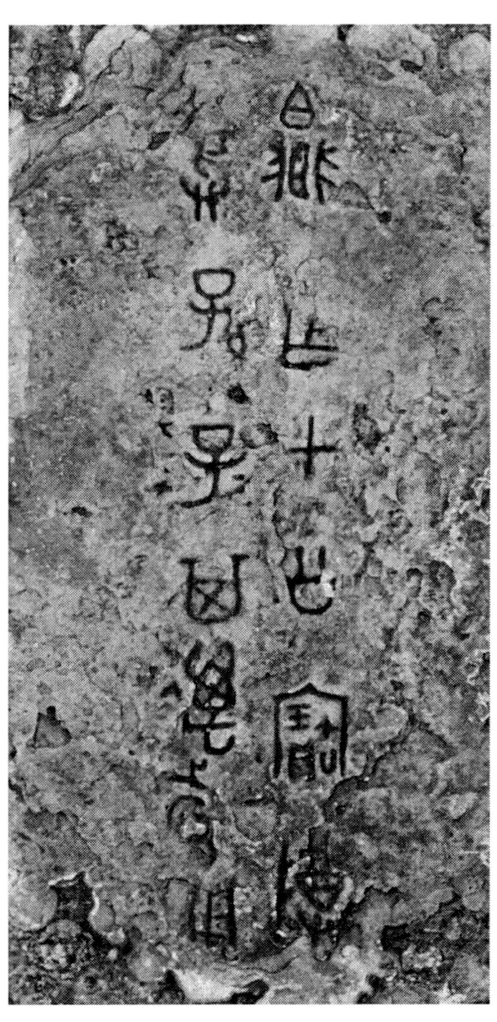
器 2

0461. 宗人簋

【時　　代】西周中期後段。

【收 藏 者】某收藏家。

【形制紋飾】子口内斂，鼓腹，一對獸首耳，下有垂珥，圈足沿外侈，連鑄三條獸面小足，蓋面呈弧形隆起，沿下折，上有圈狀捉手。蓋沿和器口沿下飾竊曲紋，蓋面和器腹飾瓦溝紋。

【著　　録】未著録。

【銘文字數】蓋、器同銘，各93字(其中重文2)。

【銘文釋文】隹(唯)正月初吉庚寅，白(伯)氏召蒃(祭)白(伯)飤洓醻内(納)樂，白(伯)氏令(命)宗人舞。宗人衣(卒)舞，蒃(祭)白(伯)乃易(錫)宗人橐(祼)。白(伯)氏侃宴，乃易(錫)宗人毌戈。毌五琱：戈、琱戓、彨(厚)必(柲)、彤尿(沙、緌)，僕五家。氒(厥)師曰學。宗人搻(拜)頴(稽)首，敢(敢)對訊(揚)王(皇)父之休，用乍(作)朕(朕)文母釐(釐)姬寶毁(簋)，其(其)萬年子=(子子)孫=(孫孫)其(其)永寶用。

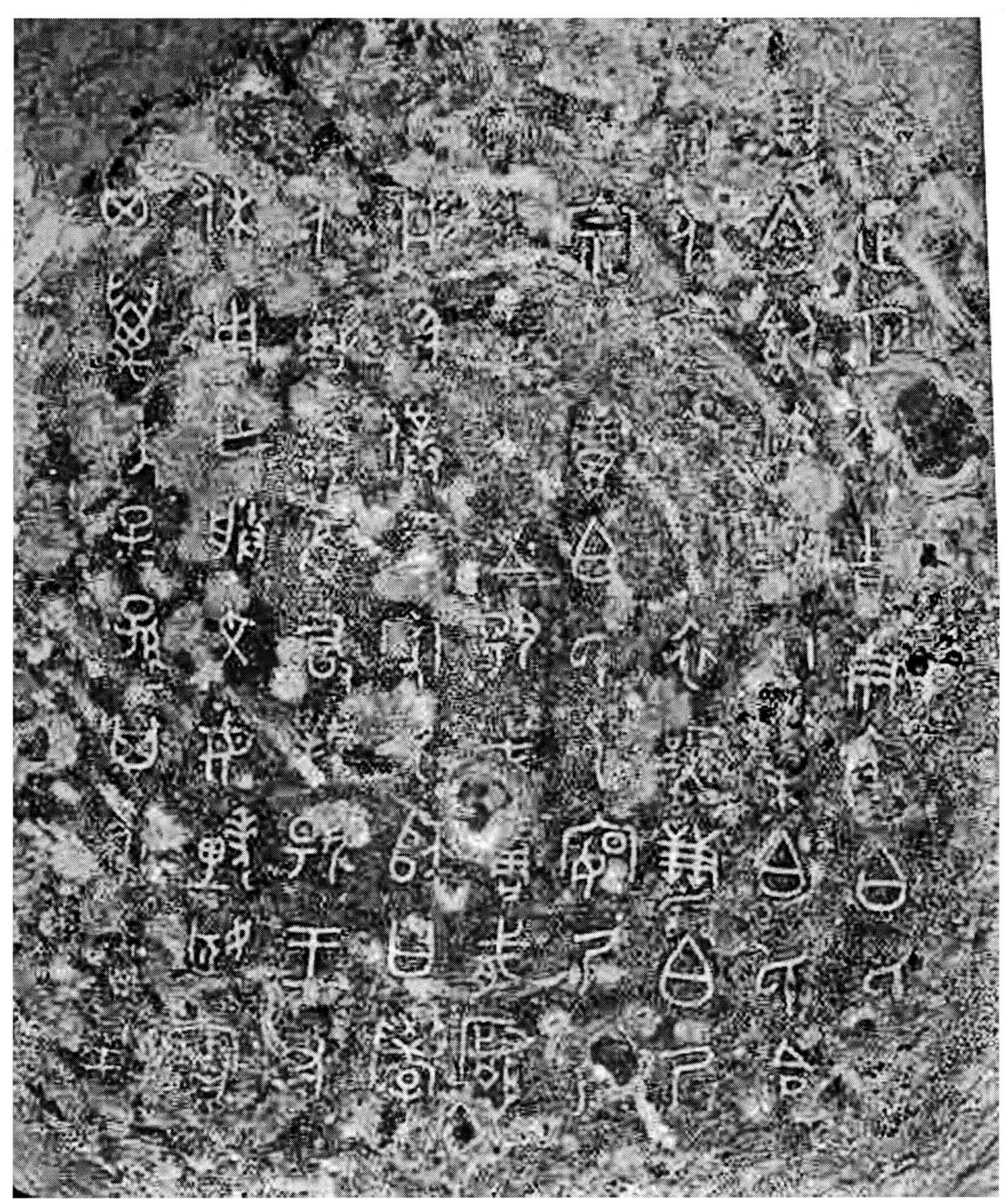

蓋

器 1

器 2

0462. 衛簋丙

【時　　代】西周中期前段。

【收 藏 者】中國國家博物館。

【尺　　度】通高 20、口徑 19.8 釐米。

【形制紋飾】侈口束頸，鼓腹，圈足沿外侈，然後下折，腹部有一對獸首耳，長方形垂珥，蓋面隆起，上有圈形捉手。蓋面和器腹飾斜方格乳釘紋，頸部飾目雷紋和浮雕虎頭，圈足飾雲雷紋組成的獸面紋帶。

【著　　録】百年 87 頁 42。

【銘文字數】蓋、器同銘，各 123 字（其中重文 3）。

【銘文釋文】唯八月既生霸（霸）庚寅，王各（格）于康大（太）室。衛曰：朕（朕）光（皇）尹中（仲）侃父右告衛于王＝（王，王）易（錫）衛佩（佩）、𢦏（緇）市（韍）絭（朱）亢、金車、金旜。曰："用事。"衛𢷎（拜）䭫（稽）首，對䚄（揚）王休。衛用𦘔（肇）乍（作）朕（朕）㐱（文）考甲公寶𩰫（肆）彝，𠀠（其）日殉（夙）夕用𠂤（厥）䭸（馨）香（香）𦎫（敦）祀于𠂤（厥）百神，亡（無）不𠟭（則），𤼷（豳、芬）夆（芳）䭸（馨）香（香），𠟭（則）𤼷（登）于上下，用匃百福，邁（萬）年俗（欲）丝（茲）百生（姓），亡（無）不𨹧（逢）魯，孫＝（孫孫）子＝（子子）𠀠（其）邁（萬）年𣱵（永）寶用丝（茲）王休，𠀠（其）日引勿𣳔（替），𧦧（世）母（毋）朢（忘）。

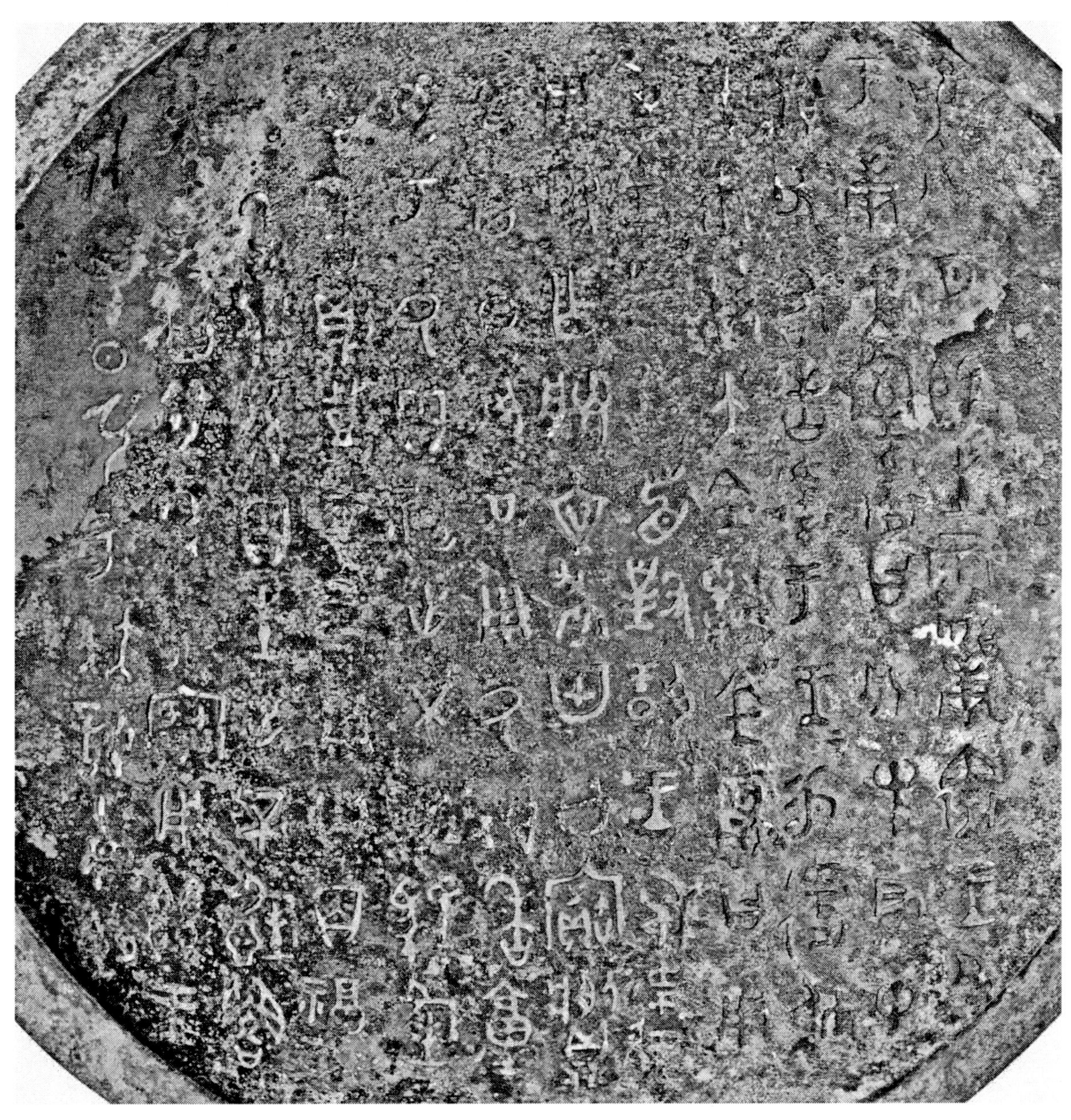

05. 盨

（0463–0475）

0463. 媿氏盨(隗氏盨)

【時　　代】西周中期後段。
【收 藏 者】某收藏家。
【形制紋飾】體呈橢方形，失蓋，子口微内斂，腹下部圜收，底近平，一對附耳高出器口，橢方形圈足，每邊有壼門形缺。口沿飾竊曲紋，圈足飾四組變形獸面紋，均以雲雷紋襯底，腹部飾瓦溝紋。
【著　　録】未著録。
【銘文字數】器内底鑄銘文 8 字。
【銘文釋文】媿(隗)氏乍(作)旅盨，永寶用。

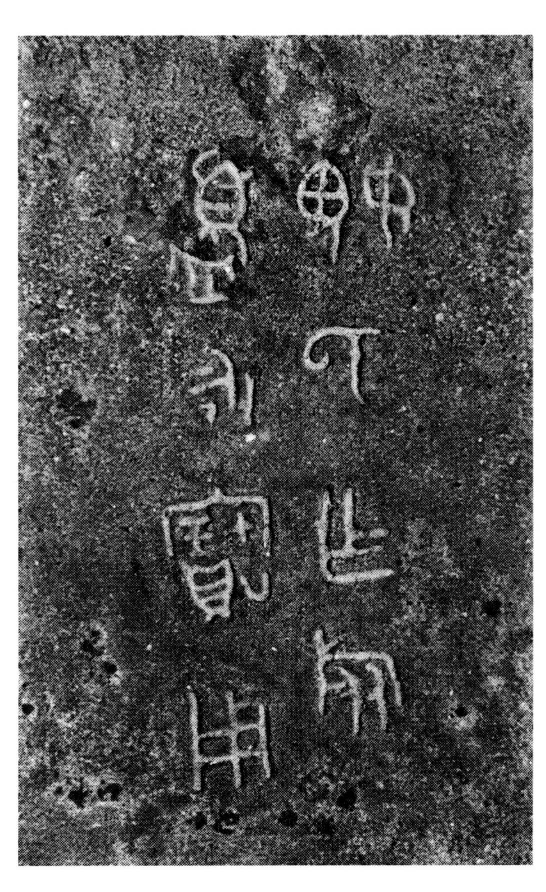

0464. 晉姬盨

【時　　代】西周晚期。

【收 藏 者】臺北震榮堂(陳鴻榮、王亞玲夫婦)。

【尺　　度】通高 15.5、兩耳相距 27 釐米。

【形制紋飾】體呈橢方形,斂口,腹部微鼓,一對附耳高出器口,方圈足每面有一長方形缺,蓋面隆起,上有四個曲尺形捉手。通體飾瓦溝紋。

【著　　録】金銅器 101 頁盨 01。

【銘文字數】蓋、器同銘,各 8 字。

【銘文釋文】晉(晉)姬乍(作)寶須(盨),永寶用。

0465. 楷侯貞盨(櫖医鼎鼎、黎侯貞盨)

【時　　代】西周晚期。

【收 藏 者】原藏某收藏家，現藏中國國家博物館。

【尺　　度】通高 18.5、兩耳相距 34、口寬 18 釐米。

【形制紋飾】體呈橢圓形，器口微斂，器身兩端有一對獸首半環耳，腹部向下漸收，底部近平，圈足外侈，每邊中部有一個近長方形的缺口，蓋面隆起，上有四個曲尺形扉。蓋沿和器口沿飾一周重環紋，方向相反，蓋上及腹部飾瓦溝紋。

【著　　録】百年 120 頁 57。

【銘文字數】蓋内鑄銘文 13 字(其中重文 2)。

【銘文釋文】櫖(楷、黎)医(侯)鼎(貞)乍(作)旅須(盨)，子=(子子)孫=(孫孫)永寶用。

【備　　注】同坑出土 2 件，形制、紋飾、銘文相同，大小相若。《銘圖》已著録一件(05568)。

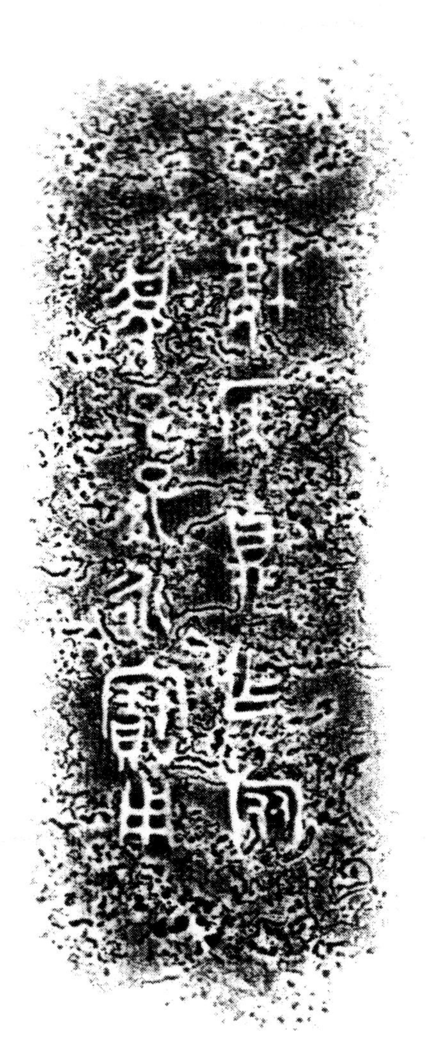

蓋 1

蓋 2

器

0466. 遣盄父盨(⿺走𠳋盄父盨、⿺走曹盄父盨)

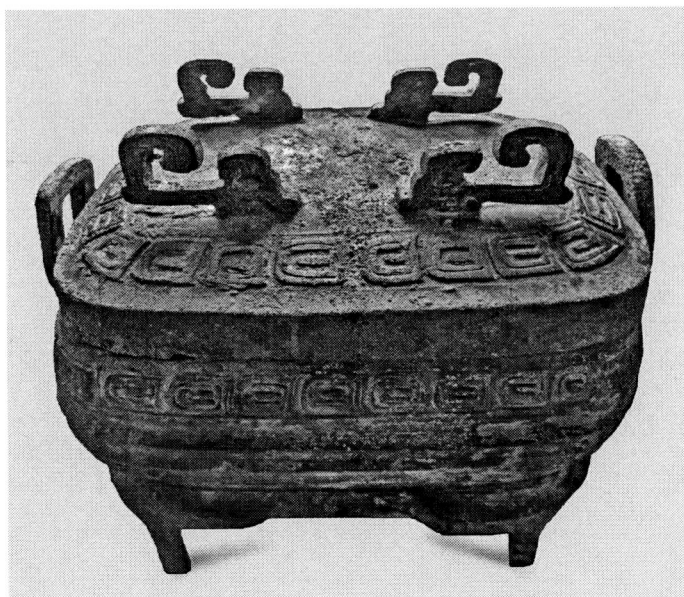

【時　　代】西周晚期。

【收 藏 者】某收藏家。

【形制紋飾】橫截面呈橢方形，子口内斂，腹部微鼓，圈足下連鑄四個小足，蓋面隆起，沿下折，頂部有四個夔龍形捉手。蓋面外圈和器口沿下均飾重環紋，無底紋。

【著　　録】未著録。

【銘文字數】蓋、器對銘，各 13 字。

【銘文釋文】⿺走曹(⿺走𠳋－遣)盄父乍(作)𨟰(召)姬旅盨，其萬年寳(寶)用。

蓋

器

0467. 曾伯克父盨

【時　　代】春秋早期。

【收 藏 者】香港某收藏家。

【形制紋飾】橢長方形，口稍斂，鼓腹圈足，一對獸首半環形雙耳，圈足正中有弧形缺，蓋面隆起，上有四個矩形扉，可以卻置，蓋沿呈坡狀向下延伸。蓋沿和器口沿均飾竊曲紋，蓋面和器腹飾瓦溝紋。

【著　　録】未著録。

【銘文字數】蓋、器對銘，各 16 字。

【銘文釋文】隹（唯）曾白（伯）克父甘婁（婁）迺用乍（作）旅須（盨），子孫永寶。

【備　　注】此爲蓋銘，器銘及器形照片未提供。據傳同坑出土一對，形制、紋飾、銘文相同，大小相若，另一件未公布。

蓋

0468. 叔再父盨甲

【時　　代】西周晚期。

【出土時地】2015 年 2 月見於西安。

【收 藏 者】某收藏家。

【尺　　度】通高 19.1、兩耳相距 27、口横 22.8、口縱 15.1 釐米。

【形制紋飾】體呈橢方形，子口内斂，鼓腹，腹兩端有一對附耳高聳，圈足呈蹼形外撇，每邊有一個長方形缺；蓋面隆起，上有四隻曲尺形捉手。捉手之内飾雙頭夔龍紋，蓋沿和器口下均飾重環紋，腹部和蓋面均飾瓦溝紋。

【著　　録】未著録。

【銘文字數】蓋、器同銘，各 18 字(其中重文 2)。

【銘文釋文】弔(叔)再父乍(作)寶盨(盨)，𠀠(其)萬年子₌(子子)孫₌(孫孫)永寶用。奠(鄭)井(邢)。

蓋 1

蓋 2

器 1

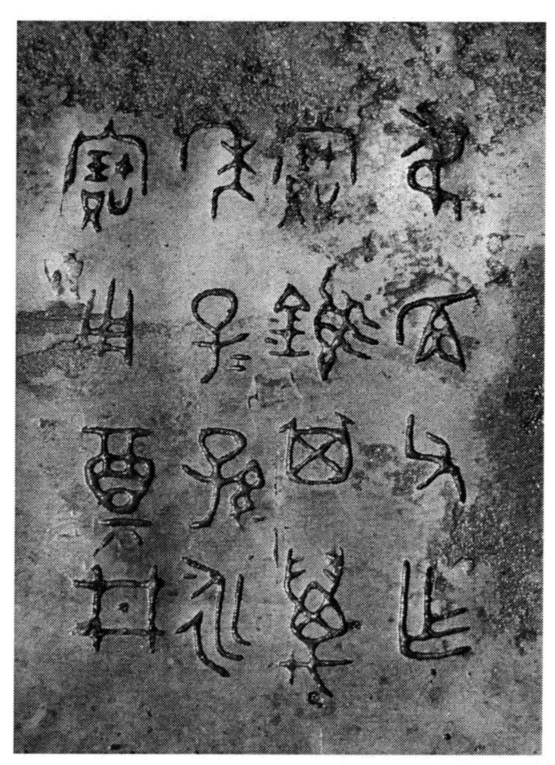
器 2

0469. 叔再父盨乙

【時　　代】西周晚期。

【收 藏 者】某收藏家。

【形制紋飾】體呈橢方形，子口内斂，鼓腹，腹兩端有一對附耳高聳，圈足呈蹼形外撇，每邊有一個長方形缺；蓋面隆起，上有四隻曲尺形捉手。捉手之内飾雙頭夔龍紋，蓋沿和器口下均飾重環紋，腹部和蓋面均飾瓦溝紋。

【著　　録】未著録。

【銘文字數】蓋、器同銘，各18字(其中重文2)。

【銘文釋文】弔(叔)再父乍(作)寶鎮(盨)，甘(其)萬年子=(子子)孫=(孫孫)永寶用。奠(鄭)井(邢)。

蓋

器

0470. 叔再父盨丙

【時　　代】西周晚期。

【收 藏 者】某收藏者。

【尺　　度】通高 18、口横 23 釐米。

【形制紋飾】體呈橢方形，子口内斂，鼓腹，腹兩端有一對附耳高聳，圈足呈蹼形外撇，每邊有一個長方形缺；蓋面隆起，上有四隻曲尺形捉手。捉手之内飾雙頭夔龍紋，蓋沿和器口下均飾重環紋，腹部和蓋面均飾瓦溝紋。

【著　　録】未著録。

【銘文字數】蓋、器同銘，各 18 字(其中重文 2)。

【銘文釋文】弔(叔)再父乍(作)寶鎮(盨)，甘(其)萬年子₌(子子)孫₌(孫孫)永寶用。奠(鄭)井(邢)。

【備　　注】此爲蓋銘，器銘未提供。

盖

0471. 伯義父盨

【時　　代】西周晚期。

【出土時地】2012年8月出現在北京。

【收 藏 者】某收藏家。

【形制紋飾】器作橢方形，口微斂，淺腹微鼓，兩側有一對附耳，下有四柱足，蓋面隆起，上有四個矩尺形扉，可以卻置。蓋沿和口下飾重環紋，蓋上和腹部飾瓦溝紋。

【著　　録】未著録。

【銘文字數】蓋、器同銘，各19字。

【銘文釋文】隹（唯）九月初吉庚午，白（伯）義父乍（作）旅盨，㠱（其）萬年永寶用。

【備　　注】此銘文照片不知是蓋還是器。

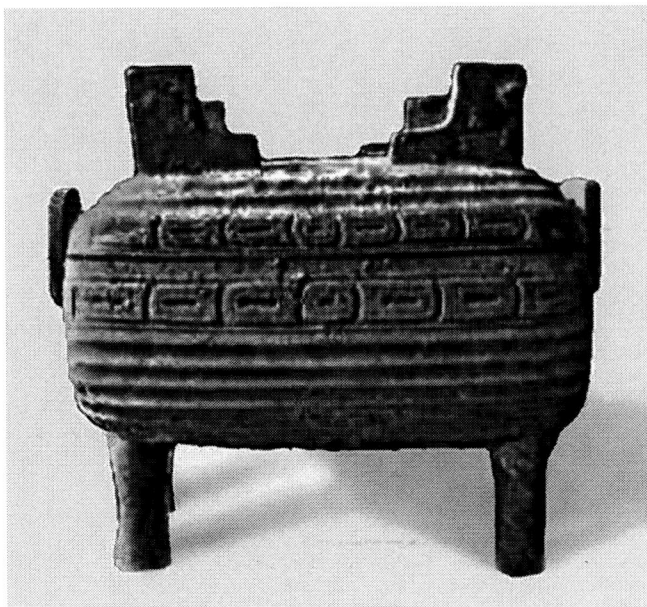

0472. 召皇父盨(㽙皇父盨)

【時　　代】西周晚期。

【出土時地】傳出山西。

【收 藏 者】某收藏家。

【尺　　度】通高26、兩耳相距32.5、口寬18.5釐米。

【形制紋飾】器作橢方形,直口,腹部收斂,兩側有一對獸首耳,橢方形圈足,下有四隻曲尺形足,蓋面隆起,上面有四隻曲尺形捉手。通體飾瓦溝紋。

【著　　録】未著録。

【銘文字數】蓋、器同銘,各22字(其中重文2)。

【銘文釋文】㽙(召)皇父王事叡(徂)成周,遺賔(賓)金,用乍(作)寶須(盨),子=(子子)孫=(孫孫)永寶用。

【備　　注】器表面所粘附的墓土未清完。器銘未拍照全。同墓出土二件,形制、紋飾、大小、銘文基本相同,另一件資料未提供。

蓋

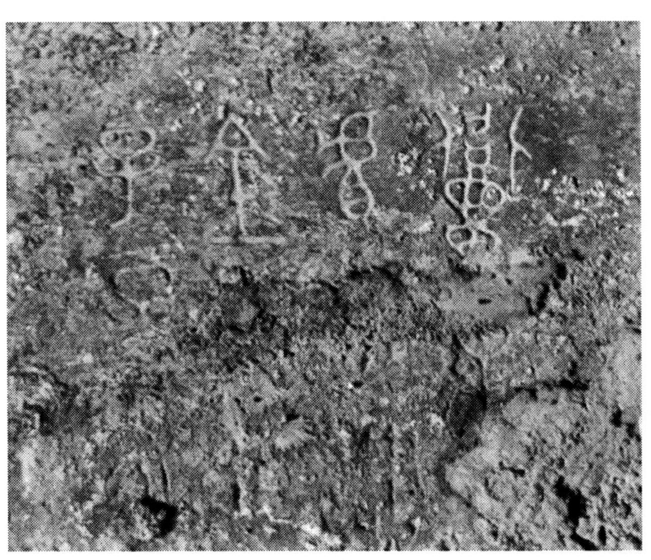

器

0473. 上鄀公盨

【時　　代】春秋早期。

【出土時地】2013年6月出現在西安。

【收 藏 者】某收藏家。

【尺　　度】通高19.6、口横25.5、口縱17.5、腹深9.2釐米。

【形制紋飾】器作橢方形，直口，腹部收斂，兩側有一對獸首耳，橢方形圈足，前後各有一個壺門形缺口，蓋面隆起，上有圈狀捉手，沿外撇。蓋面和腹部均飾蟠螭紋。

【著　　録】未著録。

【銘文字數】蓋、器同銘，各24字(其中重文2)。

【銘文釋文】上鄀公睪(擇)吉金，乍(作)旅盨，其釁(眉)耇(壽)萬年無彊(疆)，子=(子子)孫=(孫孫)永保用之。

蓋

器

0474. 伯克父盨甲

【時　　代】春秋早期·曾。

【收 藏 者】某收藏家。

【尺　　度】通高 24、口縱 24、兩耳相距 30 釐米。

【形制紋飾】體呈橢方形，口微斂，腹壁圜收，底部近平，兩端設有一對附耳，圈足每邊各有一個長方形缺口，四角各增設一個獸面小足，蓋面隆起，上有四個曲尺形扉。蓋沿和腹部均飾直棱紋。

【著　　録】未著録。

【銘文字數】蓋、器對銘，各 28 字(其中重文 2)。

【銘文釋文】唯白(伯)克父甘嬰(婁)，自乍(作)搼䀇，用盟(盛)禾(黍)稅(稷)旂(稻)椋(粱)，用之征行，亓(其)用及百君子匽(宴)鄉(饗)。

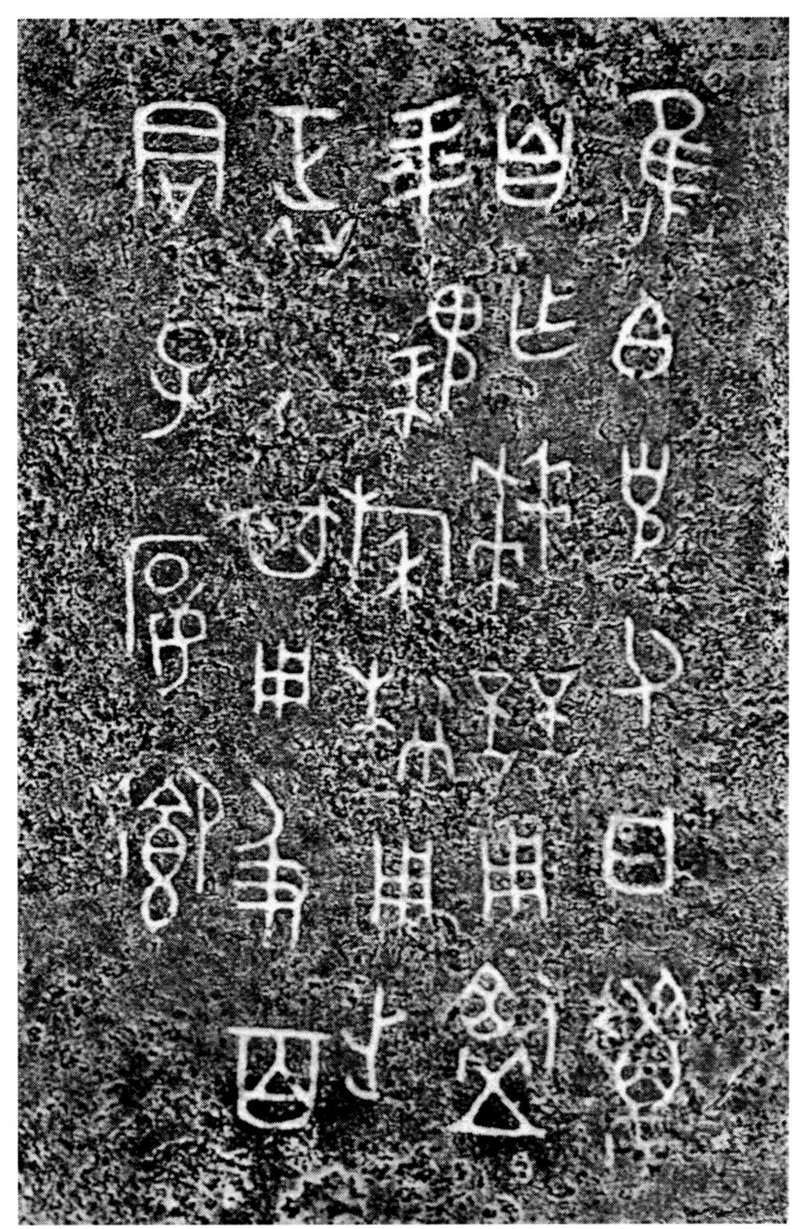

蓋

器

0475. 伯克父盨乙

【時　　代】春秋早期·曾。

【收 藏 者】某收藏家。

【尺　　度】通高 24、口縱 24、兩耳相距 30 釐米。

【形制紋飾】體呈橢方形，口微斂，腹壁圜收，底部近平，兩端設有一對附耳，圈足每邊各有一個長方形缺口，四角各增設一個獸面小足，蓋面隆起，上有四個曲尺形扉。蓋沿和腹部均飾直棱紋。

【著　　録】未著録。

【銘文字數】蓋、器對銘，各 28 字。

【銘文釋文】唯白(伯)克父甘嫛(婁)，自乍(作)搼嵍，用盌(盛)禾(黍)稅(稷)旅(稻)椋(粱)，用之征行，甘(其)用及百君子匽(宴)卿(饗)。

蓋

器

06. 簠

（0476-0519）

0476. 柏簠

【時　　代】春秋中期。

【出土時地】2008年安徽蚌埠市淮上區小蚌埠鎮双墩村春秋墓(M1.433)。

【收 藏 者】蚌埠市博物館。

【尺　　度】通高19.2、口横29.4、口縱20.1、通長(連鋬)33.8釐米。

【形制紋飾】高直口,方唇,斜壁平底,長方圈足外撇,每邊有一個長方形缺口,腹部有一對獸首耳。蓋與器形制、紋飾、大小均相同,蓋口前後各有兩個獸面卡扣,左右各有一個卡扣。通體飾蟠虺紋。

【著　　録】安徽銘文36頁圖27.1、2,考古學報2013年2期249頁圖15.2,鍾離君61頁圖28。

【銘文字數】蓋、器同銘,各3字。

【銘文釋文】柏之匿(簠)。

【備　　注】同墓出土2件,形制、紋飾、銘文相同,大小相若。另一件未公布銘文摹本。

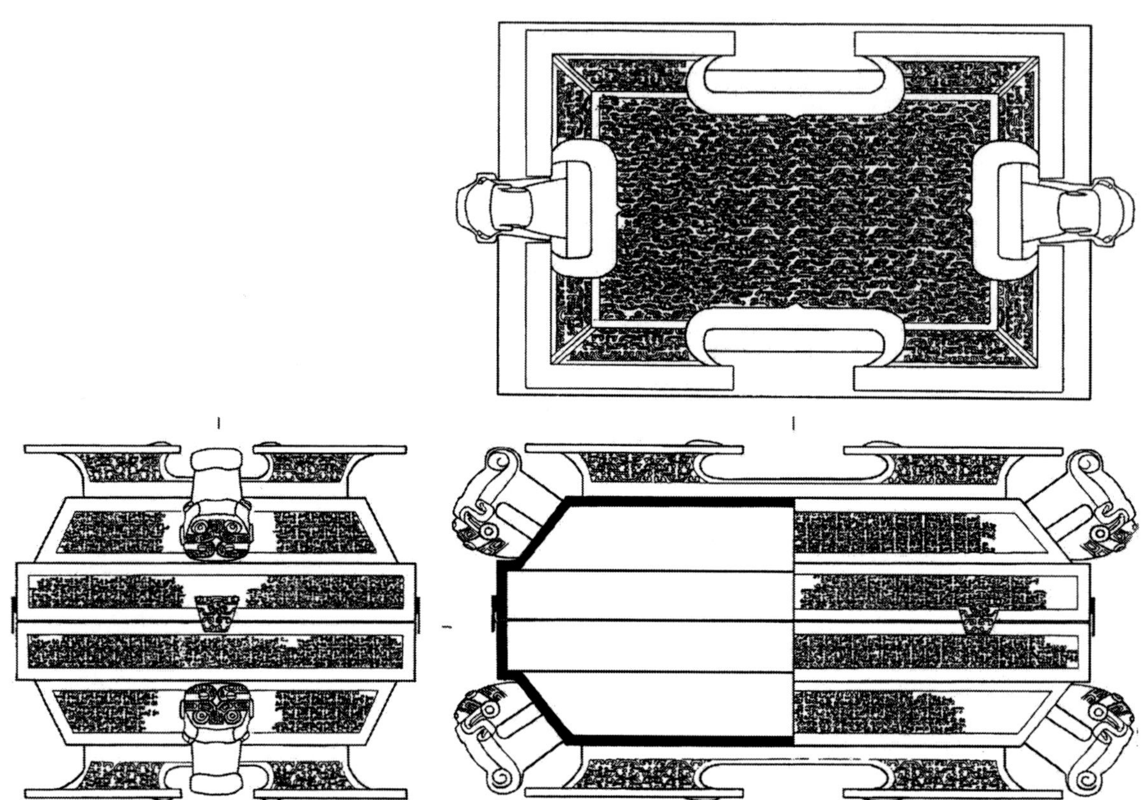

蓋

0477. 曾侯戉簠（曾侯邚簠）

【時　　代】戰國早期。

【收 藏 者】某收藏家。

【著　　録】蟲書增圖 337。

【銘文字數】内底鑄銘文 5 字。

【銘文釋文】曾医（侯）邚（戉）乍（作）時（持）。

【備　　注】器物圖像未提供。

0478. 嬫簠

【時　　代】春秋晚期。

【出土時地】2013 年湖北隨州市曾都區文峰塔曾國墓地(M33.16)。

【收 藏 者】湖北省文物考古研究所。

【形制紋飾】直口直壁，折腹平底，蹼形足，腹兩側有一對獸首耳。通體飾蟠虺紋。蓋與器形制、紋飾、大小相同，唯前後口沿各有一對獸面小卡扣，左右口沿各有一個獸面小卡扣。

【著　　録】考古 2014 年 26 頁圖 19.1。

【銘文字數】蓋、器對銘，各 4 字。

【銘文釋文】嬫之行匿(簠)。

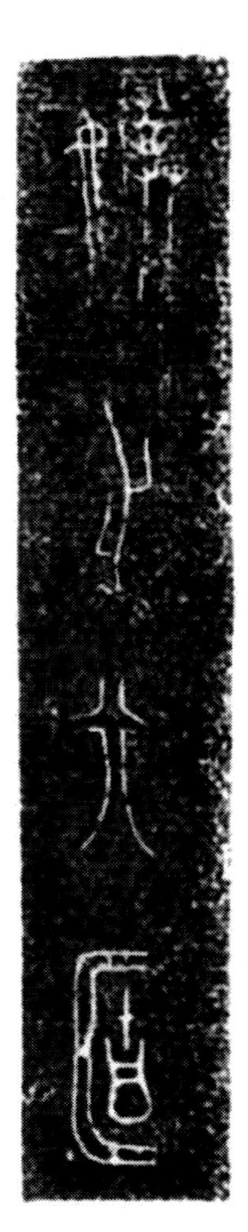

0479. 鄂姜簠（噩姜匿）

【時　　代】西周晚期。

【出土時地】2012 年 4 月河南南陽市宛城區新店鄉夏響鋪鄂國貴族墓地（M1）。

【收 藏 者】南陽市文物考古研究所。

【尺　　度】通高約 15.7、口横 29 釐米。

【形制紋飾】長方體，敞口斜壁，窄沿方唇，兩側壁各有一個獸首耳，平底，其下有長方形圈足，呈坡狀外撇。四壁均飾龍紋，口沿飾重環紋。蓋、器形體相同，蓋卻置便成爲兩件盛器。

【著　　録】文物報 2013 年 4 月 24 日 5 版。

【銘文字數】蓋、器同銘，各 5 字。

【銘文釋文】噩（鄂）姜乍（作）旅匿（簠）。

【備　　注】器銘未公布。

0480. 甬巨簠

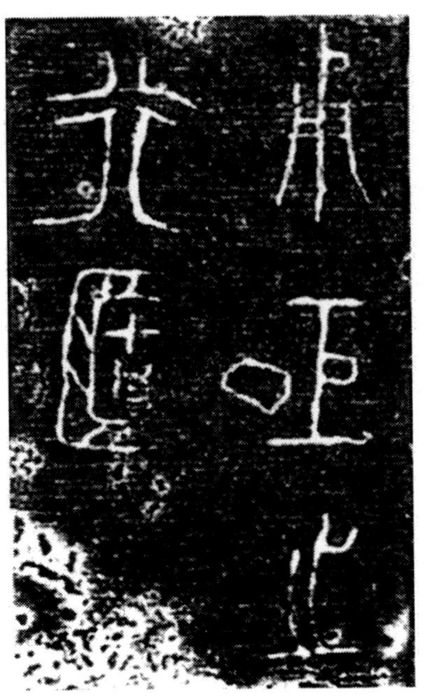

【時　　代】春秋晚期。

【出土時地】2013 年湖北隨州市曾都區文峰塔曾國墓地(M53.3)。

【收 藏 者】湖北省文物考古研究所。

【形制紋飾】直口直壁,折腹平底,蹼形足,腹兩側有一對獸首耳。通體飾蟠虺紋。蓋器形制、紋飾、大小相同,唯前後口沿各有一對獸面小卡扣,左右口沿各有一個獸面小卡扣。

【著　　録】考古 2014 年 26 頁圖 20.1。

【銘文字數】蓋、器對銘,各 5 字。

【銘文釋文】甬巨之行匿(簠)。

0481. 孟芈玄簠(𥁰嬭玄簠)

【時　　代】春秋晚期。

【出土時地】2013 年湖北隨州市曾都區文峰塔曾國墓地(M52.3)。

【收 藏 者】湖北省文物考古研究所。

【形制紋飾】直口直壁,折腹平底,蹼形足,腹兩側有一對獸首耳。通體飾蟠虺紋。蓋器形制、紋飾、大小相同,唯前後口沿各有一對獸面小卡扣,左右口沿各有一個獸面小卡扣。

【著　　録】考古 2014 年 26 頁圖 20.2。

【銘文字數】蓋、器對銘,各 6 字。

【銘文釋文】𥁰(孟)嬭(芈)玄之行匿(簠)。

【備　　注】"匿"字倒鑄。

0482. 曾孫卲簠

【時　　代】春秋晚期。

【出土時地】2013 年湖北隨州市曾都區文峰塔曾國墓地（M21.5）。

【收 藏 者】湖北省文物考古研究所。

【形制紋飾】直口直壁，折腹平底，蹼形足，腹兩側有一對獸首耳。通體飾蟠虺紋。蓋與器形制、紋飾、大小相同，唯前後口沿各有一對獸面小卡扣，左右口沿各有一個獸面小卡扣。

【著　　録】考古 2014 年 26 頁圖 19.2。

【銘文字數】蓋、器對銘，各 6 字。

【銘文釋文】曾孫卲之行匿（簠）。

0483. 曾孫褱簠

【時　　代】春秋晚期。

【出土時地】2013 年湖北隨州市曾都區文峰塔曾國墓地(M38.7)。

【收 藏 者】湖北省文物考古研究所。

【形制紋飾】直口直壁，折腹平底，蹼形足，腹兩側有一對獸首耳。通體飾蟠虺紋。蓋與器形制、紋飾、大小相同，唯前後口沿各有一對獸面小卡扣，左右口沿各有一個獸面小卡扣。

【著　　録】考古 2014 年 26 頁圖 19.5。

【銘文字數】蓋、器對銘，各 6 字。

【銘文釋文】曾孫褱之飤匿(簠)。

0484. 曾工差臣簠

【時　　代】春秋晚期。

【出土時地】2013 年湖北隨州市曾都區文峰塔曾國墓地(M46.3)。

【收 藏 者】湖北省文物考古研究所。

【形制紋飾】直口直壁,折腹平底,蹼形足,腹兩側有一對獸首耳。通體飾蟠虺紋。蓋與器形制、紋飾、大小相同,唯前後口沿各有一對獸面小卡扣,左右口沿各有一個獸面小卡扣。

【著　　録】考古 2014 年 26 頁圖 19.3。

【銘文字數】蓋、器對銘,各 7 字。

【銘文釋文】曾工差(佐)臣之行匿(簠)。

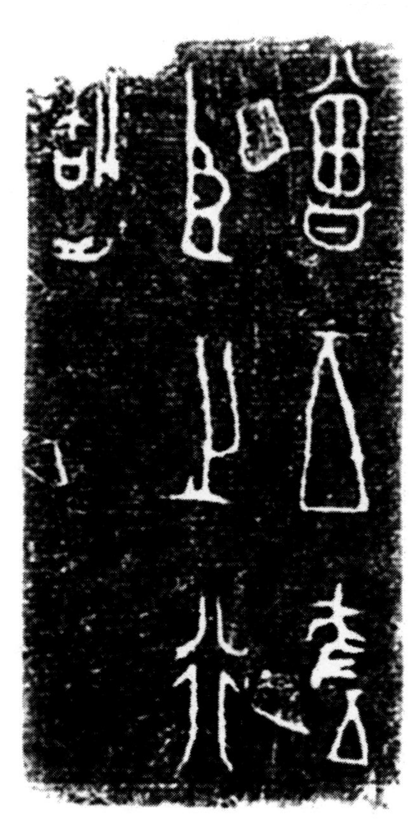

0485. 夆子匋簠(逢子匋簠)

【時　　代】春秋早期。

【收 藏 者】某收藏家。

【形制紋飾】蓋與器形制、紋飾相同。長方形,直口斜壁,平底,腹兩端有一對獸首耳,方圈足沿外撇,每邊各有一個長橢形缺口。蓋頂飾兩兩相套的C形夔龍紋,四壁飾蟠螭紋,圈足飾變形夔龍紋。

【著　　録】未著録。

【銘文字數】蓋、器對銘,各8字。

【銘文釋文】夆(逢)子匋盨(鑄)弔(叔)嬴㟁匿。

【備　　注】此銘文爲蓋銘,器銘未提供。

蓋

0486. 曾公子棄疾簠

【時　　代】春秋晚期。

【出土時地】2011 年 9 月湖北隨州市東城區義地崗春秋墓地(M6.13)。

【收 藏 者】隨州市博物館。

【尺度重量】通高 35.9、口横 30.7、腹深 20.2 釐米,重 8.895 公斤。

【形制紋飾】直口斜壁,平底,蹼形足,腹部有一對獸首耳。蓋與器形制、紋飾、大小均相同,唯口沿有六個舌形卡扣,前後各一對,左右各一個。體飾蟠螭紋,足飾蟠虺紋。

【著　　録】江漢考古 2012 年 3 期 11 頁拓片三。

【銘文字數】蓋、器同銘,各 8 字。

【銘文釋文】曾公子厶(棄)疾之𠈇(登、升)匿(簠)。

【備　　注】同墓出土 2 件,形制、紋飾、銘文、大小基本相同。

蓋 1

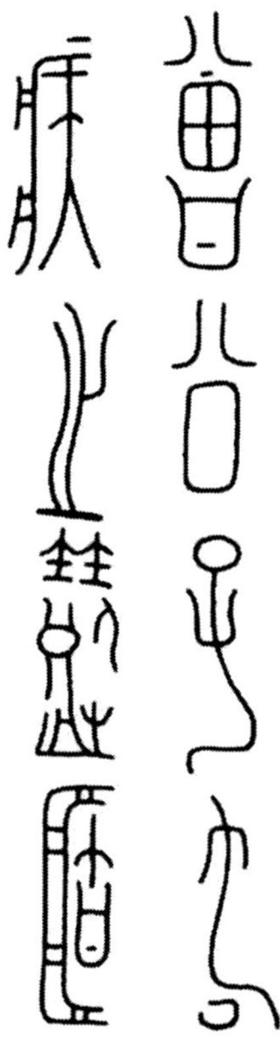

蓋 2

器 1

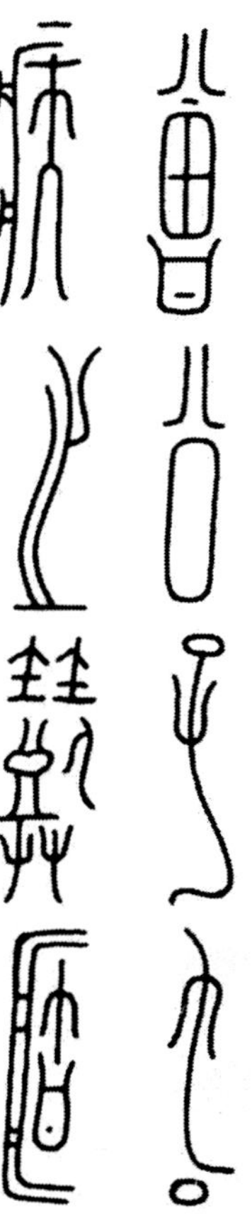

器 2

0487. 鄭邢子伯良父簠

【時　　代】西周晚期。

【收 藏 者】某收藏家。

【形制紋飾】長方形，平沿外折，斜壁平底，兩側壁有一對獸首耳，方圈足斜伸，每邊中部有一個長方形缺。口沿下和圈足飾變形雙綫雲紋，腹壁飾卷體夔龍紋。蓋與器形制、紋飾相同，蓋的圈足内飾一個大竊曲紋。

【著　　録】未著録。

【銘文字數】蓋、器對銘，各9字。

【銘文釋文】奠（鄭）井（邢）子白（伯）良父乍（作）寶匠（簠）。

【備　　注】同坑出土一對，形制、紋飾、大小、銘文相同。

蓋

器

0488. 曾大司馬伯國簠

【時　　代】春秋晚期。
【出土時地】2013年湖北隨州市曾都區文峰塔曾國墓地(M32.6)。
【收 藏 者】湖北省文物考古研究所。
【形制紋飾】直口直壁,折腹平底,蹼形足,腹兩側有一對獸首耳。通體飾蟠虺紋。蓋與器形制、紋飾、大小相同,唯前後口沿各有一對獸面小卡扣,左右口沿各有一個獸面小卡扣。
【著　　録】考古2014年26頁圖19.4。
【銘文字數】蓋、器對銘,各9字。
【銘文釋文】曾大司馬白(伯)國之飤固(簠)。

0489. 鑄客簠

【時　　代】戰國晚期。
【出土時地】1933年安徽壽縣朱家集李三孤堆戰國墓葬。
【收 藏 者】安徽博物院。
【形制紋飾】器稍殘,長方體,直口直壁,斜腹,四個蹼形足,四壁和腹部飾雲雷紋、菱形紋組成的幾何紋。
【著　　録】安徽銘文129頁圖103.1。
【銘文字數】器口刻銘文9字。
【銘文釋文】盌(鑄)客爲(爲)王句(后)六室[爲(爲)之]。
【備　　注】圖像未公布。

0490. 吴季大簠

【時　　代】春秋早期。

【收 藏 者】某收藏家。

【尺　　度】通高 16.5、口横 27、口縱 22 釐米。

【形制紋飾】長方體，直口斜壁坦底，腹兩端有一對獸首半環耳，長方形圈足，每邊各有一個長方形缺口。腹壁飾蟠龍紋。蓋與器的形制、紋飾、大小相同，唯蓋頂飾蟠龍紋，而器底無紋飾。

【著　　録】未著録。

【銘文字數】蓋、器對銘，各 13 字（其中重文 1）。

【銘文釋文】吴季大乍（作）其飤盂，子孫＝（孫孫）永缶（寶）用。

蓋

器

0491. 犾伯叔右師簠(犾子叔右師簠)

【時　代】春秋早期。

【收 藏 者】某收藏家。

【形制紋飾】敞口方脣,斜壁平底,長方圈足外撇,每邊有一個長方形缺口,腹部有一對獸首耳。蓋與器的形制、紋飾、大小均相同。口沿下飾S狀雲雷紋,腹部飾環帶紋。

【著　録】未著録。

【銘文字數】器内底鑄銘文18字(其中重文2),蓋16字。

【銘文釋文】器銘: 犾白(伯)弔(叔)右師乍(作)寶匿(簠),亓(其)萬年子＝(子子)孫＝(孫孫)永寶用。蓋銘: 犾子弔(叔)右師乍(作)寶匿(簠),亓(其)萬年耇(壽),永寶用亯(享)。

蓋

器

0492. 褱簠甲

【時　　代】春秋晚期。

【收 藏 者】某收藏家。

【尺　　度】高 10.9、口橫 30.9、口縱 23.6、足邊橫 28.6、足邊縱 20.5 釐米。

【形制紋飾】直口折腹，斜壁坦底，兩短壁各有一個獸首耳，長方圈足沿呈坡狀外伸，每邊有一個長橢形缺口。通體飾細密的蟠虺紋。

【著　　録】古論集(四)87 頁圖 3。

【銘文字數】内底鑄銘文 18 字。

【銘文釋文】褱睪(擇)其吉金，自乍(作)飤匿(簠)，其釁(眉)壽(壽)無𠀠(期)，永保用之。

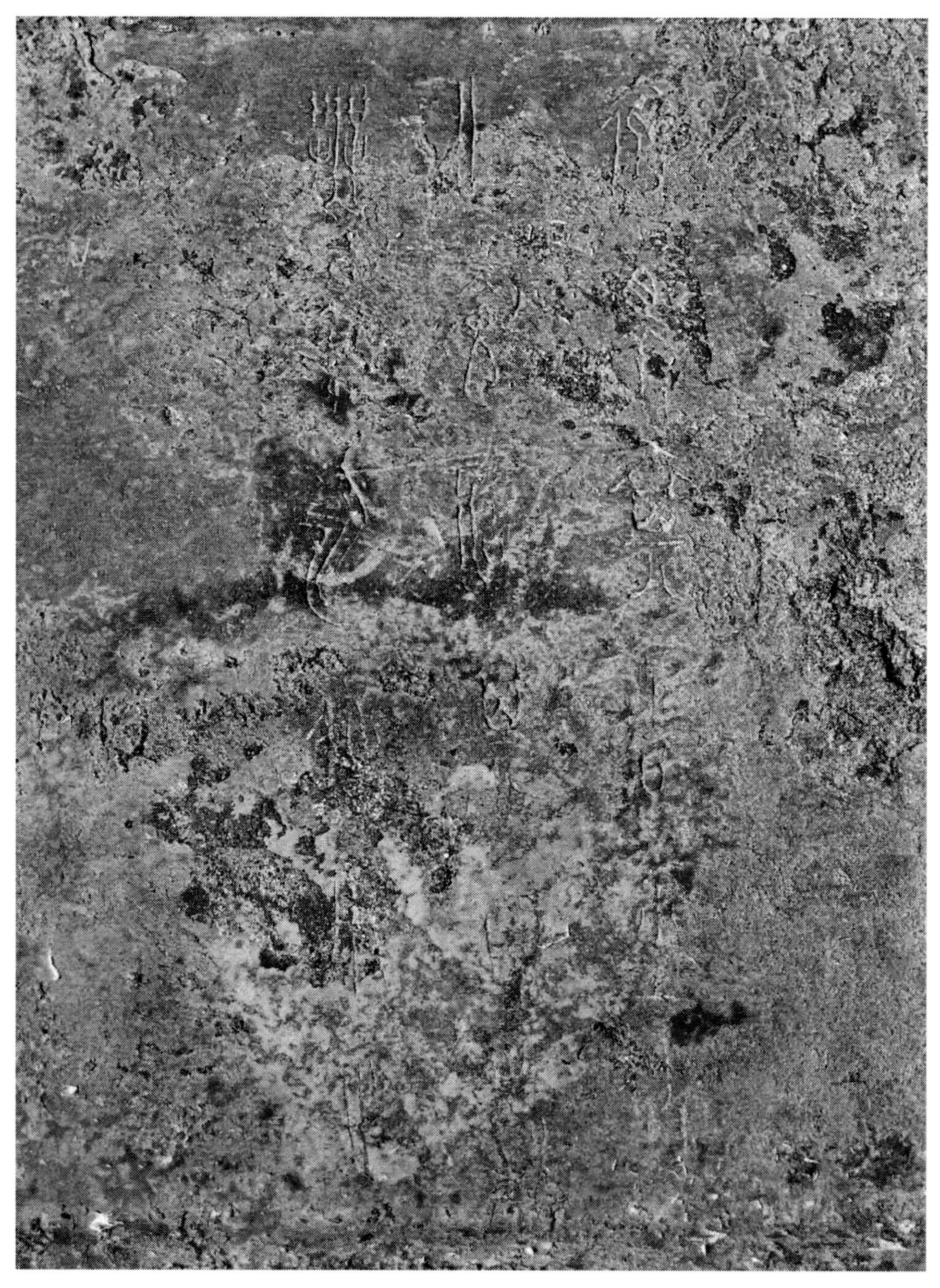

0493. 褢簠乙

【時　　代】春秋晚期。

【收 藏 者】某收藏家。

【尺　　度】高 11、口横 31 釐米。

【形制紋飾】直口折腹，斜壁坦底，兩短壁各有一個獸首耳，長方圈足沿呈坡狀外伸，每邊有一個長橢形缺口。通體飾細密的蟠虺紋。

【著　　録】未著録。

【銘文字數】内底鑄銘文 18 字。

【銘文釋文】褢睪（擇）其吉金，自乍（作）飤匿（簠），其釁（眉）耆（壽）無具（期），永保用之。

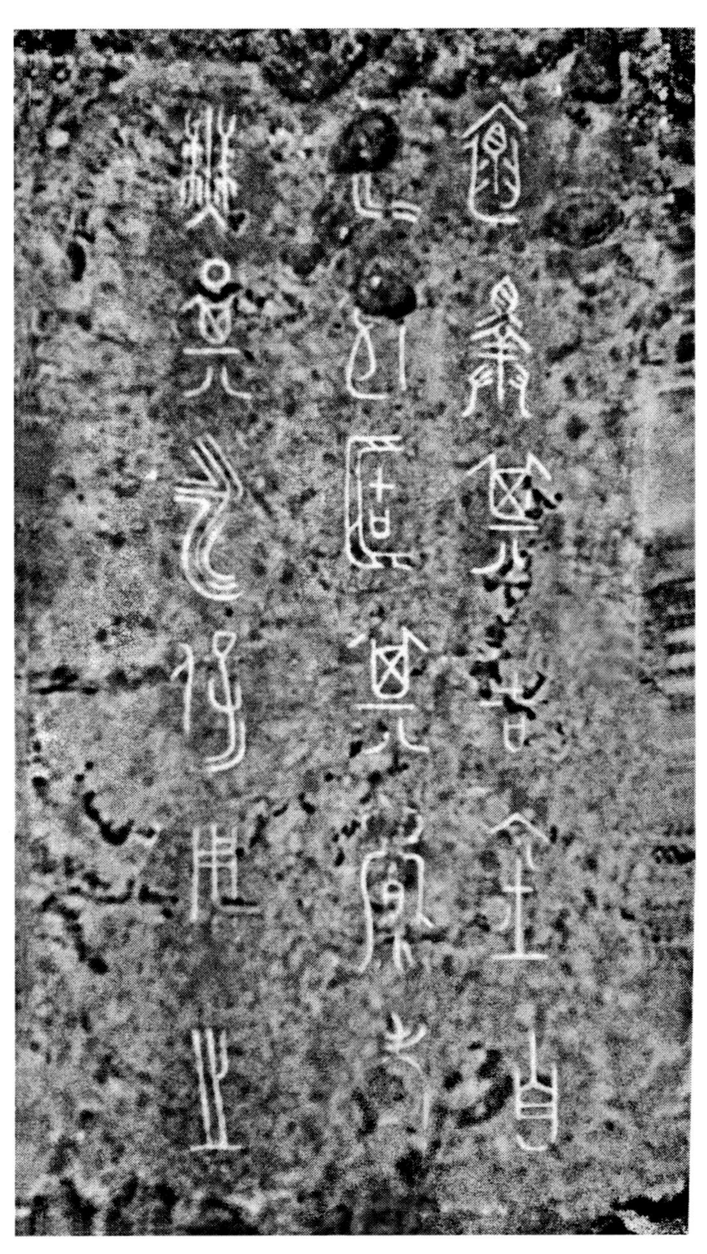

0494. 鍾離君柏簠(童麗君柏簠)甲

【時　　代】春秋中期。

【出土時地】2008 年安徽蚌埠市淮上區小蚌埠鎮雙墩村春秋墓(M1.376)。

【收 藏 者】蚌埠市博物館。

【尺　　度】通高 20.8、口横 32.7、口縱 25.6、通長(連鋬)36.8 釐米。

【形制紋飾】直口折腹,斜壁平底,長方圈足呈坡狀外伸,每邊有一個長方形缺口,腹部有一對獸首耳。蓋與器形制、紋飾、大小均相同,蓋口前後各有兩個獸面卡扣,左右各有一個卡扣。通體飾蟠虺紋。

【著　　録】鍾離君 59 頁圖 25。

【銘文字數】蓋、器同銘,各 19 字。

【銘文釋文】隹(唯)正月初吉丁亥,童(鍾)麗(離)君柏罴(擇)亓(其)吉金,乍(作)亓(其)飤匿(簠)。

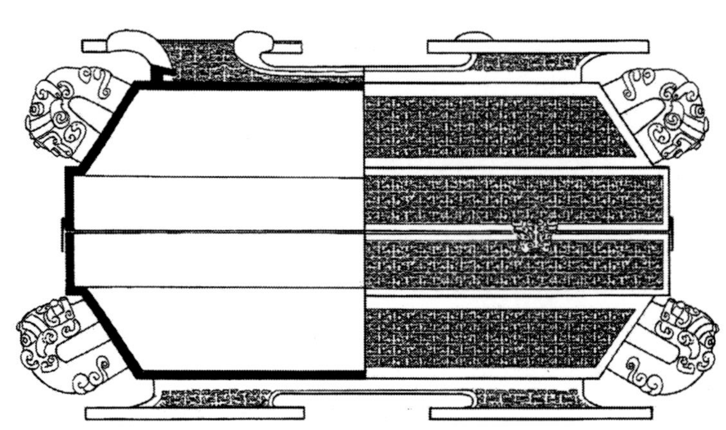

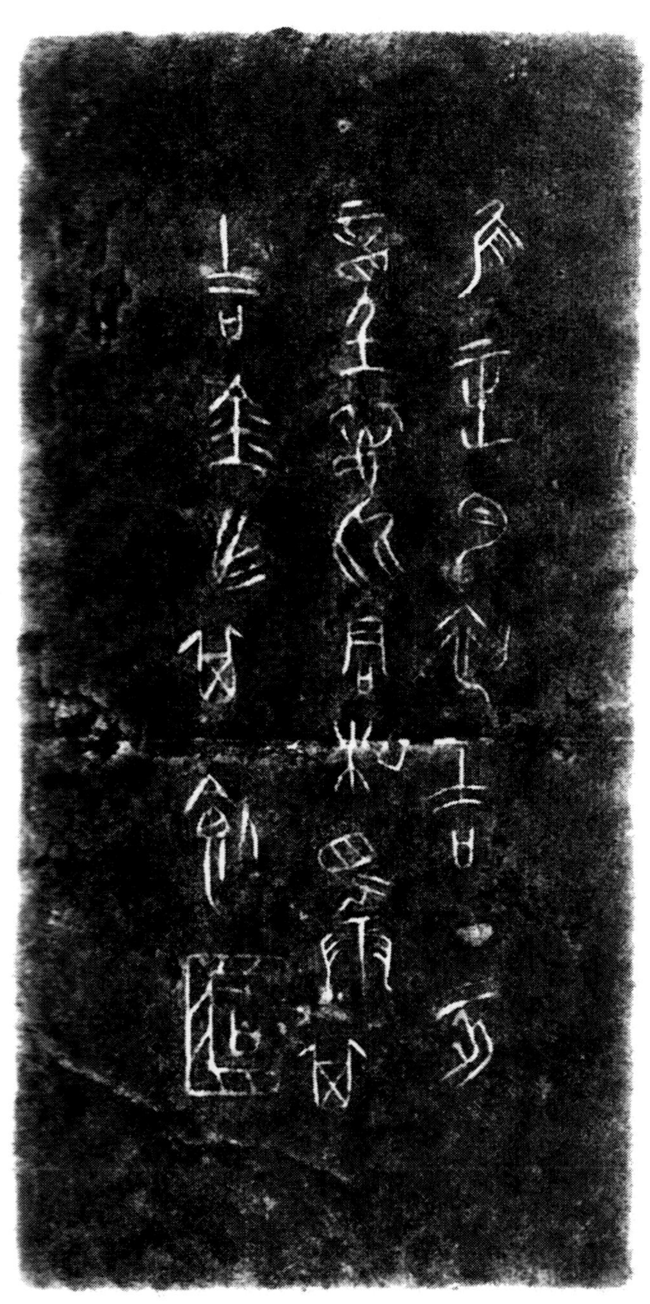

盖

器

0495. 鍾離君柏簠(童麗君柏簠)乙

【時　　代】春秋中期。

【出土時地】2008 年安徽蚌埠市淮上區小蚌埠鎮雙墩村春秋墓(M1.377)。

【收 藏 者】蚌埠市博物館。

【尺　　度】通高 20.5、口横 33.1、口縱 25.9、通長(連鋬) 36.7 釐米。

【形制紋飾】直口折腹,斜壁平底,長方圈足呈坡狀外伸,每邊有一個長方形缺口,腹部有一對獸首耳。蓋與器形制、紋飾、大小均相同,蓋口前後各有兩個獸面卡扣,左右各有一個卡扣。通體飾蟠虺紋。

【著　　録】鍾離君 59 頁圖 26。

【銘文字數】蓋、器同銘,各 19 字。

【銘文釋文】隹(唯) 正月初吉丁亥,童(鍾) 麗(離) 君柏睪(擇) 甘(其) 吉金,乍(作) 甘(其) 飤匿(簠)。

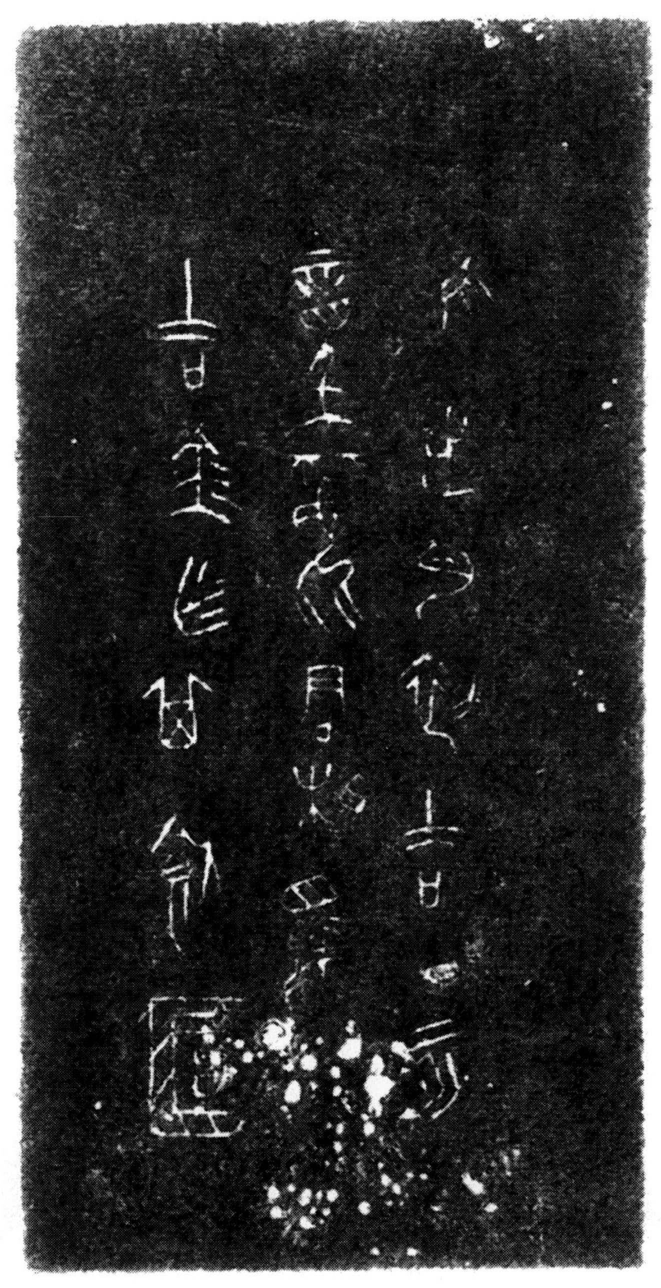

蓋

器

0496. 孫叔𪓐簠

【時　　代】春秋晚期前段。

【收 藏 者】某收藏家。

【形制紋飾】直口窄沿，斜壁坦底，兩短壁各有一個獸首耳，長方圈足呈坡狀外伸，每邊有一個缺口，蓋與器形制，紋飾、大小相同，唯蓋沿每邊各有一個獸面小卡扣。通體飾蟠螭紋。

【著　　録】未著録。

【銘文字數】蓋、器同銘，各20字（其中重文3）。

【銘文釋文】大曾文之孫₌（孫孫）弔（叔）𪓐自乍（作）飤匿（簠），子₌（子子）孫₌（孫孫）永寶用之。

蓋

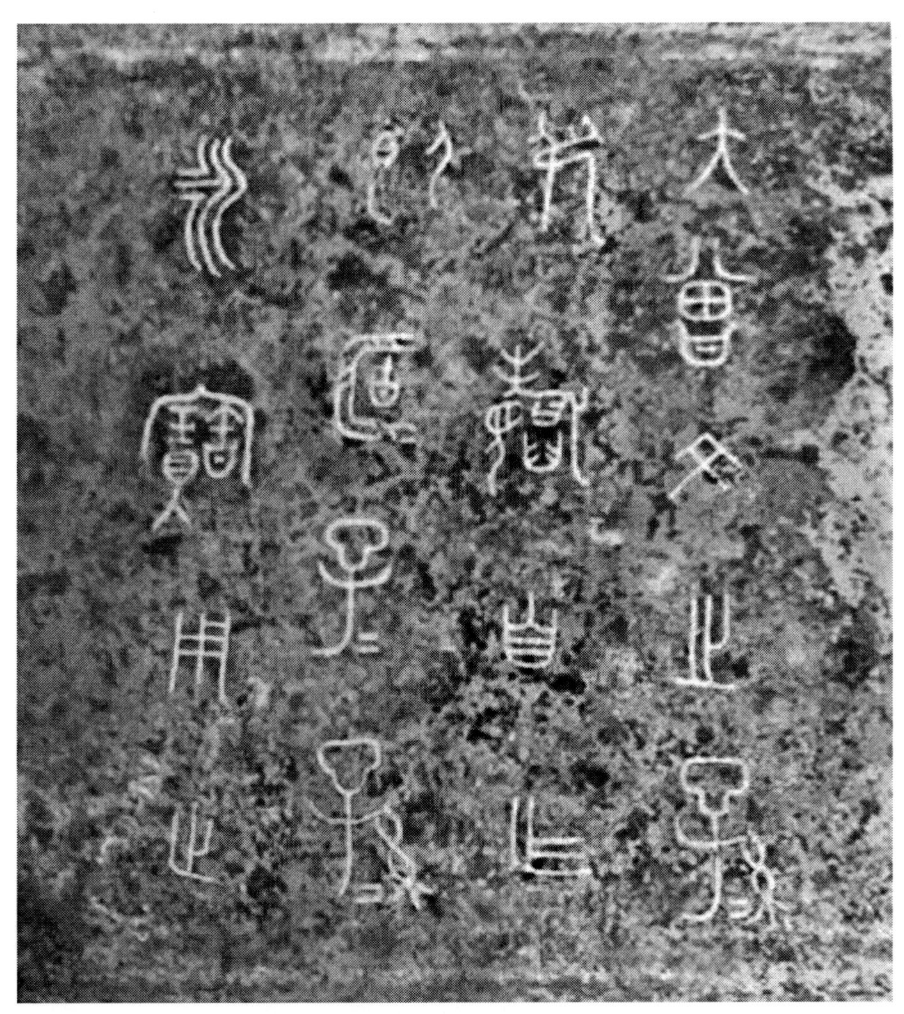

器

0497. 彭子壽簠

【時　　代】春秋晚期。

【出土時地】河南南陽市物資城春秋墓葬。

【收 藏 者】南陽市文物考古研究所。

【著　　録】文物報 2012 年 12 月 7 日 6 版圖 1。

【銘文字數】蓋、器同銘，各 20 字。

【銘文釋文】彭(彭) 子耈(壽) 睪其吉金，自乍(作) 飤匿(簠)，其釁(眉) 耈(壽) 無諆(期)，永保用之。

【備　　注】同墓出土 2 件，形制、紋飾、銘文相同，大小相若。圖像及另一件的資料未公布。該拓本是蓋或器未標明。

0498. 申公壽簠(𨟻公壽簠)

【時　　代】春秋晚期。

【出土時地】河南南陽市物資城春秋墓葬。

【收 藏 者】南陽市文物考古研究所。

【著　　録】文物報 2012 年 12 月 7 日 6 版圖 2。

【銘文字數】蓋、器同銘,各 20 字。

【銘文釋文】𨟻(申)公𠷎(壽)睪其吉金,自乍(作)飤𠥩(簠),其𩕢(眉)𠷎(壽)無𣍘(期),永保用之。

【備　　注】同墓出土 2 件,形制、紋飾、銘文相同,大小相若。另一件未公布。該拓本銘文反書,是蓋或器未標明。

0499. 妊兹母簋

【時　　代】春秋早期。

【收 藏 者】某收藏家。

【著　　録】未著録。

【銘文字數】蓋、器同銘，各 22 字（其中重文 1）。

【銘文釋文】妊丝（兹）母賸（媵）白（伯）同朕（媵）叵（簋），其釁（眉）耆（壽）萬年無彊（疆），子＝（子子）孫永寶用亯（享）。

【備　　注】銘文反書，此銘文照片不知是器還是蓋。

0500. 夒膚簠

【時　　代】春秋中期後段。

【收 藏 者】中國國家博物館。

【尺　　度】通高 20、口横 32、口縱 22 釐米。

【形制紋飾】長方體，蓋與器形制相同，直口直壁，折腹平底，腹部兩端各有一個粗壯的獸首耳，方圈足外撇，四邊中部各有一個長圓形缺口，蓋的口沿前後各有兩個獸面卡扣，左右各有一個獸面卡扣。器通體飾細密的蟠虺紋，蓋通體飾蟠螭紋，蓋面由五條吐舌螭龍盤繞。

【著　　録】古代文明 2014 年 4 期 71 頁圖 3。

【銘文字數】内底鑄銘文 25 字(其中重文 2)。

【銘文釋文】隹(唯)正月丙辰，夒膚睪(擇)其吉金，爲羊(騂)兒燛(鑄)賸(媵)𠙵(簠)，子=(子子)孫=(孫孫)，永保用之。

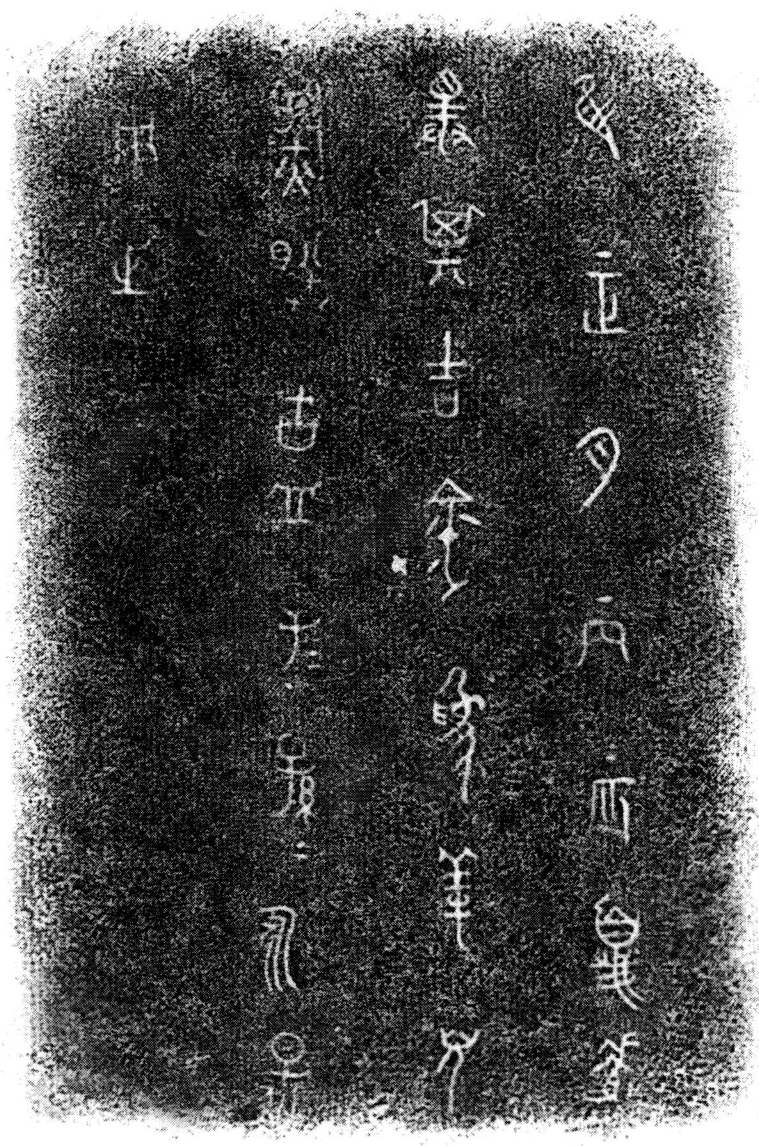

簋

0501. 王子柳簠

【時　　代】春秋晚期。

【出土時地】2015 年 9 月出現在南京。

【收 藏 者】某收藏家。

【形制紋飾】直口直壁，折腹平底，蹼形足，腹兩側有一對獸首耳。通體飾蟠虺紋。蓋器形制、紋飾、大小相同，唯蓋的前後口沿各有一對獸面小卡扣，左右口沿各有一個獸面小卡扣。

【著　　録】未著録。

【銘文字數】内壁鑄銘文 27 字。

【銘文釋文】隹（唯）正月初吉丁亥，王子柳睪（擇）其吉金，自乍（作）飤匿（簠），其鬒（眉）耆（壽）無朞（期），永保用之。

【備　　注】器銘未提供。同坑出土一對，形制、紋飾、大小、銘文基本相同。

0502. 盅子歖簠

【時　　代】春秋晚期。

【收 藏 者】某收藏家。

【尺　　度】通高 21、口横 31.2、口縱 22.7、腹深 7.7 釐米。

【形制紋飾】長方體，直口斜壁，兩側壁各有一個獸首耳，平底，其下有蹼形足。蓋、器形體相同，唯蓋的口沿前後各有一對卡扣，左右各有一個卡扣。通體飾飾蟠虺紋。

【著　　録】未著録。

【銘文字數】蓋、器同銘，各 27 字。

【銘文釋文】隹(唯) 王正月初吉丁亥，盅子歖孔武聖誨，睪(擇) 其吉金，自乍(作) 飤匿(簠)，永 [保] 用之。

【備　　注】器銘殘損較大，未拍照。

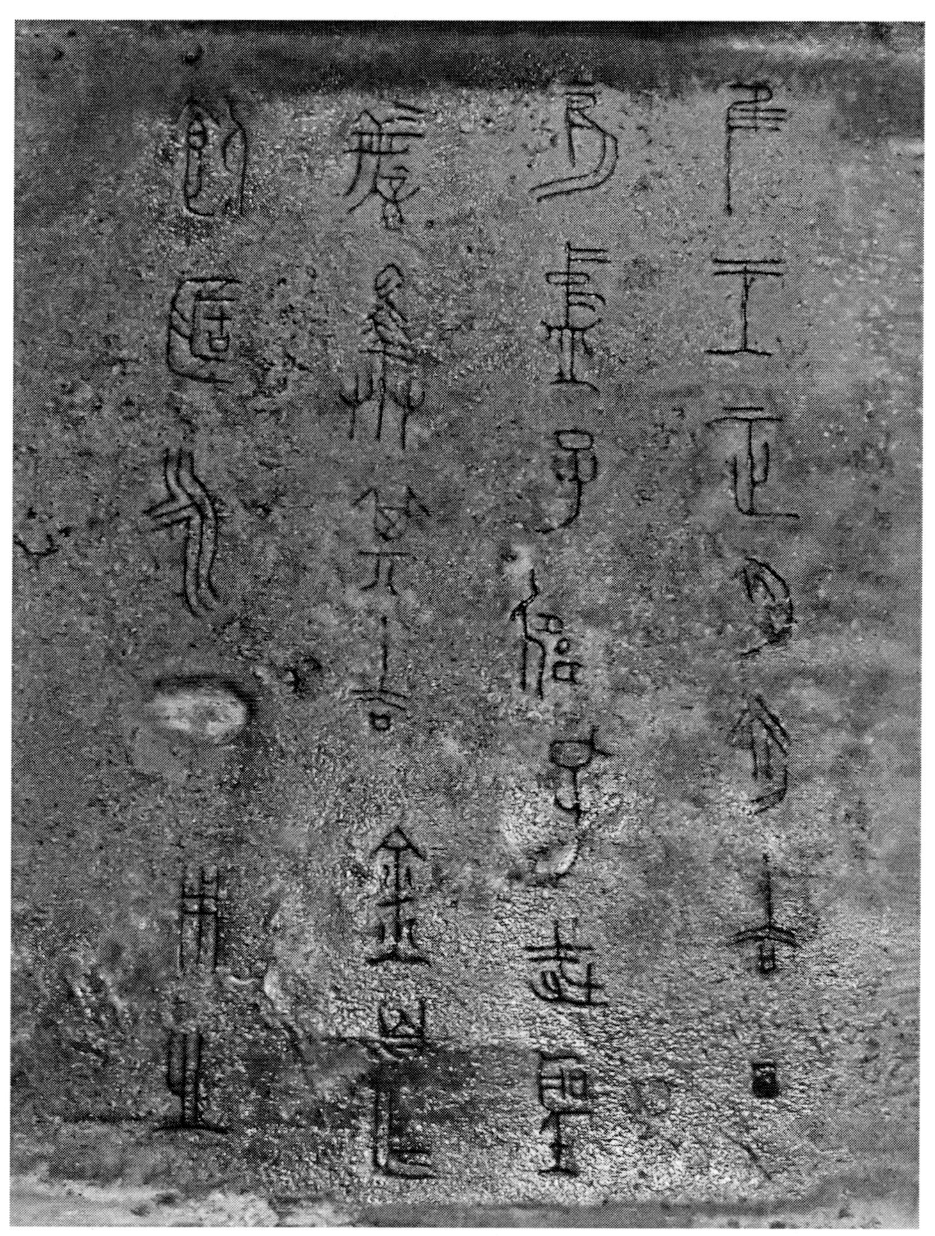

蓋

0503. 薛仲蕾簠甲

【時　　代】春秋早期。

【出土時地】2012 年 9 月見於北京。

【收 藏 者】某收藏家。

【尺　　度】蓋高 19、口横 29、口縱 22.4、蓋深 5.8 釐米。

【形制紋飾】體呈長方形，斜壁平頂，折沿甚窄，側壁有一對獸首鋬，獸首倒置，下部有坡狀外伸的長方形圈足，每邊中部有長方形缺。四壁上部飾環帶紋，下部及蓋頂飾 S 形簡化龍紋。蓋與器形制紋飾相同，唯蓋口沿每邊有一個獸面卡扣。

【著　　録】未著録。

【銘文字數】蓋、器對銘，各 28 字（其中重文 2）。

【銘文釋文】辥（薛）中（仲）䕻（蕾）乍（作）中（仲）妊丝（茲）母媵（滕）白（伯）同朕（媵）�（簠），其釁（眉）耇（壽）萬年無彊（疆），子＝（子子）孫＝（孫孫），永寶用亯（享）。

【備　　注】器銘未拍照。

蓋

0504. 薛仲蕾簠乙

【時　　代】春秋早期。

【出土時地】2012 年 9 月見於北京。

【收 藏 者】某收藏家。

【尺　　度】蓋高 8.9、口横 28.2、口縱 23.7、蓋深 4.7 釐米。

【形制紋飾】體呈長方形，斜壁平頂，折沿甚窄，側壁有一對獸首鋬，獸首倒置，下部有坡狀外伸的長方形圈足，每邊中部有長方形缺。四壁上部飾環帶紋，下部及蓋頂飾 S 形簡化龍紋。蓋與器形制紋飾相同，唯蓋口沿每邊有一個獸面卡扣。

【著　　録】未著録。

【銘文字數】内底鑄銘文 28 字(其中重文 2)。

【銘文釋文】辥(薛)中(仲)蕐(蕾)乍(作)中(仲)妊丝(茲)母媵(媵)白(伯)同朕(媵)匿(簠)，其釁(眉)耇(壽)萬年無彊(疆)，子=(子子)孫=(孫孫)，永寶用亯(享)。

【備　　注】器未提供，故圖像、銘文僅爲簠蓋。

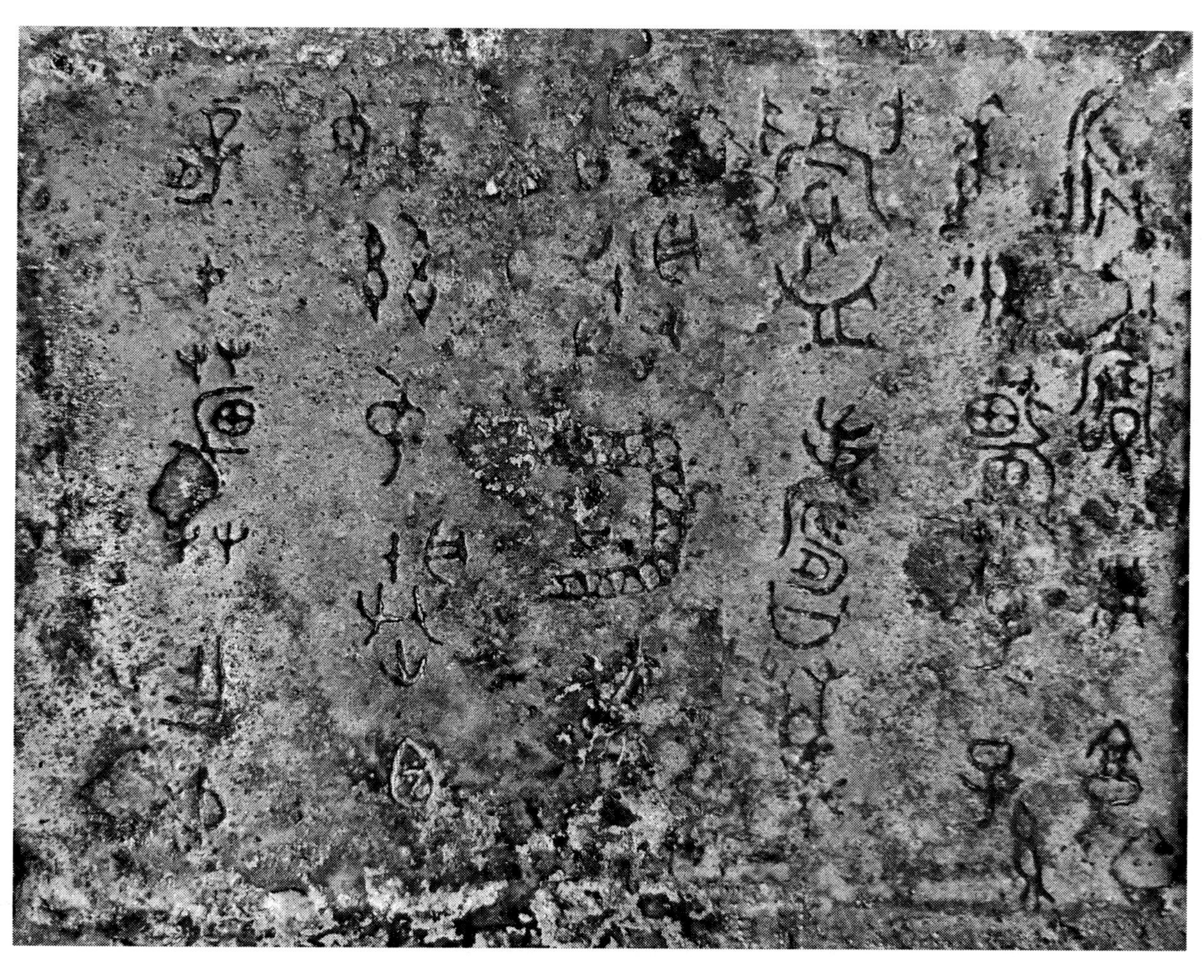

蓋

0505. 薛仲蕾簠丙

【時　　代】春秋早期。

【出土時地】2012 年 9 月見於北京。

【收 藏 者】某收藏家。

【尺　　度】蓋高 8.5、口横 29、口縱 23.6、蓋深 4.9 釐米。

【形制紋飾】體呈長方形，斜壁平頂，折沿甚窄，側壁有一對獸首鋬，獸首倒置，下部有坡形外伸的長方形圈足，每邊中部有長方形缺。四壁上部飾環帶紋，下部及蓋頂飾 S 形簡化龍紋。蓋與器形制紋飾相同。

【著　　録】未著録。

【銘文字數】蓋、器對銘，各鑄銘文 28 字（其中重文 2）。

【銘文釋文】胦（薛）中（仲）蘿（蕾）乍（作）中（仲）妊丝（茲）母滕（滕）白（伯）同朕（媵）匠（簠），其釁（眉）耆（壽）萬年無彊（疆），子$_=$（子子）孫$_=$（孫孫），永寶用言（享）。

【備　　注】器未提供，故圖像、銘文僅爲簠蓋。

蓋

0506. 黃子婁簠

【時　　代】春秋晚期。

【收 藏 者】海外某收藏家。

【尺　　度】通高 21.5、通長 36.5、寬 24 釐米。

【形制紋飾】蓋、器形制相同，直口折腹，斜壁坦底，兩短壁各有一個獸首耳，長方圈足沿下折，每邊有一個長橢形缺，蓋口沿前後各有兩個獸面小卡扣，左右各有一個獸面卡扣。通體飾蟠虺紋。

【著　　録】未著録。

【銘文字數】蓋、器同銘，各 28 字。

【銘文釋文】隹(唯)正月初吉丁亥，黃子婁睪(擇)其吉金，台(以)乍(作)其妻弔(叔)嫋(羋)女(母)賓(賓)飤匿(簠)，永保用之。

【備　　注】器銘未拓照。

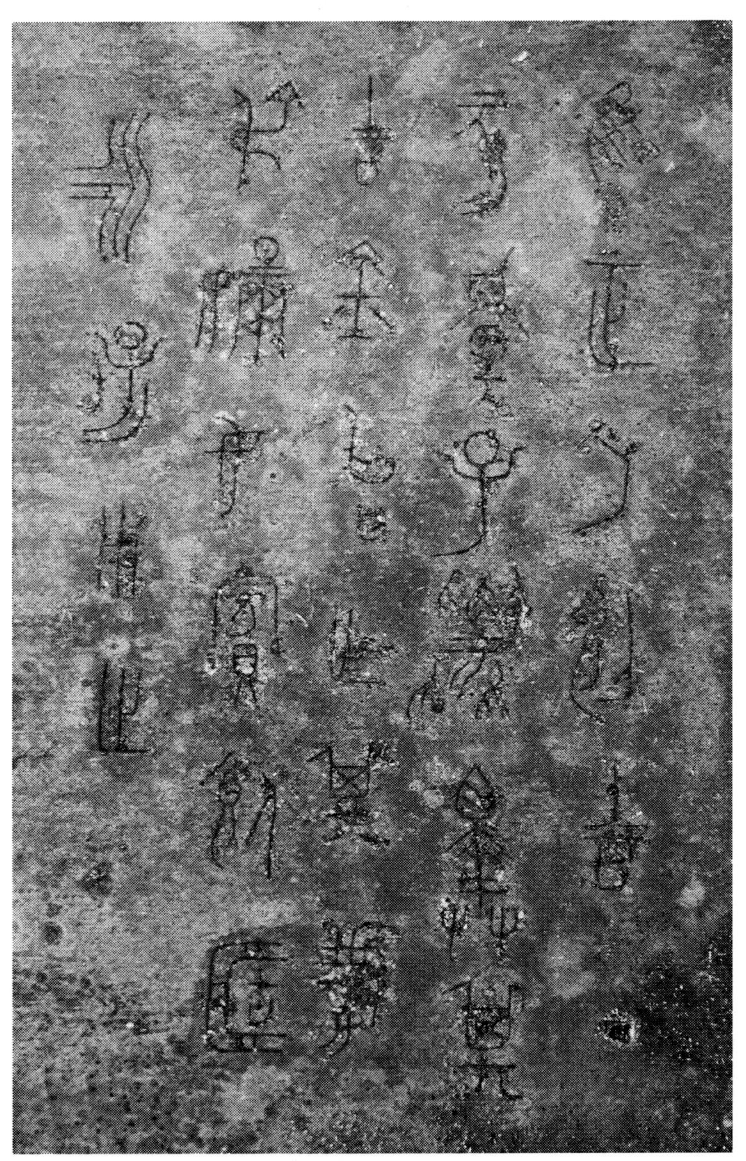

蓋 1

蓋 2

0507. 曾公子叔淩簠甲

【時　　代】春秋中期。

【收 藏 者】湖北隨州市公安局。

【尺　　度】通高 23、口横 32.5、口縱 25 釐米。

【形制紋飾】直口折沿，斜壁平底，兩端有一對獸首耳，方圈足外侈，有較寬的平沿，每邊有長條圓角形缺。蓋與器形制、大小完全相同，唯口沿有一對小卡扣。通體飾蟠虺紋，蓋頂亦飾蟠虺紋。

【著　　録】未著録。

【銘文字數】蓋、器同銘，各 29 字（其中重文 2）。

【銘文釋文】隹（唯）正月吉日丁亥，曾公子弔（叔）淩睪（擇）其吉金，自乍（作）飤匿（簠），子＝（子子）孫＝（孫孫）其永寶用之。

【備　　注】同坑出土 2 件，形制、紋飾、銘文相同，大小相若。

蓋

器

0508. 曾公子叔湲簠乙

【時　　代】春秋中期。

【收 藏 者】湖北隨州市公安局。

【尺　　度】通高 23、口横 32.5、口縱 25 釐米。

【形制紋飾】直口折沿，斜壁，兩端有一對獸首耳，方圈足外侈，有較寬的平沿，每邊有長條圓角形缺。蓋與器的形制、大小完全相同，唯口沿有一對小卡扣。通體飾蟠虺紋，蓋頂亦飾蟠虺紋。

【著　　録】未著録。

【銘文字數】蓋、器同銘，各 29 字(其中重文 2)。

【銘文釋文】隹(唯)正月吉日丁亥，曾公子弔(叔)湲睪(擇)其吉金，自乍(作)飤匿(簠)，子₌(子子)孫₌(孫孫)其永寶用之。

蓋

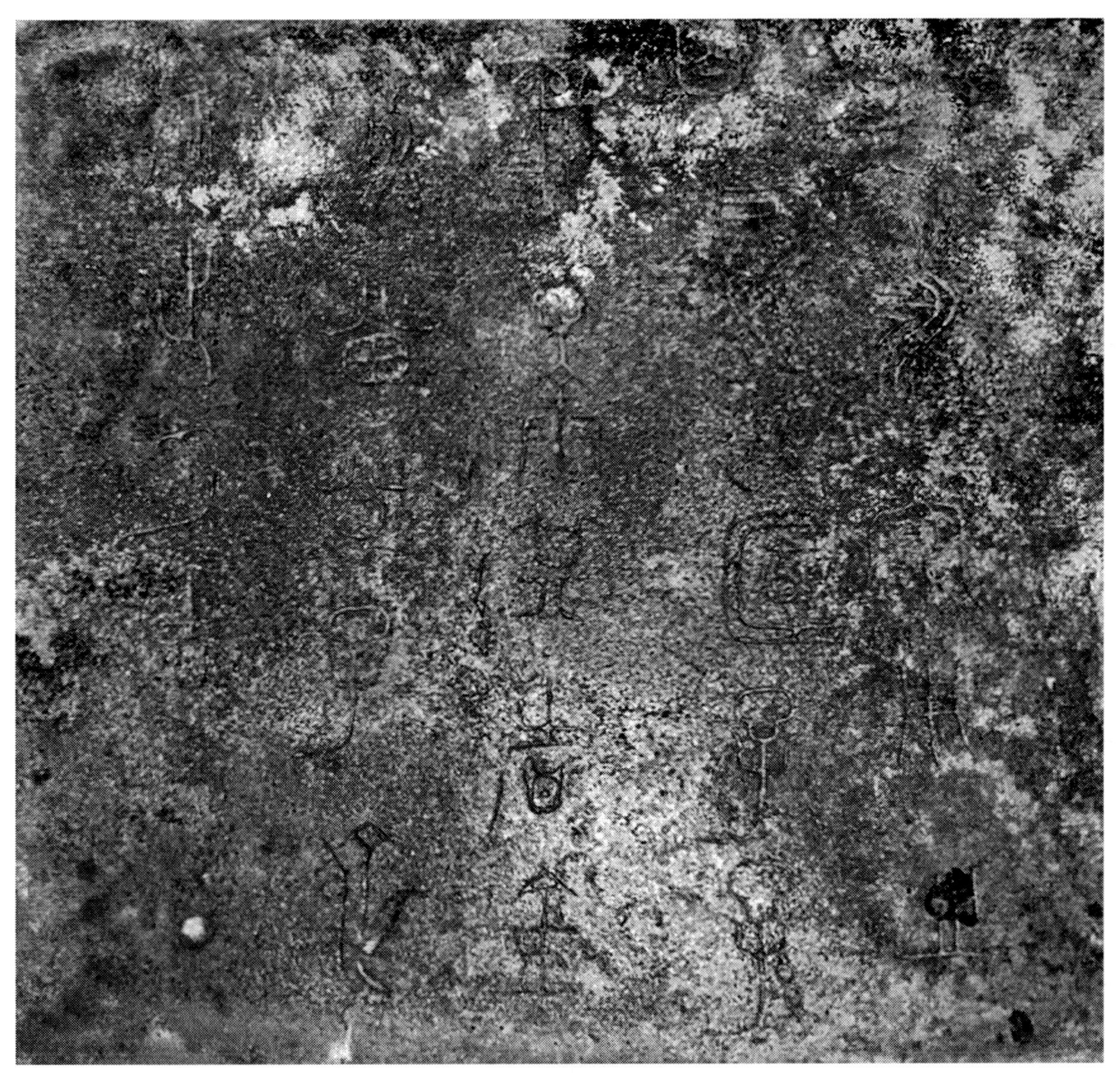

器

0509. 婁伯簠（嬰伯簠）

【時　　代】春秋早期。

【出土時地】2015 年 9 月出現在南京。

【收 藏 者】某收藏家。

【形制紋飾】直口窄沿，折腹平底，方形圈足，四邊各有一個長方形缺，腹兩側有一對獸首耳。通體飾蟠虺紋。蓋器形制、紋飾、大小相同。

【著　　録】未著録。

【銘文字數】内壁鑄銘文 31 字。

【銘文釋文】隹（唯）正八月既生霸庚申，嬰（婁）白（伯）乍（作）楚弔（叔）妊□姬賸（媵）匿（簠），匿（簠）甘（其）釁（眉）耇（壽）無彊（疆），子孫永保用之。

【備　　注】銘文中衍一“匿（簠）”字。器銘未提供。

0510. 許公簠甲

【時　　代】春秋中期。

【出土時地】2002 年徵集。

【收 藏 者】中國國家博物館。

【尺　　度】通高 18.4、口橫 34、口縱 21 釐米。

【形制紋飾】長方體，直口斜壁，窄平沿，平底，蹼形足，兩側端各有一個獸首耳。蓋頂和腹壁飾繁縟的蟠螭紋，口沿飾三角雲紋。蓋、器形制大小相同。

【著　　録】百年 148 頁 69 左。

【銘文字數】蓋、器同銘，各 31 字(其中重文 2)。

【銘文釋文】隹(唯)王五月初吉丁亥，盨(許)公乍(作)弔(叔)姜賸(媵)匿(簠)，用亯(享)用孝，永令(命)無彊(疆)，子=(子子)孫=(孫孫)，永保用之。

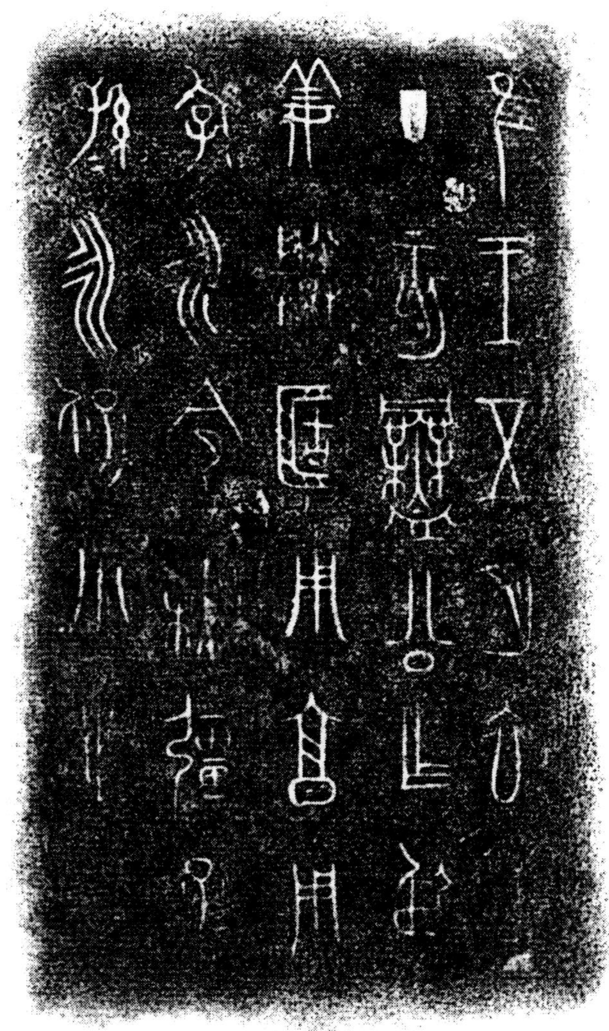

蓋 1

蓋 2

器 1

器 2

0511. 許公簠乙

【時　　代】春秋中期。

【出土時地】2002 年徵集。

【收 藏 者】中國國家博物館。

【尺　　度】通高 18.4、口横 34、口縱 21 釐米。

【形制紋飾】長方體，直口斜壁，窄平沿，平底，蹼形足，兩側端各有一個獸首耳。蓋頂和腹壁飾繁縟的蟠螭紋，口沿飾三角雲紋。蓋、器形制大小相同。

【著　　録】百年 148 頁 69 右。

【銘文字數】蓋、器同銘，各 31 字(其中重文 2)。

【銘文釋文】隹(唯) 王五月初吉丁亥，鄦(許) 公乍(作) 弔(叔) 姜賸(媵) 匿(簠)，用亯(享) 用孝，永令(命) 無彊(疆)，子$_=$ (子子) 孫$_=$ (孫孫)，永保用之。

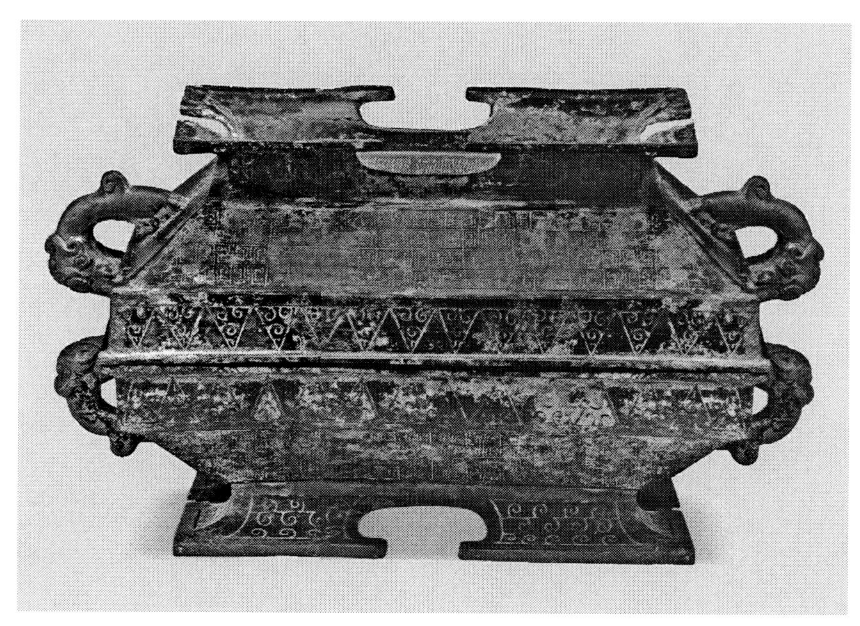

蓋

器 1

器 2

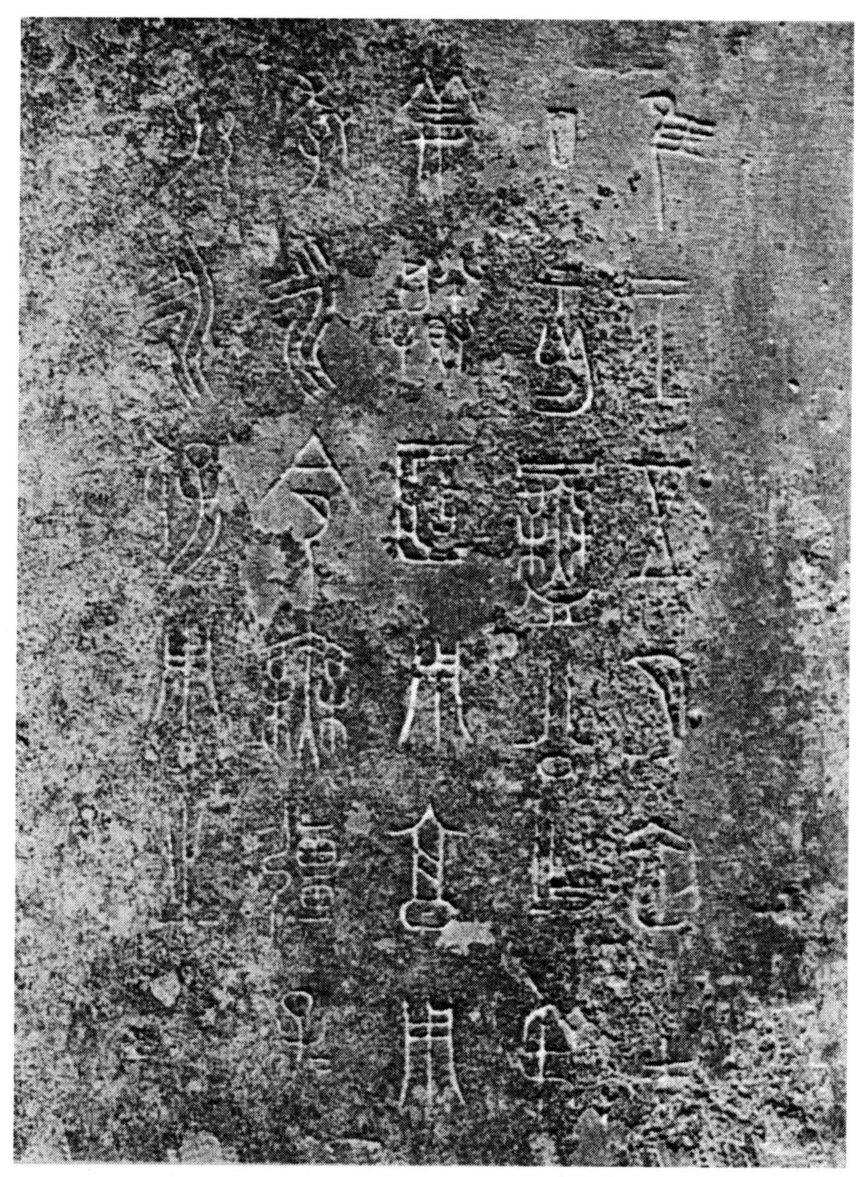

器 3

0512. 楚伯氏孫皮簠甲

【時　　代】春秋晚期。

【收 藏 者】某收藏家。

【形制紋飾】長方體，直口直壁，斜腹，獸首雙耳，蹼形足，蓋和器造型、紋飾相同，蓋的前後口沿上各有兩個獸頭形卡扣，左右各有一個獸頭形卡口。通體飾較大的蟠虺紋。

【著　　録】未著録。

【銘文字數】蓋、器同銘，各 35 字（其中重文 2）。

【銘文釋文】隹（唯）正月初吉乙亥，楚白（伯）氏孫皮，睪（擇）其吉金，自乍（作）匡（筐）匠（簠），其釁（眉）耇（壽）萬年無其（期），子₌（子子）孫₌（孫孫），永保用之。

【備　　注】藏家未提供器銘照片。

0513. 楚伯氏孫皮簠乙

【時　　代】春秋晚期。

【收 藏 者】某收藏家。

【形制紋飾】長方體,直口直壁,斜腹,獸首雙耳,蹼形足,蓋和器造型、紋飾相同,蓋的前後口沿上各有兩個獸頭形卡扣,左右各有一個獸頭形卡口。通體飾較大的蟠虺紋。

【著　　録】未著録。

【銘文字數】蓋、器同銘,各 35 字(其中重文 2)。

【銘文釋文】隹(唯)正月初吉乙亥,楚白(伯)氏孫皮,睪(擇)其吉金,自乍(作)匿(筐)匠(簠),其釁(眉)耇(壽)萬年無其(期),子=(子子)孫=(孫孫),永保用之。

【備　　注】藏家未提供器形及器銘照片。

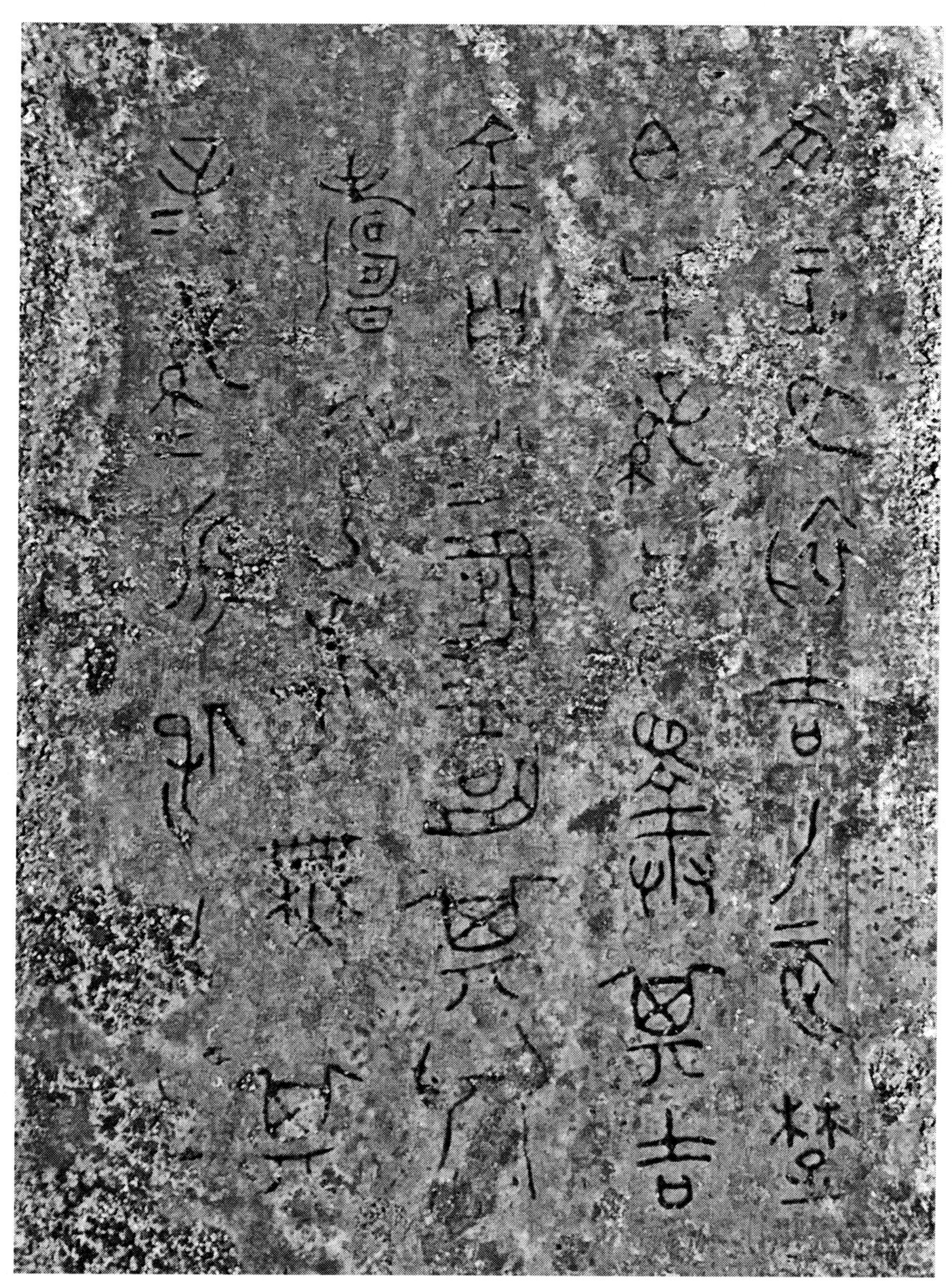

簠

0514. 公子侯簠

【時　　代】春秋晚期。

【收 藏 者】某收藏家。

【形制紋飾】蓋與器形制、紋飾相同。長方形，直口，窄平沿，斜壁平底，腹兩端有一對獸首耳，方圈足沿外撇，每邊各有一個凸字形缺口。通體飾蟠虺紋。

【著　　録】未著録。

【銘文字數】蓋、器對銘，各 36 字（其中重文 1）。

【銘文釋文】隹（唯）九月丁亥，雔（雍？）王之子公子医（侯）自乍（作）飤匿，二人先飤，八人屎（纘）余，甘（其）釁（眉）耆（壽）無彊（疆），子孫₌（孫孫）永宿（寶）用之。

【備　　注】銘文纖細，其中“先”、“余”二字器銘中不清晰，蓋銘中可看見，但照片中卻不甚清楚。

蓋

器

0515. 昭王之即簠甲

【時　　代】戰國早期·楚。

【收 藏 者】某收藏家。

【形制紋飾】蓋、器等大同形，長方形直口，直壁下折斜收，平底下有四隻對稱的蹼形足，腹部兩端各有一個獸首形耳。蓋沿設有六個獸面形卡扣。通體飾菱形雷紋。

【著　　録】未著録。

【銘文字數】蓋、器同銘，各 43 字（其中重文 1）。

【銘文釋文】萅（春）吉日隹（唯）庚，卲（昭）王之即，羼（擇）氒（厥）吉金，乍（作）㝬（鑄）佁匿（簠），萅（春）昧（秋）龏祟（嘗），霝（靈）福（福）之既亟，釁（眉）耆（壽）無疆，殜宣既罠，子₌（子子）孫勿從（？），佁鼎共行。

【備　　注】器形照片中蓋與器倒置，銘文照片爲蓋銘，器銘未拍照。

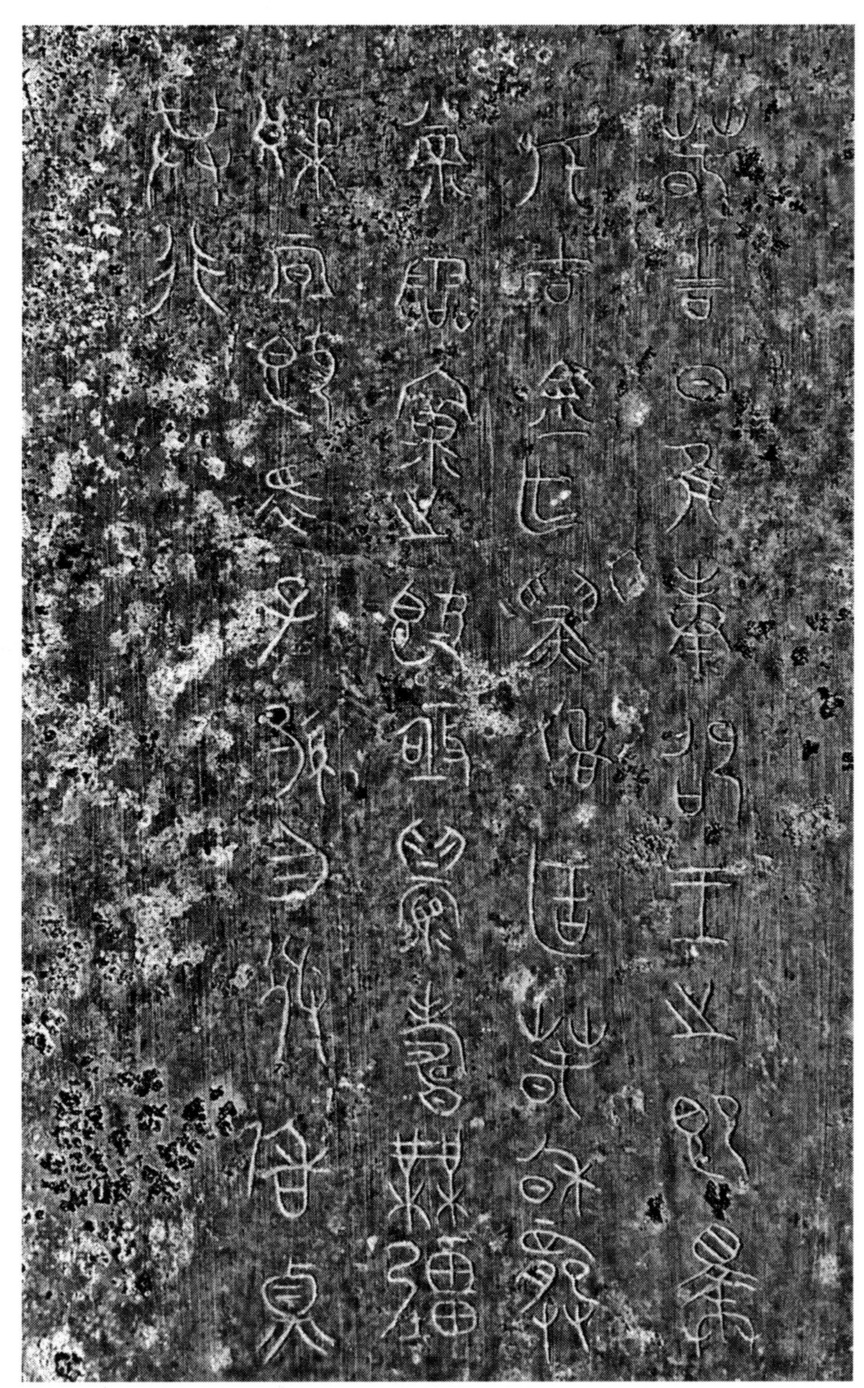

蓋

0516. 昭王之即簠乙

【時　　代】戰國早期·楚。

【收 藏 者】某收藏家。

【形制紋飾】蓋、器等大同形，長方形直口，直壁下折斜收，平底下有四隻對稱的蹼形足，腹部兩端各有一個獸首形耳。蓋沿設有六個獸面形卡扣。通體飾菱形雷紋。

【著　　録】未著録。

【銘文字數】蓋、器同銘，各 43 字（其中重文 1）。

【銘文釋文】萅（春）吉日隹（唯）庚，卲（昭）王之即，睪（擇）氒（厥）吉金，乍（作）燢（鑄）偖匿（簠），萅（春）秌（秋）龏棠（嘗），霝（靈）福（福）之既亟，釁（眉）耆（壽）無疆，殜宣既㫚，子$_{=}$（子子）孫勿從（？），偖鼎共行。

【備　　注】器形照片中蓋與器倒置，銘文照片爲蓋銘，器銘未拍照。

蓋

0517. 封子楚簠(坪子楚簠)

【時　　代】春秋晚期。

【收 藏 者】某收藏家。

【尺　　度】通高 19.3、口横 29.2、口縱 21.5 釐米。

【形制紋飾】蓋、器形制相同，直口折腹，斜壁坦底，兩短壁各有一個獸首耳，蹼形足沿下折，每邊有一個長橢形缺，蓋口沿前後各有兩個獸面小卡扣，左右各有一個卡扣。通體飾蟠虺紋。

【著　　録】未著録。

【銘文字數】蓋、器同銘，各 66 字(其中重文 3)。

【銘文釋文】隹(唯)正月初吉丁亥，坪(封)子楚奠(鄭)武公之孫，楚王之士，睪(擇)其吉金，自乍(作)飤匠(簠)，用會嘉賓、大夫及我倗(倗、朋)晉(友)，虩₌(虩虩－赫赫)弔(叔)楚爲之元子，受命于天，萬枼(世)倗(倗－不)攺(改)，其釁(眉)耆(壽)無諆(期)，子₌(子子)孫₌(孫孫)永保用之。

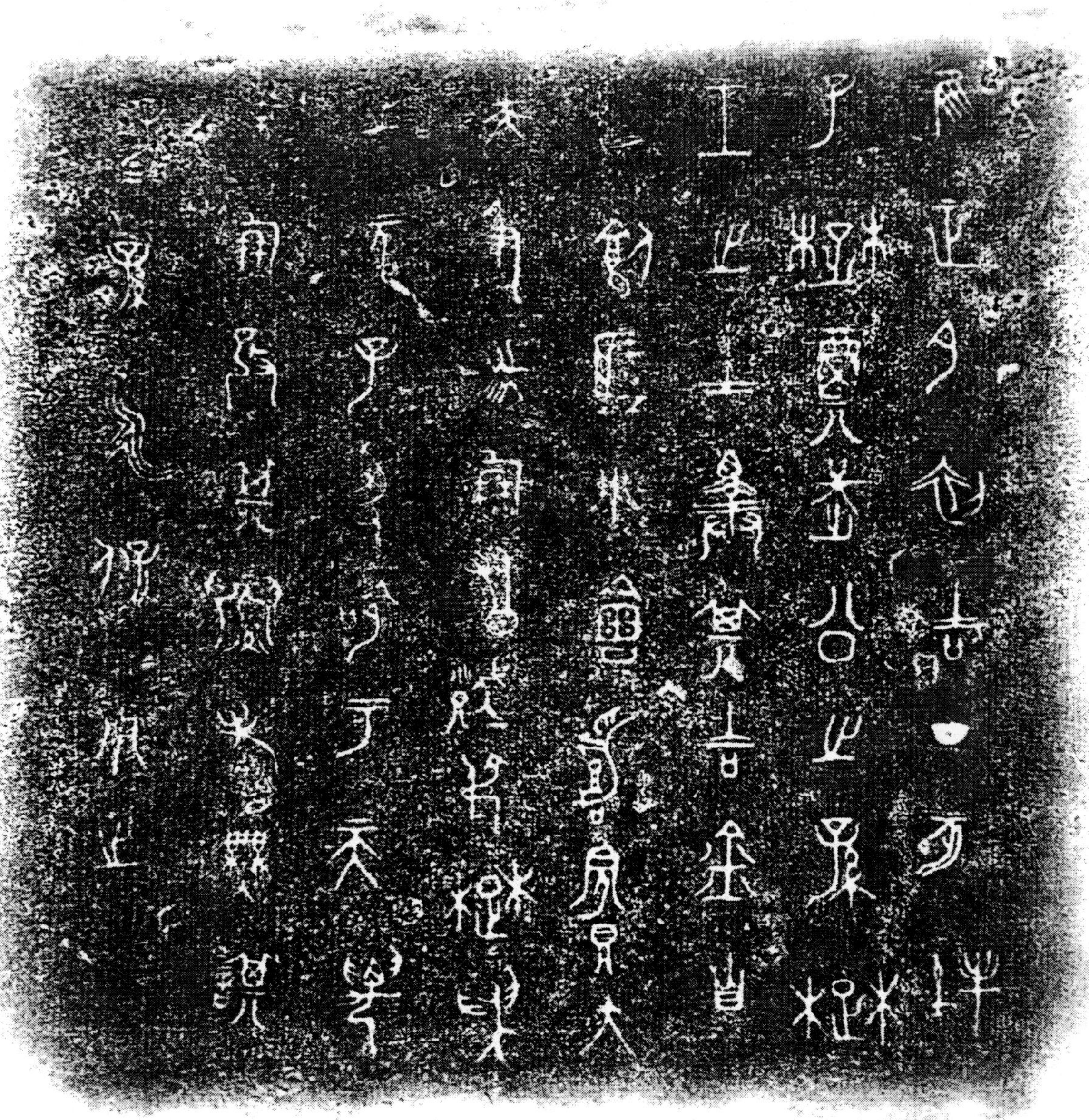

蓋

器

0518. 曾伯克父簠甲

【時　　代】春秋早期。

【收 藏 者】香港某收藏家。

【形制紋飾】長方體，敞口平底，窄沿方唇，斜壁，兩端各有一個獸首半環形耳，長方形圈足，每邊有一個長方形缺口，口沿下和圈足飾S形變形獸紋，腹壁飾夔龍紋。蓋與器形制、紋飾、大小相同，唯蓋頂增飾一個大夔龍紋，每邊口沿各有一個卡扣。

【著　　録】未著録。

【銘文字數】蓋、器同銘，各79字。

【銘文釋文】隹（唯）曾白（伯）克父甘婁（婁），迺用吉父雛叔攸（鋚）金，用自乍（作）旅祜（簠），用征用行，徙（走）追亖（四）方，用鬻用雀（爵），用盛黍（黍）稷旐（稻）椋（粱），用卿（饗）百君子辟王，白（伯）克父甘（其）𥫶（眉）耇（壽）無彊（疆），采夫無若，雒（雍）人孔臭（澤），用亯（享）于我皇考，子孫永寶，昜（錫）害（匃）𥫶（眉）耇（壽），曾郢氏保。

【備　　注】器銘中"用雀（爵）"作"用爵"，"用盛"作"用成（盛）"，"雒（雍）人"作"雒（雍）人"。同坑出土有鼎、鬲、簋、盨、簠、鋪、盤、盉等同一人所作之器數十件，香港某收藏家藏有鬲2件、簠2件、盨2件、鋪1件、盤1件、盉1件。

蓋

器

0519. 曾伯克父簠乙

【時　　代】春秋早期。

【收 藏 者】香港某收藏家。

【形制紋飾】長方體，敞口平底，窄沿方唇，斜壁，兩端各有一個獸首半環形耳，長方形圈足，每邊有一個長方形缺口，口沿下和圈足飾S形變形獸紋，腹壁飾夔龍紋。蓋與器形制、紋飾、大小相同，唯蓋頂增飾一個大夔龍紋，每邊口沿各有一個卡扣。

【著　　録】未著録。

【銘文字數】蓋、器同銘，各79字。

【銘文釋文】隹(唯)曾白(伯)克父甘婁(婁)，迺用吉父䧹𠭯攸(鋚)金，用自乍(作)旅祜(簠)，用征用行，徒(走)追三(四)方，用䵼用雀(穪)，用盛黍(黍)稷旐(稻)椋(粱)，用卿(饗)百君子辟王，白(伯)克父甘(其)𥂴(眉)耇(壽)無彊(疆)，采夫無若，雄(雍)人孔臭(澤)，用言(享)于我皇考，子孫永寶，易(錫)害(匄)𥂴(眉)耇(壽)，曾郢氏保。

【備　　注】器銘中“用雀(穪)”作“用𤸫”，“用盛”作“用成(盛)”，“旐椋”誤作“旅椋(粱)”，“雄(雍)人”作“䧹(雍)人”，“ 易(錫)害(匄)𥂴(眉)耇(壽)”的“耇”字誤爲“考”字。

盖

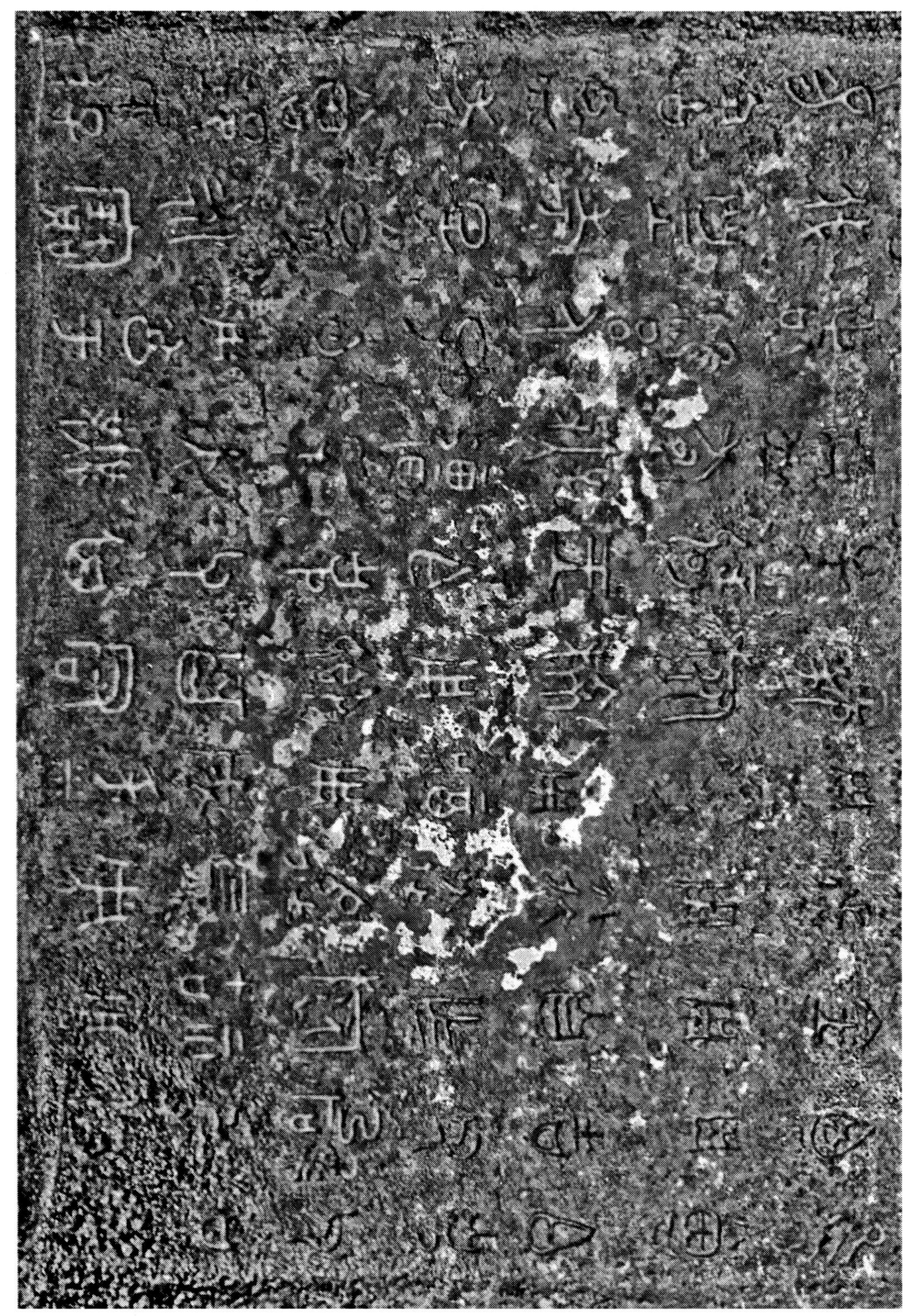

器

07. 敦、盏

（0520-0526）

0520. 公敦

【時　　代】戰國晚期。

【出土時地】陝西榆林地區。

【收 藏 者】某收藏家。

【形制紋飾】體呈扁圓形，弇口圓腹，口沿下有一對鋪首銜環鈕，腹部有一道箍棱，三條矮蹄足，弧面形蓋，上有三個“6”字形鈕。通體光素。

【著　　録】未著録。

【銘文字數】外底鑄銘文 1 字。

【銘文釋文】公。

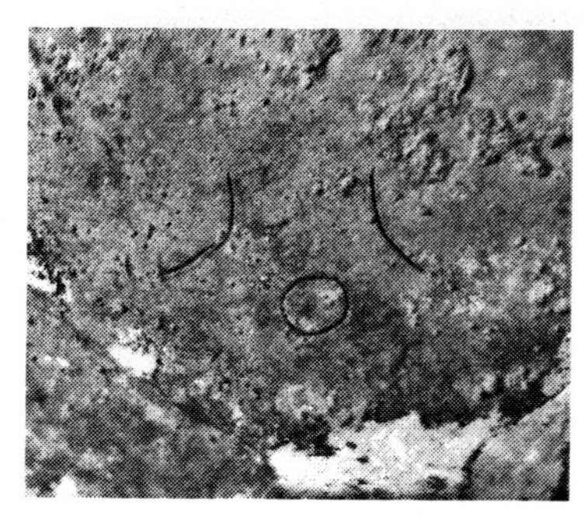

0521. 一斗半升敦

【時　　代】戰國晚期。
【收 藏 者】某收藏家。
【尺　　度】通高17、口徑18釐米。
【形制紋飾】扁球體，子口內斂，圓腹圜底，口沿下有一對銜環鋪首，三蹄足甚矮，蓋面呈弧形鼓起，上有三個圓環形鈕，鈕上有圓凸。蓋面和器腹各飾二周蟠螭紋帶。
【著　　録】未著録。
【銘文字數】子口刻銘文7字。
【銘文釋文】容一斗半升，名日。

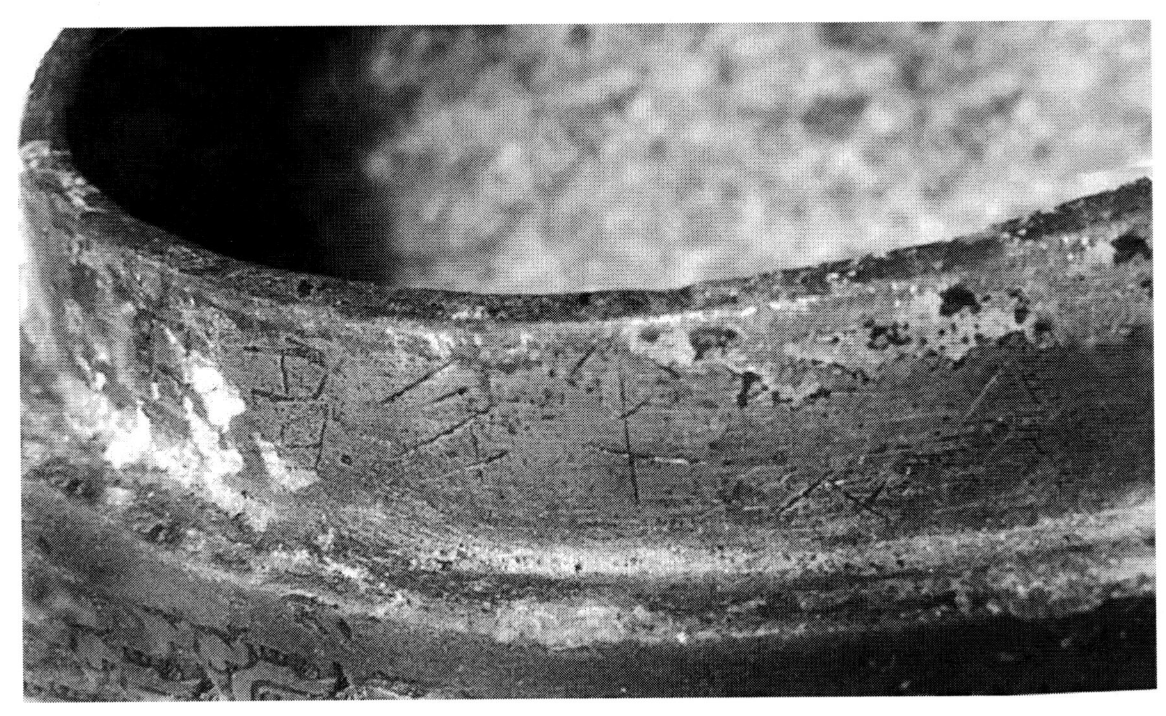

銘文放大

0522. 㝬侯定盞

【時　　代】春秋晚期。

【收 藏 者】某收藏家。

【尺　　度】通高 18.5、口徑 21.5、腹深 10.5、兩耳相距 28.5 釐米。

【形制紋飾】器呈扁球形，口微斂，窄沿方唇，上腹有一對雙環耳和一對由蟠蛇組成的透雕獸首耳，平底，下設三個蟠蛇組成的透雕回首虎形足。蓋面隆起，中部有蟠蛇組成的輪狀捉手，四周有四個環形鈕，蓋沿設有三個獸面卡扣。蓋面飾兩周蟠虺紋，蓋沿飾菱形紋，頸部和腹部均飾蟠虺紋。

【著　　録】未著録。

【銘文字數】蓋、器同銘，各 7 字。

【銘文釋文】㝬厌(侯)定自乍(作)飤皿。

蓋

器

0523. 黄子婁盞

【時　　代】春秋晚期。

【收 藏 者】海外某收藏家。

【尺　　度】通高 17、口徑 19.2、兩耳相距 25.5 釐米。

【形制紋飾】口微斂，窄沿方唇，上腹有一對獸首耳和一對雙環耳，斂腹平底，下設三個盤蛇組成的鏤空獸形足。蓋面隆起，中部有輪狀圓捉手，前後有兩個環鈕，蓋沿有一對獸面小卡扣。蓋面飾三道綯紋凸棱，其間飾蟠虺紋，腹部飾兩道綯紋凸棱，上下亦飾蟠虺紋。

【著　　録】未著録。

【銘文字數】蓋、器同銘，各 8 字。

【銘文釋文】黄子婁台(以)乍(作)弔(叔)嬭(羋)盂。

蓋

0524. 敦兒盞

【時　　代】春秋晚期。

【收 藏 者】某收藏家。

【尺　　度】通高 17、口徑 20.5、兩耳相距 24.5 釐米。

【形制紋飾】器呈扁球形，直口方唇，腹部有一對環耳，底近平，下設三個蹲獸形矮足，上腹有一道箍棱；蓋面隆起，上有八柱輪狀捉手，蓋沿有三個卡扣。蓋面飾兩道蟠虺紋和一道綯索紋，其外飾三角紋；頸部飾蟠虺紋，腹部飾蟠虺紋和三角紋。

【著　　録】未著録。

【銘文字數】蓋、器對銘，各 10 字。

【銘文釋文】敦兒睪(擇)其吉金，自乍(作)飤盞。

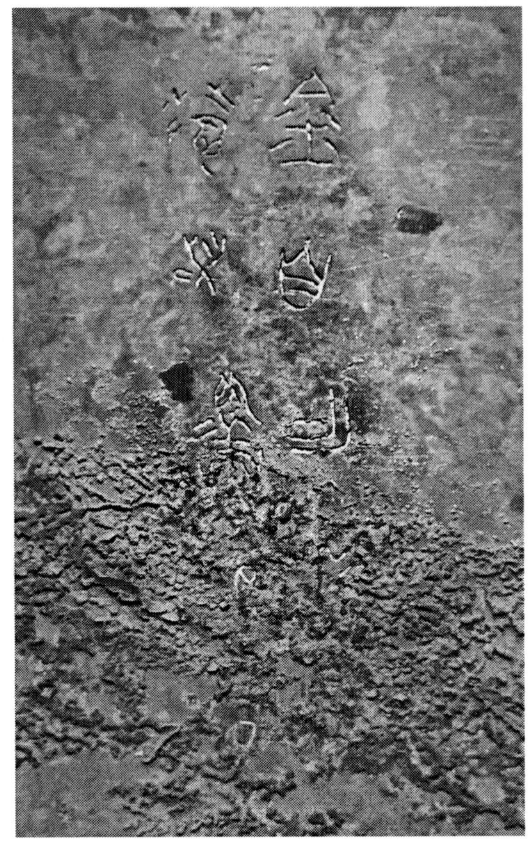

蓋

器

0525. 昭之王孫即盞(卲之王孫即盞)

【時　　代】戰國早期·楚。

【收 藏 者】某收藏家。

【形制紋飾】形制爲敦,自名爲盞。蓋與器形制相同,各呈半球形,口沿下各有一對環耳,其下各有三個環形鈕,鈕上裝飾尾上卷的圓雕龍,蓋上龍鈕向上,器的龍鈕倒置,蓋沿有一對獸面小卡扣。通體光素。

【著　　録】未著録。

【銘文字數】内壁鑄銘文 17 字。

【銘文釋文】卲(昭)之王孫即自乍(作)盥(鑄)亓(其)飤盞(盞),子孫羕(永)保用之。

【備　　注】即,作器者,楚昭王之孫,有自作器昭王之即鼎、簠、缶等器。以楚昭王謚號爲族稱,即楚國的屈、昭、景之昭氏。

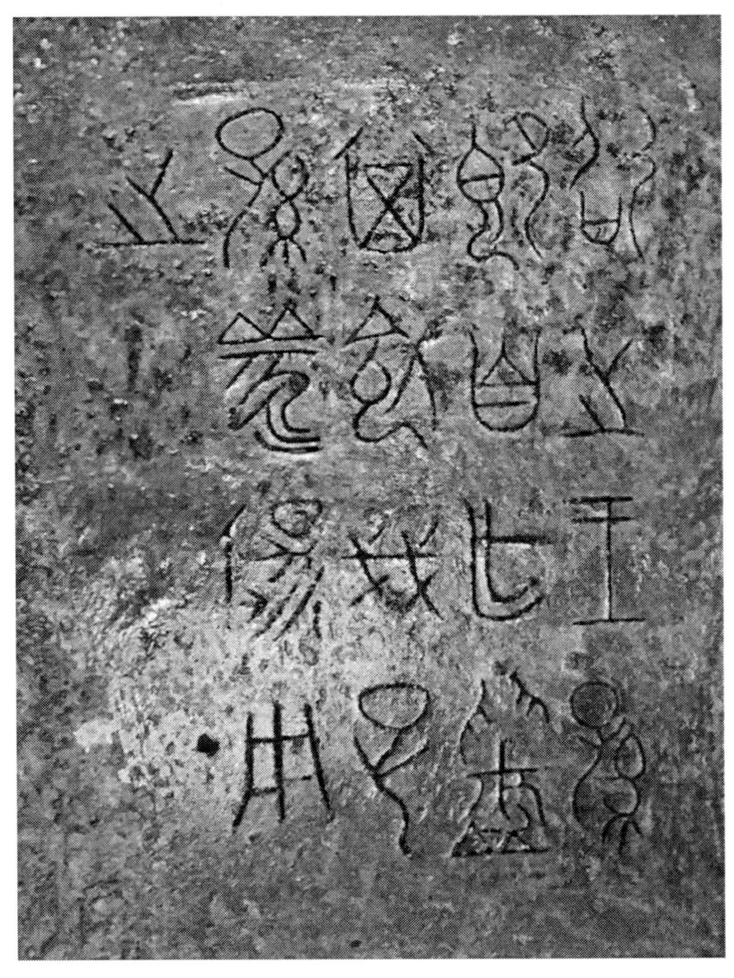

0526. 陳子俁盞

【時　　代】春秋晚期。

【收 藏 者】某收藏家。

【形制紋飾】器呈扁球形，口微斂，窄沿方唇，上腹有一對雙環耳，平底，下設獸形足；蓋面隆起，中部有蟠蛇組成的圓捉手，周圍有四個環鈕。蓋面有三道綯紋凸棱，其間飾蟠虺紋，腹部有一道綯紋凸棱，上下亦飾蟠虺紋。

【著　　録】未著録。

【銘文字數】蓋、器對銘，各 28 字。

【銘文釋文】隹（唯）正月初吉日丁亥，陳（陳）子俁睪（擇）其吉金，自乍（作）飤盞，其釁（眉）耆（壽）無疆，永寶用之。

08. 豆、鋪

（0527－0532）

0527. 虢仲鋪

【時　　代】春秋早期。

【出土時地】1993 年河南三門峽市湖濱區上村嶺虢國墓地（M2009）。

【收 藏 者】三門峽市虢國博物館。

【尺度重量】通高 14.4、口徑 22.9、足徑 15.6、盤深 3.9 釐米，重 2.04 公斤。

【形制紋飾】直口窄沿，底部近平，束腰高圈足。盤壁飾大小相間的重環紋，圈足上部飾垂鱗紋，下部飾環帶紋。

【著　　録】收藏界 2016 年 1 期 129 頁圖 3。

【銘文字數】内底鑄銘文 5 字。

【銘文釋文】虢中（仲）乍（作）旅盙（鋪）。

0528. 遣盄父鋪(趞盄父鋪、遣盄父鋪)

【時　　代】西周晚期。

【出土時地】2006年徵集。

【收 藏 者】中國國家博物館。

【尺　　度】通高14.5、口徑27釐米。

【形制紋飾】直口淺盤,窄折沿,平底,高圈足粗壯,沿外撇。器壁飾一周重環紋,高圈足飾鏤空環帶紋。

【著　　録】百年122頁58。

【銘文字數】内底鑄銘文12字。

【銘文釋文】趞(遣－遣)盄父乍(作)寶鋪,甘(其)萬年永寶用。

0529. 霸伯豆

【時　　代】西周中期。

【出土時地】2010年山西翼城縣隆化鎮大河口西周墓地(M1017.14)。

【收 藏 者】山西省考古研究所。

【尺　　度】通高21.5、口徑17、足徑15.5釐米。

【形制紋飾】豆盤侈口,鼓腹圜底,高柄粗壯,圈足沿外撇。豆盤壁飾浮雕圓渦紋,豆柄飾兩組獸面紋,圈足飾三角形目雷紋。

【著　　録】正經28頁。

【銘文字數】内底鑄銘文17字(其中重文2)。

【銘文釋文】霸白(伯)乍(作)大口寶障(尊)彝,甘(其)孫=(孫孫)子=(子子)萬年永用。

0530. 敾子頌豆(敾子𩑛鉦)

【時　　代】春秋晚期。

【出土時地】2015 年 3 月出現在北京。

【收 藏 者】某收藏家。

【形制紋飾】形制與哀成叔豆相同,蓋和器子母合口,直口深腹,圓柱形柄,下有喇叭形底座,蓋上有喇叭口形捉手。

【著　　録】未著録。

【銘文字數】蓋、器對銘,各 26 字(其中重文 2)。

【銘文釋文】唯正月吉日丁亥,敾子𩑛(頌)乍(作)𪊨行鉦(鐙),釁(眉)耈(壽)亡(無)彊(疆),子₌(子子)孫₌(孫孫)永保用之。

【備　　注】此爲蓋銘,器銘未提供。

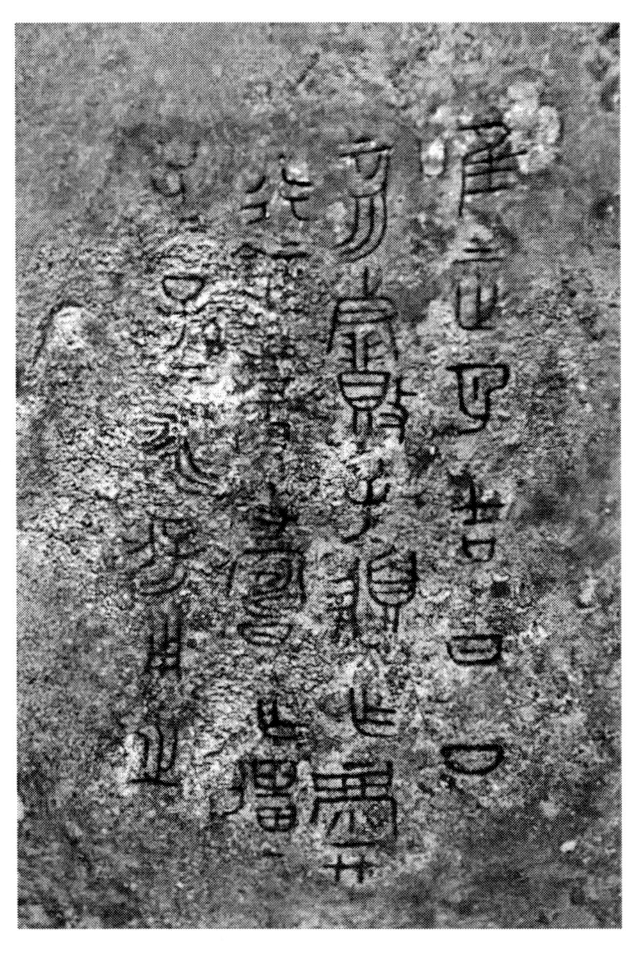

蓋

0531. 宋公圝鋪(宋公固鋪)甲

【時　　代】春秋晚期。

【收 藏 者】境外某收藏家。

【尺　　度】通高 25、口徑 20 釐米。

【形制紋飾】直口平底，窄沿方唇，覆鉢形蓋，亦窄沿方唇，口沿有四个卡扣，頂部有八個花瓣形裝飾，花瓣内鏤空蟠蛇紋，喇叭形高座。盤壁、蓋面中部以及周邊均飾蛇紋，相互交攣，高座有七排長方鏤孔。

【著　　録】出土文獻 6 輯 122 頁圖 3。

【銘文字數】内底鑄銘文 28 字(其中重文 2)。

【銘文釋文】有殷天乙唐(湯)孫宋公圝(固)，乍(作)涉(瀸－濫)弔(叔)子鋳(饋)箭(鋪)，甘(其)釁(眉)耆(壽)萬年，子$_{=}$(子子)孫$_{=}$(孫孫)永保用之。

【備　　注】同墓地出土數件，形制、紋飾、銘文、大小基本相同。《銘圖》已著録一件(06157)。

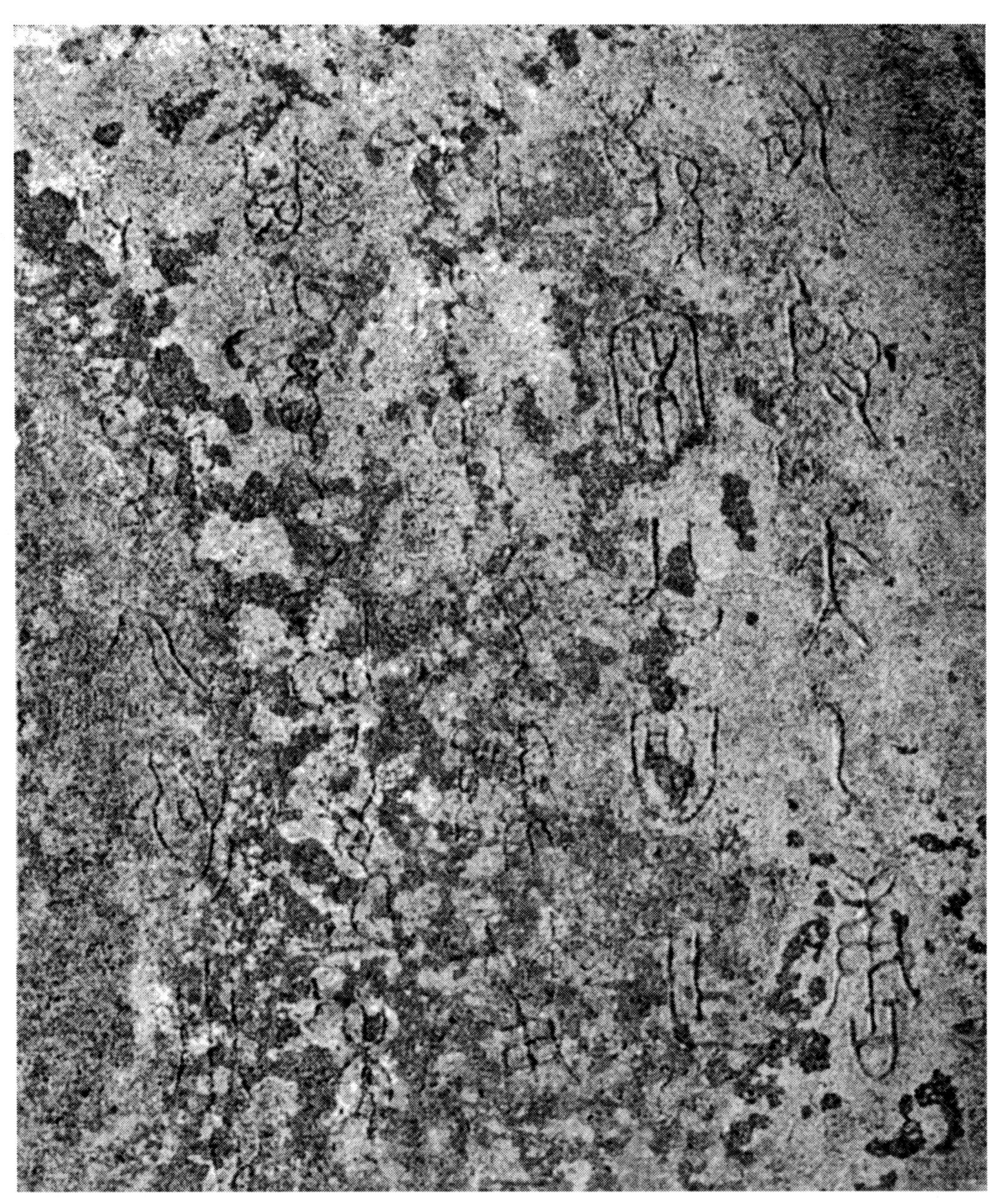

蓋

器

0532. 宋公圝鋪(宋公固鋪)乙

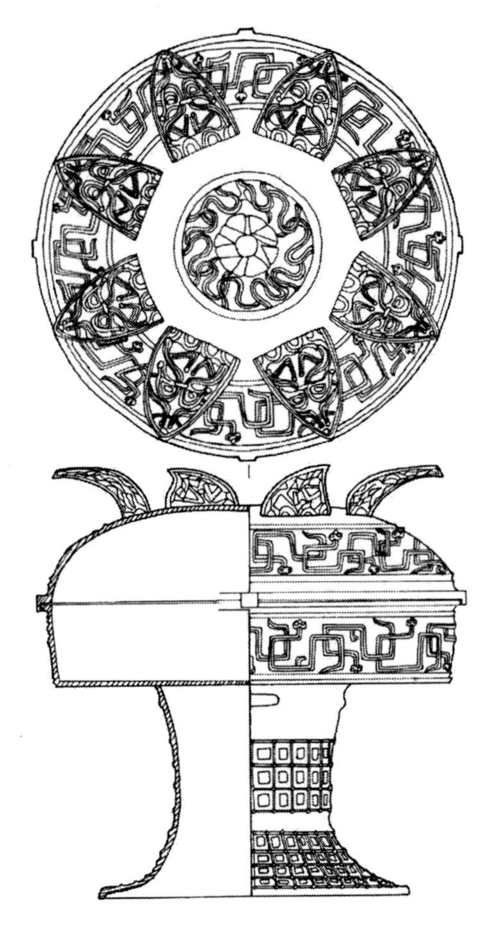

【時　　代】春秋晚期。

【出土時地】2009年5月山東棗莊市嶧城區徐樓村東周墓(M1.24)。

【收 藏 者】棗莊市博物館。

【尺　　度】通高24.6、口徑24.6、足徑17.6釐米。

【形制紋飾】直口,窄平沿,淺盤平底,喇叭形高座,覆鉢形蓋,亦窄沿方唇,口沿有四个卡扣。頂部有八個花瓣形裝飾,花瓣飾鏤空蟠蛇紋。盤壁、蓋面中部以及周邊均飾蛇紋,相互交攀,高座有七排長方鏤孔。

【著　　録】文物2014年1期21頁圖64。

【銘文字數】蓋、器對銘,各28字。

【銘文釋文】有殷天乙唐(湯)孫宋公圝(固)乍(作)洖(瀸-濫)弔(叔)子鐈(饙)箙(鋪),甘(其)覺(眉)耆(壽)萬年(年),子=(子子)孫=(孫孫)永保用之。

【備　　注】同墓出土2件,形制、紋飾及銘文相同,另1件殘甚,資料未發表。

豆、鋪

09. 盂

（0533-0536）

0533. 比盂

【時　　代】西周中期。
【收 藏 者】某收藏家。
【形制紋飾】侈口方唇，束頸折肩，斂腹平底，肩部有一對附耳。肩部飾一周斜方格紋，腹部光素。
【著　　録】未著録。
【銘文字數】内壁鑄銘文 9 字。
【銘文釋文】比易(錫) 金玗(于) 公，用乍(作) 寶彝。

0534. 吴季大盂

【時　　代】春秋早期。

【收 藏 者】某收藏家。

【形制紋飾】寬沿外撇，折肩收腹，肩部有一對獸首耳，平底微内凹。肩部飾竊曲紋，腹部飾蟠龍紋。

【著　　録】未著録。

【銘文字數】内壁鑄銘文 12 字。

【銘文釋文】吴季大乍（作）其飤盂，子孫永缶（寶）用。

0535. 𪒠君季𪆽盂

【時　　代】春秋中期。

【出土時地】2012 年春節前夕山東沂水縣天上王城景區春秋墓。

【收 藏 者】沂水縣博物館。

【著　　録】文物報 2012 年 8 月 17 日 6 版。

【銘文字數】内壁鑄銘文 38 字(其中重文 2)。

【銘文釋文】隹(唯)王正月初吉丁亥,邛(江)白(伯)㱃之孫𪒠君季𪆽自乍(作)𧾷盂,用祀用卿(饗),其釁(眉)耆(壽)無彊(疆),子=(子子)孫=(孫孫)永寶是尚(常)。

0536. 異好盂（非盂、異好簋）

【時　　代】西周早期。

【出土時地】2014 年 7 月出現在西安。

【收 藏 者】某收藏家。

【尺　　度】通高 17、口徑 22.5 釐米。

【形制紋飾】侈口方唇，深腹圜底，下腹圜收，高圈足沿外侈，頸部有四個牛首鈕。頸部及圈足均飾蛇紋，腹部飾對稱夔龍組成的垂葉狀紋，均以雲雷紋襯底。

【著　　録】未著録。

【銘文字數】内底鑄銘文 36 字。

【銘文釋文】非曰異好："我隹（唯）曰：若我王𡚬（頻）宔，事（使）乍（作）器，無夆（逢）多爲它。"異□小子甾（其）肇乍（作）器，迺必興𢔶（還），異好自丝（兹）。

10. 盆

（0537–0539）

0537. 毀仲姜盆

【時　　代】西周晚期。

【收 藏 者】某收藏家。

【形制紋飾】平沿方唇，斂口折肩，小平底。肩部飾重環紋，腹部飾環帶紋。紋飾粗獷，没有底紋。

【著　　録】未著録。

【銘文字數】内壁鑄銘文 9 字。

【銘文釋文】毀中(仲)姜乍(作)好盤，永寶用。

0538. 伯巨盆

【時　　代】西周中期後段。

【收 藏 者】某收藏家。

【形制紋飾】斂口，折肩收頸，寬平沿外折，腹壁向下收成平底。頸部飾竊曲紋，以雲雷紋襯底。

【著　　録】未著録。

【銘文字數】内壁鑄銘文 10 字。

【銘文釋文】白(伯)巨乍(作)寶盆，亓(其)萬年永用。

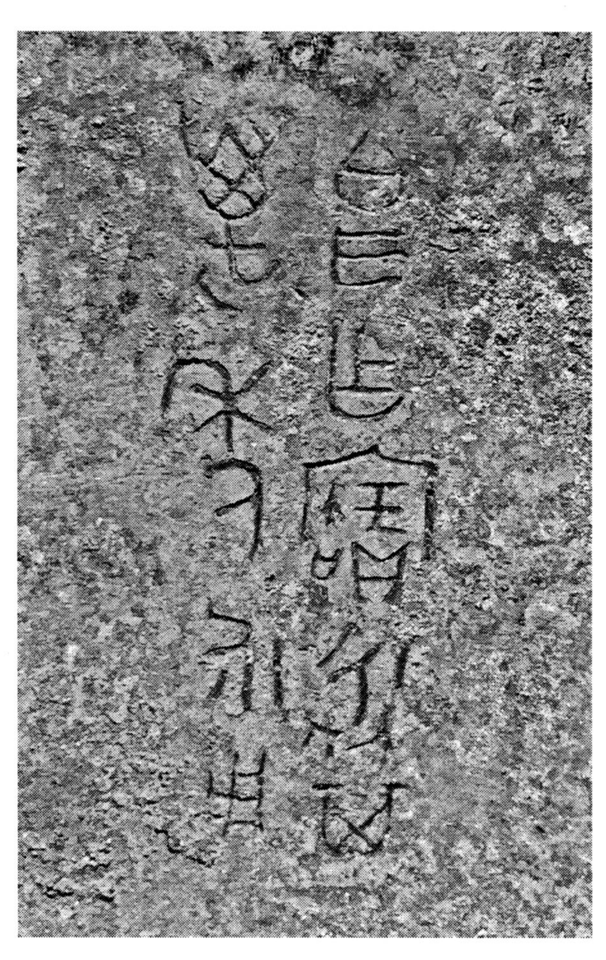

0539. 行氏伯爲盆

【時　　代】春秋早期。

【收 藏 者】某收藏家。

【形制紋飾】寬平沿，束頸折肩，斂腹，小平底，一對獸首耳，下有象鼻形垂珥。肩部飾竊曲紋，腹部飾環帶紋。

【著　　録】金石拓 29 頁下。

【銘文字數】内壁鑄銘文 11 字。

【銘文釋文】行氏白(伯)爲安(?)天姬子姑賸(媵)盆。

11. 匕

（0540–0542）

0540. 曾侯乙匕（曾侯乙勺）

【時　　代】戰國早期。

【出土時地】1978 年湖北隨縣擂鼓墩（今屬隨州市曾都區）曾侯乙墓（C241）。

【收 藏 者】湖北省博物館。

【尺度重量】通長 18.5、首長 4.7、首寬 2.95、柄寬 2.25 釐米，重 0.13 公斤。

【形制紋飾】桃形首，柄扁平，弧形拱，前端較窄，後端較寬，呈梯形。柄部飾渦雲紋。

【著　　録】楚金 347 頁左。

【銘文字數】柄的背面有銘文 7 字。

【銘文釋文】曾医（侯）乙詐（作）時（持）甬（用）冬（終）。

0541. 冶吏秦匕(苛膪匕)

【時　　代】戰國晚期·楚。

【出土時地】1933 年安徽壽縣朱家集李三孤堆(今屬長豐縣朱集鄉)楚王墓。

【收 藏 者】安徽博物院。

【尺度重量】柄長 14.5、柄寬 2.1-2.9、頭長 12、寬 15 釐米,重 0.613 公斤。

【形制紋飾】體呈箕形,柄上折而中空,以納木柄。

【著　　録】安徽銘文 172 頁圖 148.1。

【銘文字數】柄上刻銘文 7 字。

【銘文釋文】佀(冶)事(吏)㮞(秦),苛膪𠯑(爲)之。

【備　　注】圖像未公布。

0542. 冶吏秦匕（苛膌匕）

【時　　代】戰國晚期·楚。
【出土時地】1933 年安徽壽縣朱家集李三孤堆（今屬長豐縣朱集鄉）楚王墓。
【收 藏 者】安徽博物院。
【尺度重量】柄長 15、頭長 12、寬 15 釐米，重 0.542 公斤。
【形制紋飾】體呈箕形，柄上折而中空，以納木柄。
【著　　録】安徽銘文 173 頁圖 149.1。
【銘文字數】柄上刻銘文 7 字。
【銘文釋文】但（冶）事（吏）秝（秦），苛膌砎（爲）之。

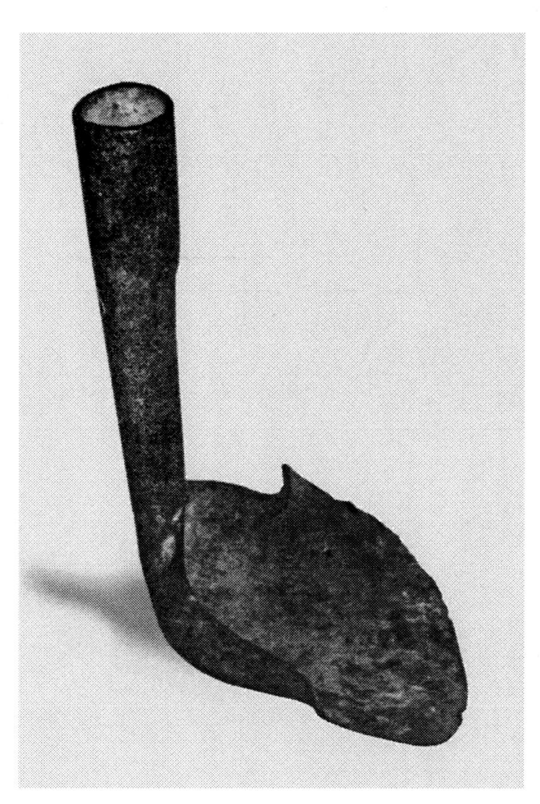

12. 爵

（0543－0668）

0543. 聑爵

【時　　代】商代中期。

【收 藏 者】原藏法國巴黎 T. Culty，現藏香港御雅居。

【尺　　度】通高 18.6、流至尾長 18.3 釐米。

【形制紋飾】曲口平緩，窄流伸長，尖尾較短，流折處有一對菌狀矮柱，杯體向下漸收，内側有帶狀半環鋬，三棱錐足外撇。柱帽飾渦紋，腹部飾雲雷紋組成的獸面紋。

【著　　録】未著録。

【銘文字數】鋬内鑄銘文 1 字。

【銘文釋文】聑。

0544. 戈爵

【時　　代】商代晚期。
【出土時地】安徽肥西縣上派鎮。
【收 藏 者】肥西縣文物管理所。
【尺　　度】通高 19.3、流至尾長 17 釐米。
【形制紋飾】曲口長流槽，尖尾上翹，流折處有一對菌狀立柱，長卵形杯體，内側有扁條半環形鋬，三條三棱錐足外撇。柱帽飾渦紋，上腹飾三道弦紋。
【著　　録】江淮 031。
【銘文字數】鋬内腹壁鑄銘文 1 字。
【銘文釋文】戈。

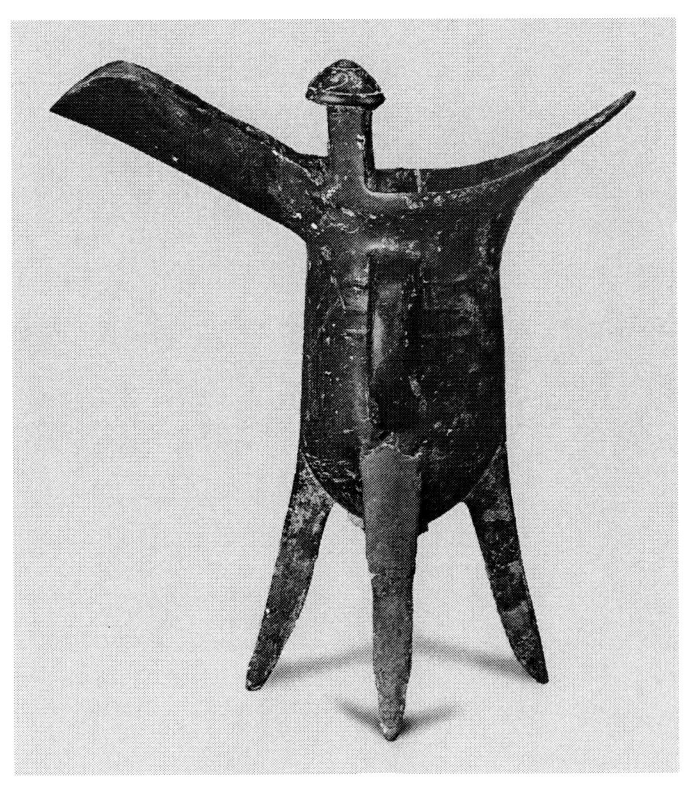

0545. 魚爵

【時　　代】商代晚期。

【出土時地】安徽合肥市物資公司揀選。

【收 藏 者】合肥市文物處。

【尺　　度】通高 17、流至尾長 16.3 釐米。

【形制紋飾】曲口平緩，流槽較窄，尖尾上翹，流折處有一對菌狀立柱，長卵形杯體，内側有半環形鋬，三條三棱錐足較矮。柱帽飾渦紋，腹部飾三道弦紋。

【著　　録】江淮 035。

【銘文字數】鋬内腹壁鑄銘文 1 字。

【銘文釋文】魚。

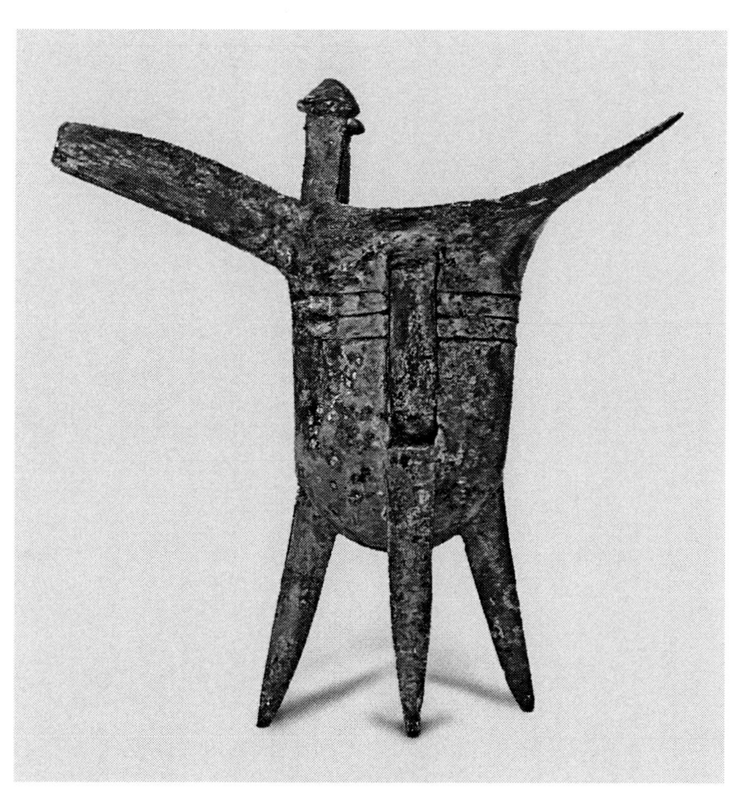

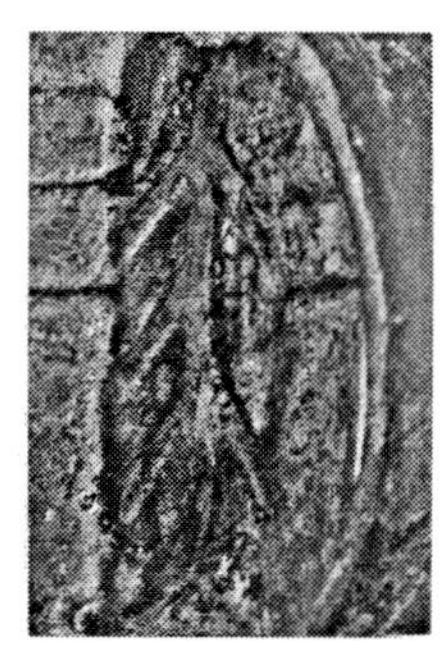

0546. 舌爵甲

【時　　代】商代晚期。

【出土時地】2006 年 7 月河南滎陽市廣武鎮小胡村商代墓(M28.5)。

【收 藏 者】河南省文物考古研究院。

【尺度重量】通高 19.8、流至尾長 17.2 釐米,重 0.67 公斤。

【形制紋飾】曲口長流槽,尖尾上翹,流折處有一對菌狀立柱,卵形杯體,内側有扁條半環形鋬,三條錐形足外撇。柱帽飾渦紋,頸部飾三道弦紋。

【著　　録】華夏考古 2015 年 1 期 10 頁圖 9.2。

【銘文字數】鋬下鑄銘文 1 字。

【銘文釋文】舌。

0547. 舌爵乙

【時　　代】商代晚期。

【出土時地】2006 年 9 月河南滎陽市廣武鎮小胡村晚商貴族墓地（M30.5）。

【收 藏 者】河南省文物考古研究所。

【形制紋飾】曲口，長流槽，尖尾上翹，流折處有一對菌狀柱，卵圓形杯體，有三條扉棱，腹内側設獸首鋬，三棱錐足外撇。柱帽飾渦紋，流下及尾下飾葉狀紋，頸部飾三角形紋，葉紋和三角紋内填以雲雷紋，腹部飾獸面紋。

【著　　録】發現（2006）52 頁上。

【銘文字數】鋬内鑄銘文 1 字。

【銘文釋文】舌。

0548. 先爵

【時　　代】商代晚期。

【收 藏 者】某收藏家。

【尺　　度】通高 25.7、流至尾長 24.4 釐米。

【形制紋飾】曲口較平緩，窄長流，尾較短，有兩尖，流折處有一對較高的束傘形柱，筒形杯體，上細下粗，平底，通體有三道扉棱，左右兩道通向流口和尾尖，內側有獸首扁條半環鋬，三棱錐足較高。柱帽飾渦紋，腹部飾獸面紋，頸部飾三角紋，流下和尾下飾蕉葉紋。

【著　　録】未著録。

【銘文字數】鋬内鑄銘文 1 字。

【銘文釋文】先。

0549. 先爵

【時　　代】商代晚期。

【出土時地】可能是 2001 年出自山西浮山縣橋北商代墓地。

【收 藏 者】日本大阪某收藏家。

【尺度重量】通高 25.5、流尾間距 20.5 釐米，重 1.18 公斤。

【形制紋飾】曲口，長流槽，尖尾上翹，流折處有一對束傘狀立柱，筒狀杯體，向下漸粗，平底，腹部有三道扉棱，左右兩道通向流口和尾尖，腹内側設有獸首鋬，三棱錐足外撇。腹部飾獸面紋。

【著　　録】中原文物 2014 年 60 頁圖 1、2。

【銘文字數】鋬内鑄銘文 1 字。

【銘文釋文】先。

【備　　注】2001 年山西省破獲一起文物盜掘案，繳獲 6 件先觚和 1 件先罍，均出自浮山縣橋北墓地。

0550. 先爵

【時　　代】商代晚期。

【收 藏 者】某收藏家。

【尺　　度】通高 20 釐米。

【形制紋飾】曲口較平緩，窄長流，流折處有一對較矮的菌狀柱，卵圓形杯體，内側有扁條半環鋬，腹部有三道扉棱，左右兩道通向流口和尾尖，三棱錐足外撇。柱帽飾渦紋，腹部飾獸面紋，頸部飾三角紋，流下和尾下飾蕉葉紋。

【著　　録】形飾 44 頁。

【銘文字數】鋬内鑄銘文 1 字。

【銘文釋文】先。

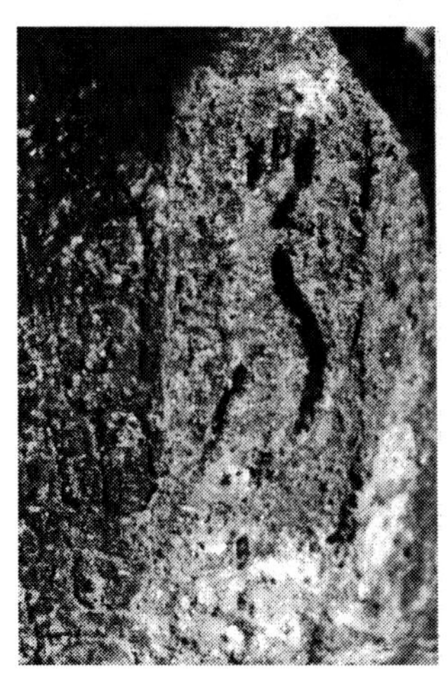

0551. 史爵

【時　　代】商代晚期。

【出土時地】1998-2001年山東滕州市官橋鎮前掌大村西周墓地（II M209.1）。

【收 藏 者】滕州市博物館。

【尺　　度】通高20、流至尾長17.5釐米。

【形制紋飾】體較粗，曲口較緩，流槽口前沿呈弧形，尾較短，流折處有一對菌狀矮柱，圜底，腹部有三道扉棱，三條錐足微外撇。柱帽飾圓渦紋，頸部飾三角紋，腹部飾獸面紋，以雲雷紋襯底。

【著　　録】海岱考古第三輯294頁圖56.4。

【銘文字數】内底鑄陽文1字。

【銘文釋文】史。

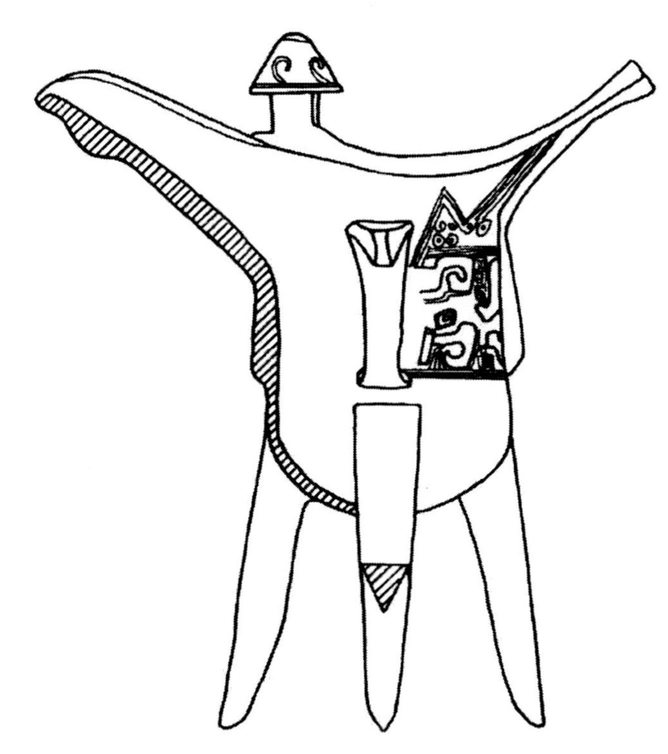

0552. 史爵

【時　　代】商代晚期。

【出土時地】1998-2001 年山東滕州市官橋鎮前掌大村西周墓地(III M310.3)。

【收 藏 者】滕州市博物館。

【尺　　度】通高 20.1 釐米。

【形制紋飾】曲口長流槽,尾部殘缺,流折處有一對菌狀柱,卵圓形杯體,内側有扁條半環鋬,三棱錐足外撇。腹部飾三道弦紋。

【著　　録】海岱考古第三輯 338 頁圖 95.9。

【銘文字數】鋬下鑄銘文 1 字。

【銘文釋文】史。

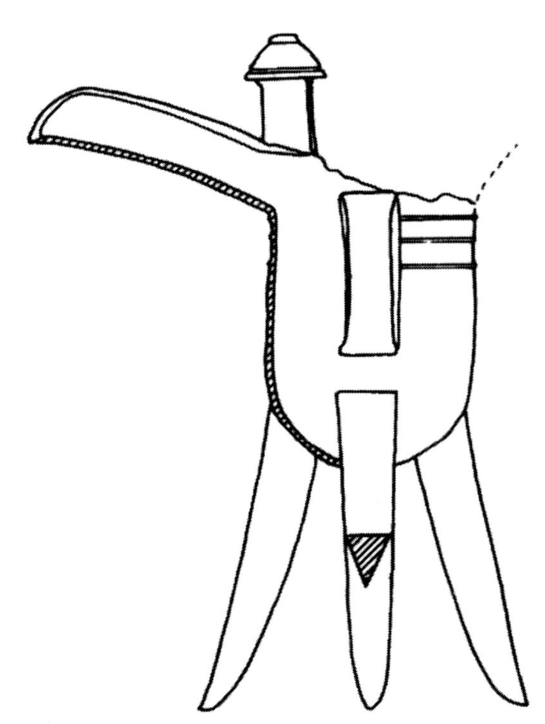

0553. 史爵

【時　　代】商代晚期。

【出土時地】2009年河南安陽市殷墟王裕口村南地商代墓地（M103.9）。

【收 藏 者】中國社會科學院考古研究所。

【尺　　度】通高19、流至尾長16.6釐米。

【形制紋飾】曲口較淺，窄流寬尾，流折處有一對菌狀矮立柱，長卵圓形杯體，腹内側有帶狀鋬，三棱錐足外撇。柱帽飾渦紋，腹部飾三道弦紋。

【著　　録】考古2012年12期15頁圖22.4。

【銘文字數】鋬内鑄銘文1字。

【銘文釋文】史（史）。

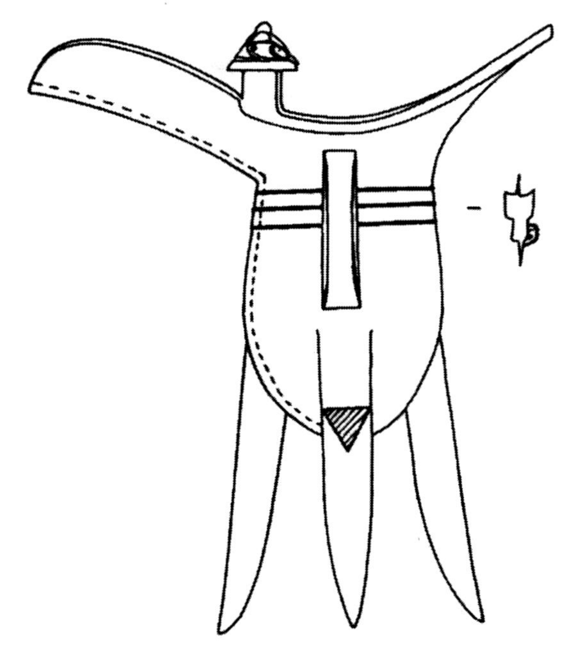

0554. 史爵

【時　　代】西周早期。

【出土時地】2014 年 6 月見於西安。

【收 藏 者】某收藏家。

【尺　　度】通高 21.8、流至尾長 18、腹深 8.5 釐米。

【形制紋飾】曲口寬流槽，尖尾上翹，卵圓形杯體，腹内側設有牛首鋬，三棱錐足外撇。腹部飾變形獸面紋。

【著　　録】未著録。

【銘文字數】鋬下鑄銘文 1 字。

【銘文釋文】史。

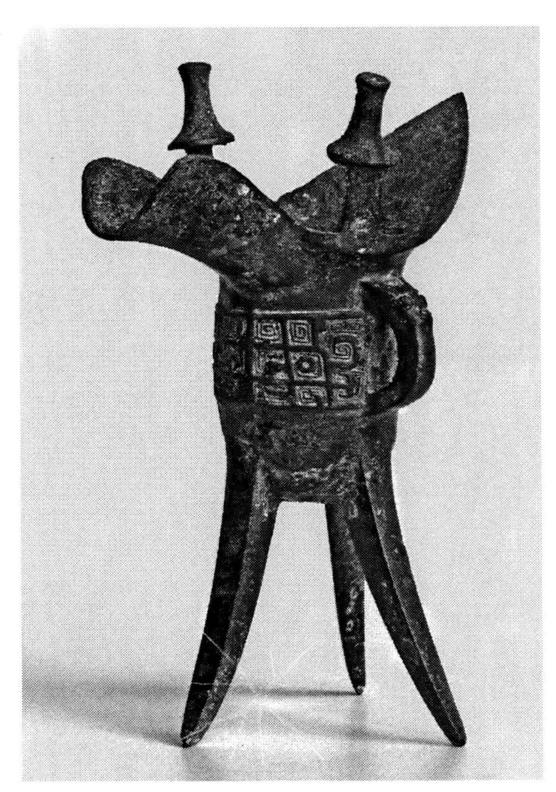

0555. 史爵

【時　　代】西周早期。

【收 藏 者】某收藏家。

【尺　　度】通高 17.7、流至尾長 14.3 釐米。

【形制紋飾】曲口長流槽，尖尾上翹，口沿上有一對菌狀柱，長卵形杯體，内側有半環形鋬，三條三棱錐足。通體光素。

【著　　録】未著録。

【銘文字數】鋬下腹壁鑄銘文 1 字。

【銘文釋文】史。

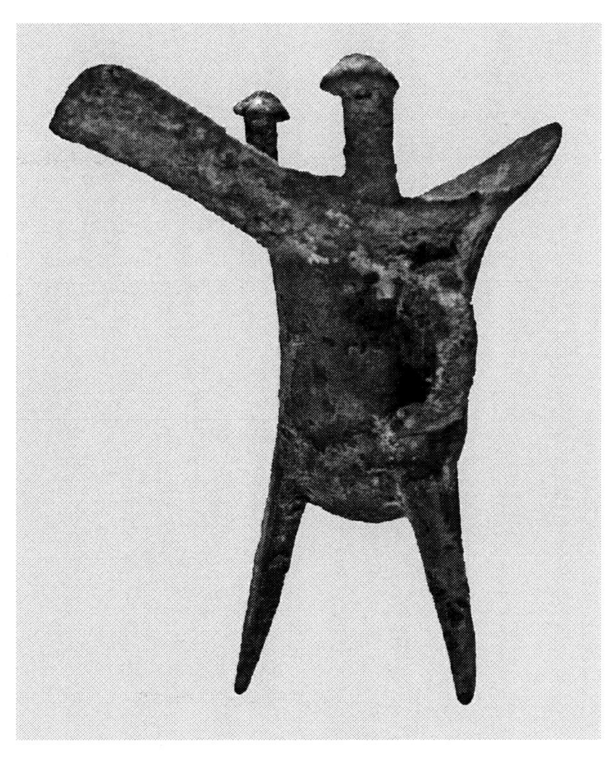

0556. 爻爵

【時　　代】商代晚期。
【收 藏 者】海外某收藏家。
【尺　　度】通高 18.5 釐米。
【形制紋飾】曲口，長流槽，口沿上有一對菌狀柱，長卵形杯體，内側有扁條半環鋬，三棱錐足外撇。腹部飾獸面紋帶。
【著　　録】未著録。
【銘文字數】鋬内鑄銘文 1 字。
【銘文釋文】爻。

0557. 克爵

【時　　代】商代晚期。

【出土時地】1956 年收購。

【收 藏 者】故宫博物院。

【尺度重量】通高 18.7、流至尾長 15.1 釐米，重 0.46 公斤。

【形制紋飾】該爵係拼湊器，器身、流槽、立柱和鋬來自不同的個體。曲口，窄長流槽，尖尾上翹，長卵形杯體，三棱錐足，扁環形半圓鋬，腹部飾雲雷紋組成的獸面紋。

【著　　録】辨僞 23 頁圖 12。

【銘文字數】鋬内鑄銘文 1 字。

【銘文釋文】克。

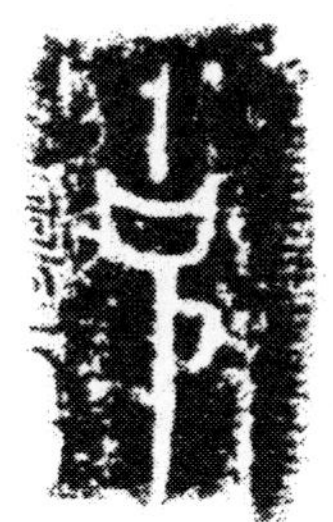

0558. 祓爵

【時　　代】商代晚期。

【出土時地】2014 年 9 月日本東京中央秋季拍賣會。

【收 藏 者】原藏日本京都某收藏家。

【尺　　度】通高 20.5 釐米。

【形制紋飾】曲口較淺，窄長流，尖尾較短，流折處有一對菌狀矮柱，卵圓形杯體，内側有半環形鋬，腹部有三道扉棱，三條三棱錐足外撇。柱帽飾渦紋，腹部飾獸面紋，頸部飾三角雲雷紋。

【著　　録】未著録。

【銘文字數】鋬下腹壁鑄銘文 1 字。

【銘文釋文】祓。

0559. 爻爵

【時　　代】商代晚期。

【出土時地】2015 年 9 月出現在美國紐約佳士得拍賣會。

【收 藏 者】某收藏家。

【形制紋飾】曲口長流槽，尖尾上翹，流折處有一對菌狀立柱，長卵形杯體，内側有牛首半環形鋬，三條錐足外撇，腹部有三道扉棱。流下和尾下飾蕉葉紋，頸部飾三角雲雷紋，腹部飾曲折角獸面紋。

【著　　録】未著録。

【銘文字數】鋬下腹壁鑄銘文 1 字。

【銘文釋文】爻。

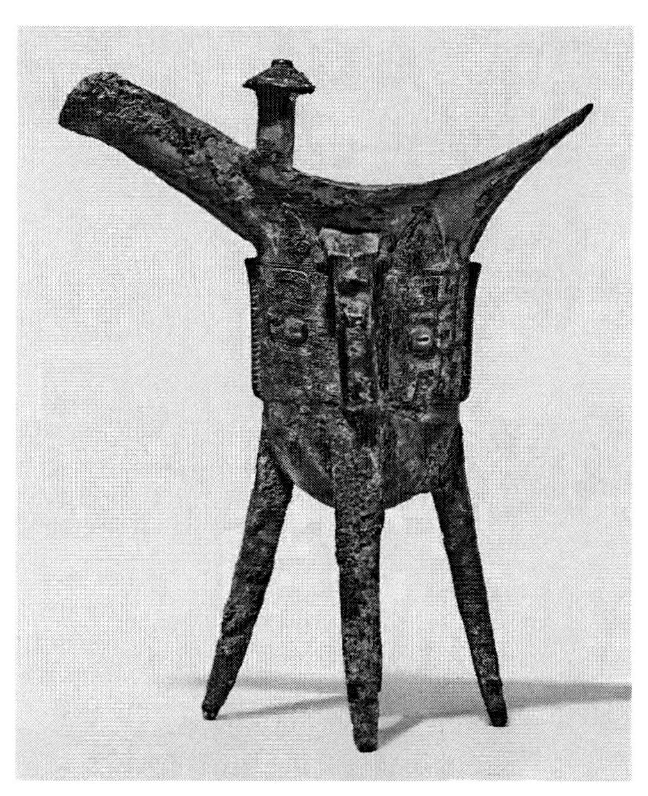

0560. 鼎爵

【時　　代】商代晚期。

【收 藏 者】某收藏家。

【尺　　度】通高 20、流至尾長 16 釐米。

【形制紋飾】曲口長流槽，尖尾上翹，流折處有一對菌狀柱，長卵形杯體，内側有一個牛首半環形鋬，三條三棱錐足。腹部有三道扉棱，飾曲折角獸面紋。

【著　　録】未著録。

【銘文字數】鋬下腹壁鑄銘文 1 字。

【銘文釋文】鼎。

【備　　注】“鼎”字倒書。

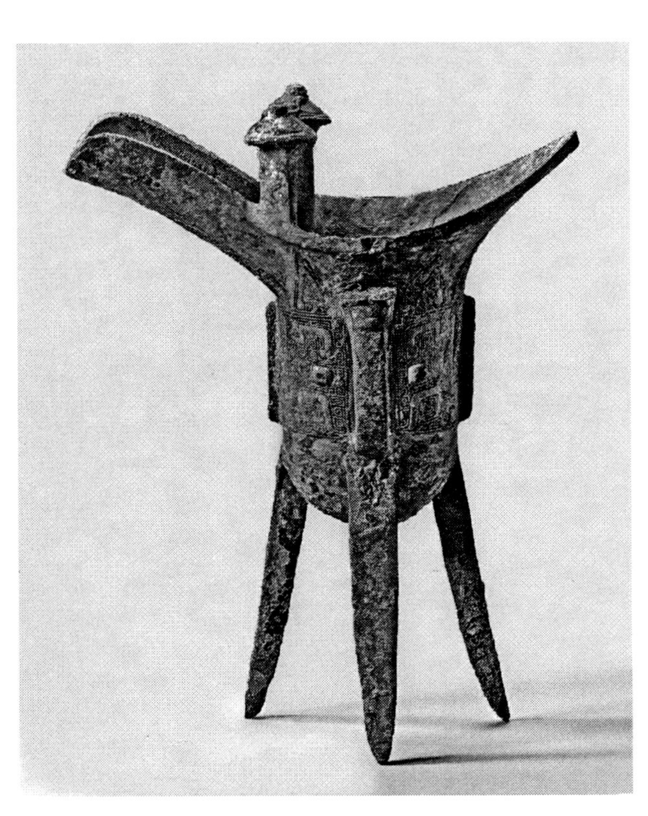

0561. 聑爵（𪬛爵）

【時　　代】商代晚期。

【出土時地】明義士購自河南安陽。

【收 藏 者】加拿大多倫多皇家安大略博物館。

【尺　　度】通高19、流至尾長16.2釐米。

【形制紋飾】曲口，窄流槽，尖尾上翹，口沿有一對菌狀柱，長卵形杯體，腹内側設有扁條半環形鋬，三棱錐足外撇，腹部飾三條弦紋。

【著　　録】明藏263頁圖3.3。

【銘文字數】鋬内鑄銘文1字。

【銘文釋文】𪬛（聑）。

【備　　注】館藏號：ROM960.234.7。

0562. 輪爵（⊛爵）

【時　　代】商代晚期。

【出土時地】2014年9月日本東京中央秋季拍賣會。

【收 藏 者】原藏日本某收藏家。

【尺　　度】通高19.5釐米。

【形制紋飾】曲口窄長流，尖尾較短，流折處有一對菌狀矮柱，長卵形杯體，内側有半環形鋬，三條三棱錐足外撇。腹部飾三道弦紋。

【著　　録】未著録。

【銘文字數】鋬下腹壁鑄銘文1字。

【銘文釋文】⊛（輪）。

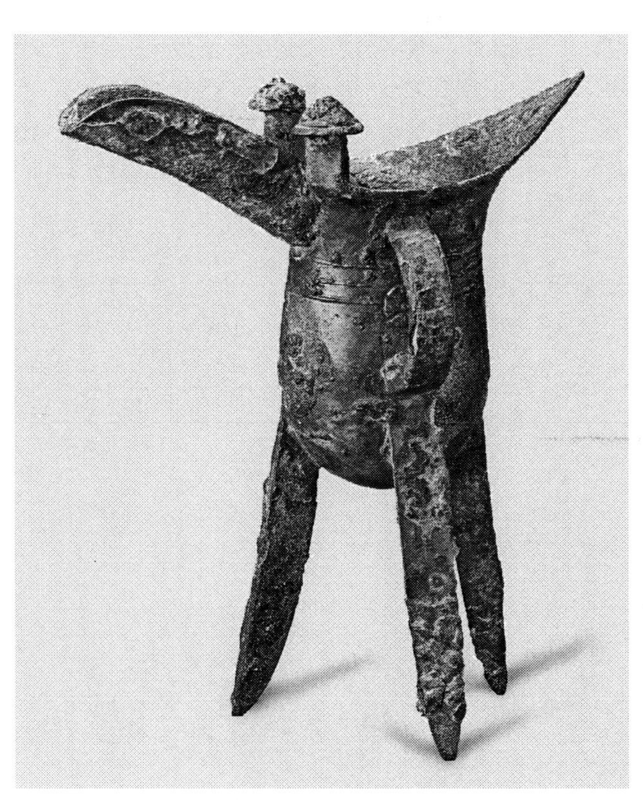

0563. 宀爵

【時　　代】商代晚期。

【出土時地】2009年河南安陽市殷墟王裕口村南地商代墓地(M70.3)。

【收 藏 者】中國社會科學院考古研究所。

【尺　　度】通高19、流至尾長16.6釐米。

【形制紋飾】曲口較淺,窄流寬尾,流折處有一對菌狀矮立柱,卵圓形杯體,腹内側有帶狀鋬,三棱錐足外撇。柱帽飾渦紋,腹部飾三道弦紋。

【著　　録】考古2012年12期38頁圖16.2。

【銘文字數】鋬内鑄銘文1字。

【銘文釋文】宀。

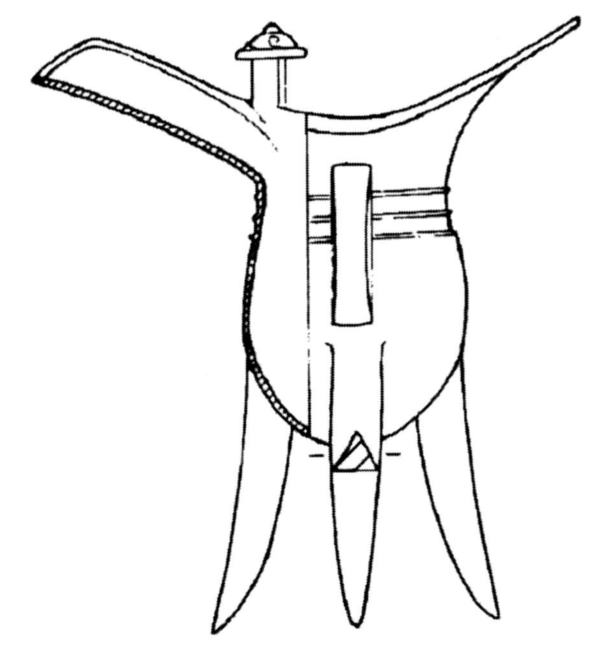

0564. 冂爵

【時　　代】商代晚期。

【出土時地】明義士二十世紀四十年代購藏。

【收 藏 者】加拿大多倫多皇家安大略博物館。

【尺　　度】殘高 13.3 釐米。

【形制紋飾】殘甚，銹蝕嚴重，三足盡失，曲口，窄長流，尖尾上翹，深腹圜底，流折處有一對菌狀柱，腹内側有扁條半環形鋬。

【著　　録】明藏 264 頁圖 4.1。

【銘文字數】鋬内鑄銘文 1 字。

【銘文釋文】冂。

【備　　注】館藏號：ROM960.234.90A。

0565. 𣎳爵甲

【時　　代】商代晚期。

【出土時地】2006 年 6 月河南安陽市殷墟郭家莊文源緑島小區商代墓葬(M46.2)。

【收 藏 者】安陽市文物考古研究所。

【尺　　度】通高 19.7、口寬 7.5、流至尾長 17.6 釐米。

【形制紋飾】曲口窄長流,尖尾上翹,流折處有一對菌狀柱,卵圓形杯體,内側有帶狀半圓形鋬,三棱錐足外撇。柱帽飾渦紋,腹部飾雲雷紋組成的曲折角獸面紋和"臣"字形眼。

【著　　録】徐郭墓 35 頁拓片 3.2。

【銘文字數】鋬内鑄銘文 1 字。

【銘文釋文】𣎳。

0566. ⽶爵乙

【時　　代】商代晚期。

【出土時地】2006 年 6 月河南安陽市殷墟郭家莊文源緑島小區商代墓葬(M45.8)。

【收 藏 者】安陽市文物考古研究所。

【尺　　度】通高 20.5、口寬 7.5、流至尾長 17.5 釐米。

【形制紋飾】曲口窄長流,尖尾上翹,流折處有一對菌狀柱,卵圓形杯體,内側有帶狀半圓形鋬,三棱錐足外撇。柱帽飾渦紋,腹部飾雲雷紋組成的曲折角獸面紋和"臣"字形眼。

【著　　録】徐郭墓 35 頁拓片 3.2。

【銘文字數】鋬内鑄銘文 1 字。

【銘文釋文】⽶。

【備　　注】該爵與《殷墟新》78,編號爲 M1.8 的爵極有可能是同一件,《殷墟新》將拓本倒置,且放大約三分之一。因墓號不同暫作兩件處理。

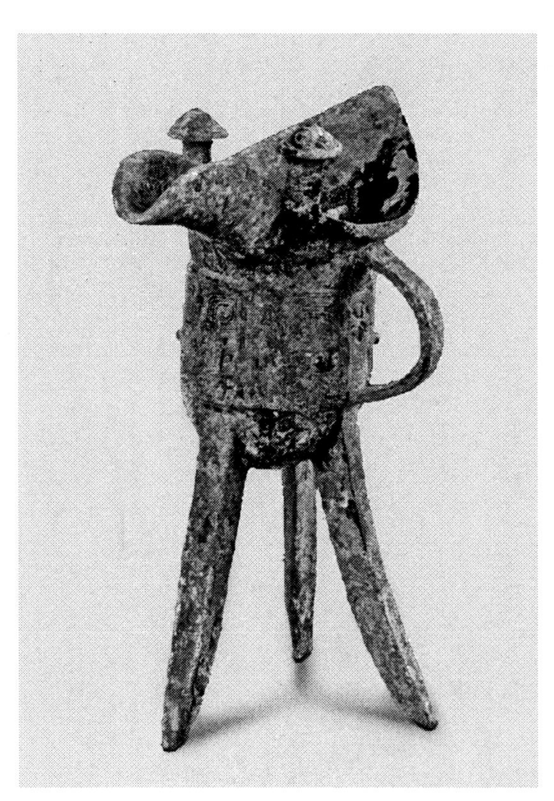

0567. 酉爵

【時　　代】商代晚期。

【出土時地】2006年夏安徽望江縣賽日鎮南畈村。

【收 藏 者】望江縣博物館。

【形制紋飾】曲口窄流槽，尖尾上翹，口沿上近流處有一對菌狀柱，長卵形杯體，内側有帶狀鋬，三棱錐足外撇。柱帽飾渦紋，腹部飾上卷角獸面紋。

【著　　録】安徽銘文316頁圖214.1。

【銘文字數】鋬内鑄銘文1字。

【銘文釋文】酉(酉)。

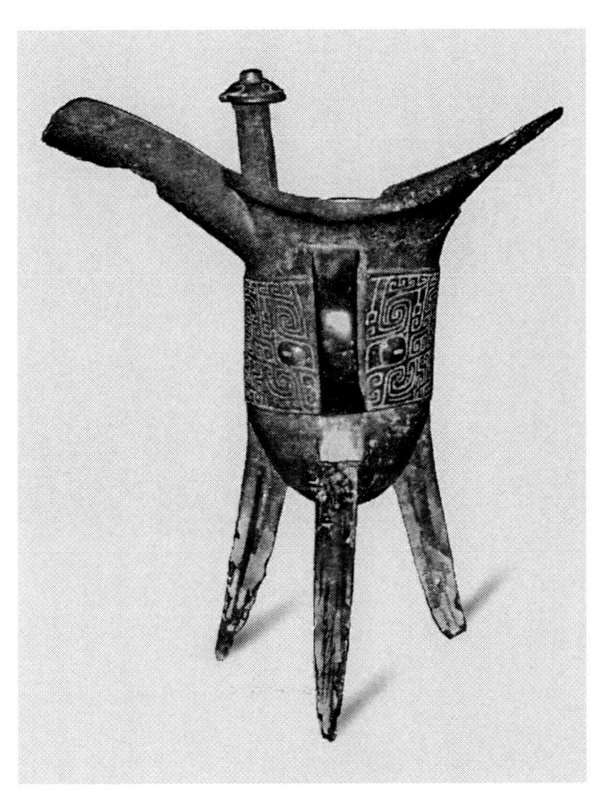

0568. 丗爵

【時　　代】商代晚期。

【出土時地】2015 年 3 月出現在美國紐約蘇富比春季拍賣會。

【收 藏 者】某收藏家。

【尺　　度】通高 19.7 釐米。

【形制紋飾】曲口長流槽，尖尾上翹，流折處有一對菌狀柱，長卵形杯體，内側有扁條半環形鋬，三條三棱錐足。腹部飾雲雷紋組成的獸面紋。

【著　　録】未著録。

【銘文字數】鋬内鑄銘文 1 字。

【銘文釋文】丗。

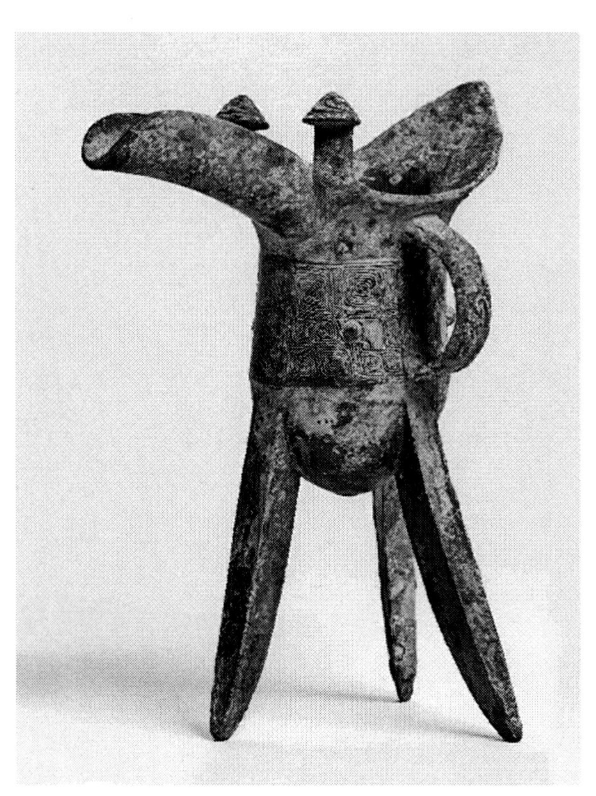

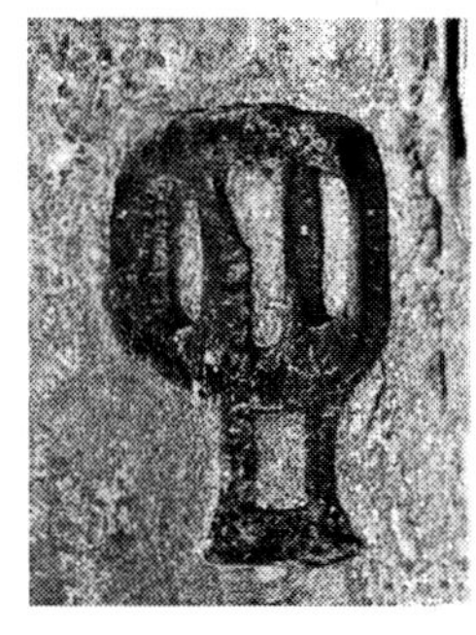

0569. 正爵

【時　　代】商代晚期。
【出土時地】河北平山縣出土，1973 年由河北石家莊市物資回收公司揀選得到。
【收 藏 者】河北省文物研究所。
【著　　録】未著録。
【銘文字數】鋬内鑄銘文 1 字。
【銘文釋文】正。
【備　　注】圖像未公布。

0570. 執爵

【時　　代】商代晚期。
【出土時地】1973 年在河北石家莊市物資回收公司揀選。
【收 藏 者】河北省文物研究所。
【著　　録】未著録。
【銘文字數】鋬内鑄銘文 1 字。
【銘文釋文】執。
【備　　注】圖像未公布。

0571. 守爵

【時　　代】商代晚期。
【出土時地】1980 年在河北保定冶煉廠揀選。
【收 藏 者】河北省文物研究所。
【著　　録】文明(一) 367。
【銘文字數】鋬内鑄銘文 1 字。
【銘文釋文】守。
【備　　注】圖像未公布。

0572. [illegible]爵([illegible]爵)

【時　　代】商代中期。

【收 藏 者】某收藏家。

【尺　　度】通高 20.5、流至尾長 18、腹深 8.1 釐米。

【形制紋飾】曲口,窄長流槽,尖尾較短,流折處有一對矮菌狀柱,卵圓形杯體,腹内側有扁條半環鋬,三棱錐足外撇。柱帽飾渦紋,流下及尾下飾葉狀紋,頸部飾三角形紋,葉紋和三角紋内填以雲雷紋,腹部飾獸面紋。

【著　　録】未著録。

【銘文字數】鋬内鑄銘文 1 字。

【銘文釋文】[illegible]([illegible])。

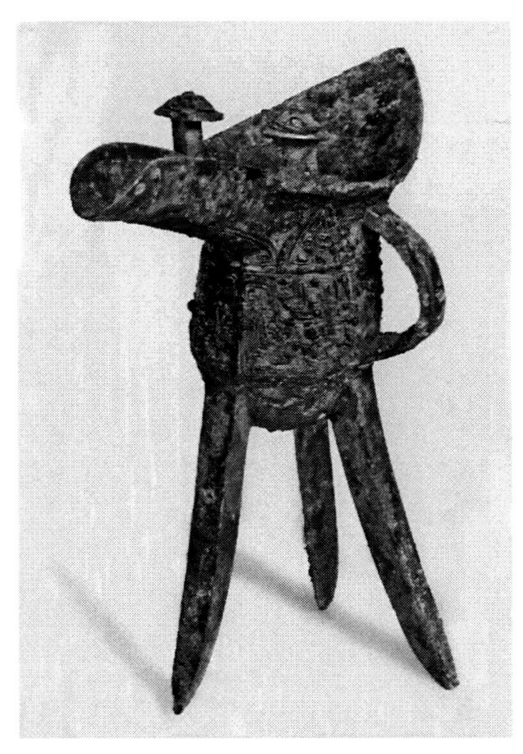

0573. [illegible]爵([illegible]爵)

【時　　代】西周早期。

【出土時地】2015 年 11 月出現在英國倫敦佳士得秋季拍賣會。

【收 藏 者】原藏日本京都 Takeuchi,1982 年 6 月歐洲某收藏家從日本古董商 Shogado & Co 處購得,現藏某收藏家。

【尺　　度】通高 18.4 釐米。

【形制紋飾】曲口,長流槽,尖尾上翹,口沿上有一對菌狀柱,長卵形杯體,内側有牛首半環形鋬,三條三棱錐足外撇,腹部有三道扉棱。頸部飾三角紋,腹部飾下卷角獸面紋,以雲雷紋襯底,柱帽飾渦紋。

【著　　録】未著録。

【銘文字數】鋬下腹部鑄銘文 1 字。

【銘文釋文】[illegible]([illegible])。

0574. ↑爵

【時　　代】商代晚期。

【出土時地】1980 年 11 月河南偃師縣山化鄉忠義村。

【收 藏 者】河南偃師商城博物館。

【尺　　度】通高 19.1 釐米。

【形制紋飾】曲口，長流槽，口沿上有一對菌狀柱，卵圓形杯體，内側有扁條半環鋬，三棱錐足外撇。腹部飾獸面紋帶。

【著　　録】近出 778。

【銘文字數】鋬内鑄銘文 1 字。

【銘文釋文】↑。

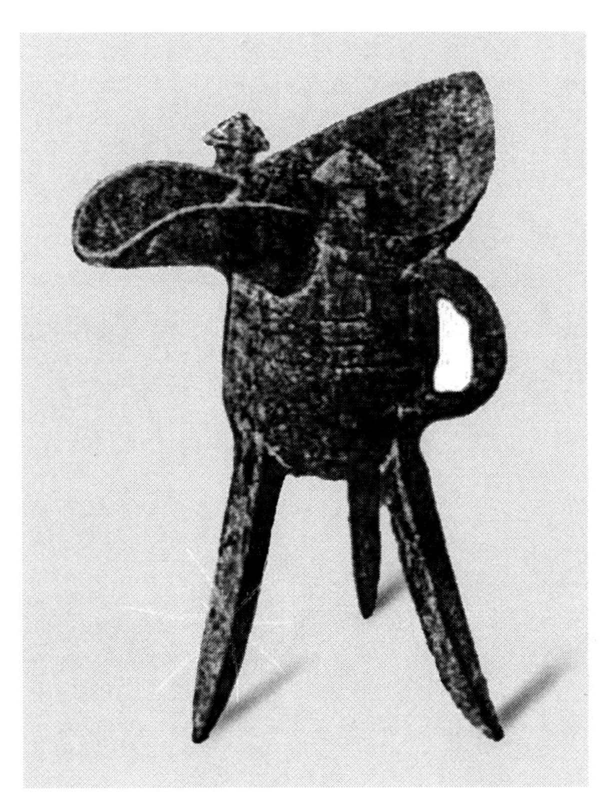

↑

0575. 户爵（原稱目爵）

【時　　代】商代晚期。

【出土時地】1998-2001 年山東滕州市官橋鎮前掌大村商周墓地（III M308.26）。

【收 藏 者】滕州市博物館。

【尺　　度】殘高 21、流至尾長 18 釐米。

【形制紋飾】曲口寬流槽，尖尾上翹，口沿有一對菌狀柱，長卵形杯體，内側有牛首半環鋬，三棱錐足外撇，足尖均殘。柱帽飾渦紋，腹部光素。

【著　　録】海岱考古第三輯 338 頁圖 95.8。

【銘文字數】鋬下鑄銘文 1 字。

【銘文釋文】户。

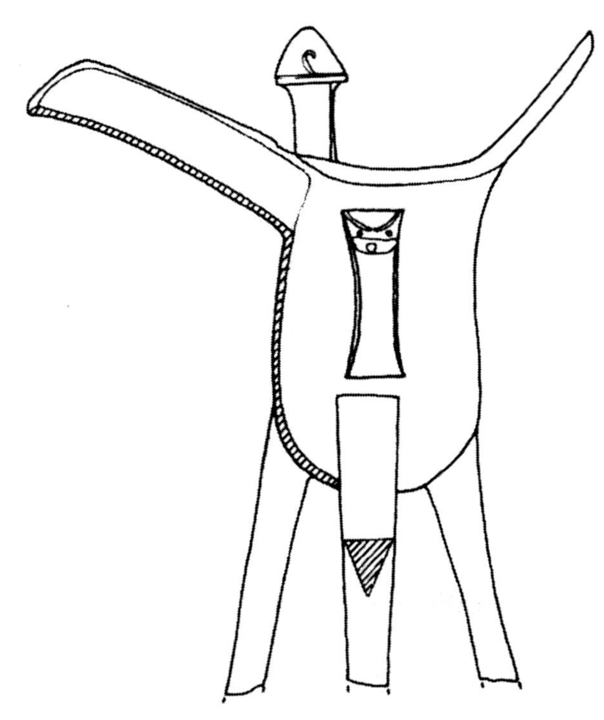

0576. 旬爵(旬爵)

【時　　代】商代晚期。

【出土時地】2015 年 12 月 10 日見於盛世收藏網。

【收 藏 者】某收藏家。

【尺度重量】通高 19.7 釐米,長 16.9 釐米,寬 9 釐米,重 780 克。

【形制紋飾】曲口,窄流槽,尖尾上翹,口沿流折處有一對菌狀柱,卵圓形杯體,内側有扁環形鋬,三條三棱錐足。腹部飾三道弦紋。

【著　　録】未著録。

【銘文字數】鋬下腹壁鑄銘文 1 字。

【銘文釋文】旬(旬)。

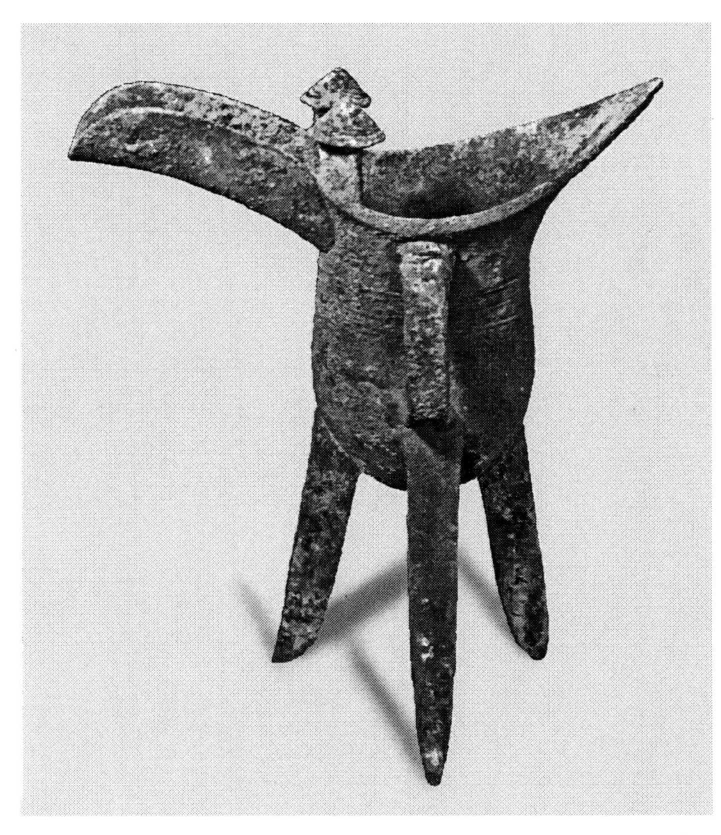

0577. 鳥爵

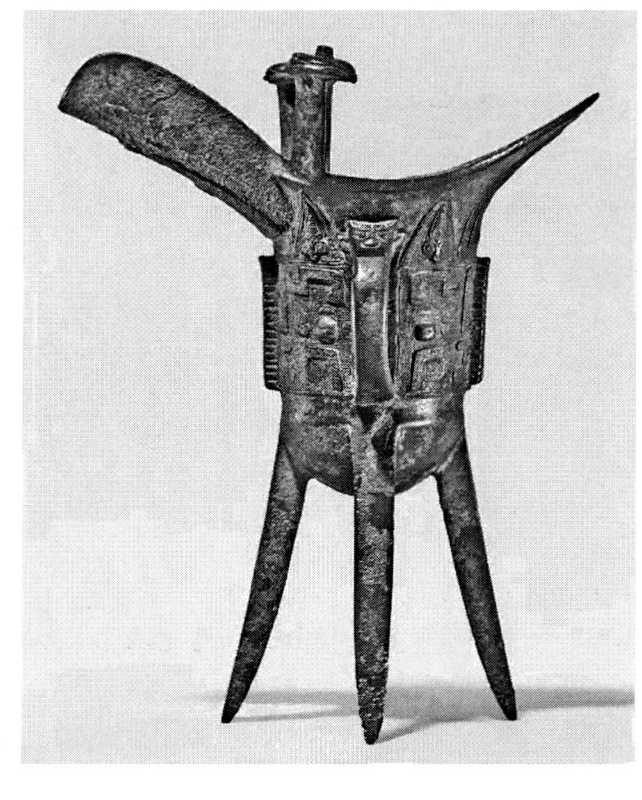

【時　　代】商代晚期。

【出土時地】2015年9月出現在美國紐約蘇富比拍賣會。

【收 藏 者】某收藏家。

【尺　　度】通高20.6釐米。

【形制紋飾】曲口長流槽，尖尾上翹，口沿上有一對菌狀立柱，長卵形杯體，内側有牛首半環形鋬，三棱錐足較細，腹部有三道扉棱。腹部飾曲折角獸面紋，頸部飾三角蟬紋，均以雲雷紋襯底。

【著　　録】未著録。

【銘文字數】鋬下腹壁鑄銘文1字。

【銘文釋文】鳥。

【備　　注】《銘圖》06543著録原藏於許印林、陳介祺的鳥爵，與此爵紋飾、銘文相同，因銘文一是拓本，一是照片，不好對比，尚難判斷是否爲同一器物，暫分爲二器。

0578. 鳥爵

【時　　代】商代晚期或西周早期前段。

【出土時地】1998-2001年山東滕州市官橋鎮前掌大村西周墓地(III M301.8)。

【收 藏 者】滕州市博物館。

【尺　　度】通高18.5、流至尾長15.6釐米。

【形制紋飾】曲口尖尾,流槽直向上伸,流折處有一對菌狀柱,卵圓形杯體,内側有帶狀半環鋬,三棱錐足外撇。上腹飾兩道弦紋。

【著　　録】海岱考古第三輯338頁圖95.16。

【銘文字數】鋬下鑄銘文1字。

【銘文釋文】鳥。

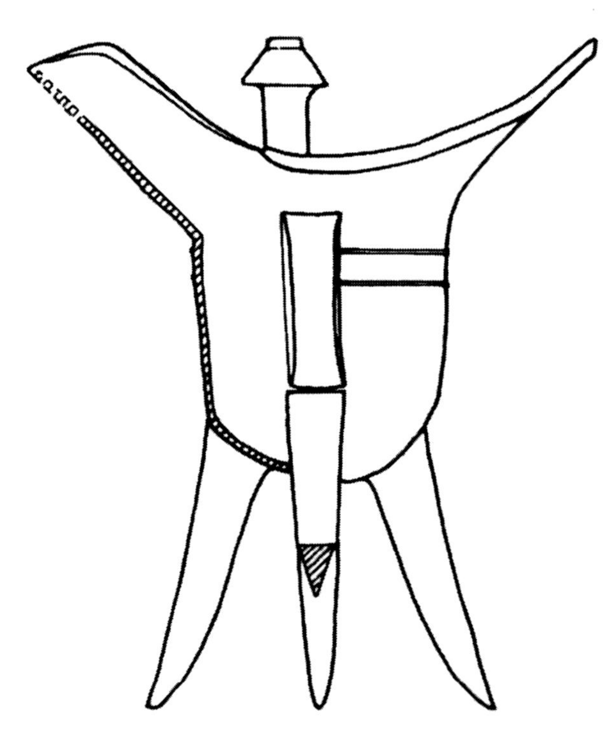

0579. 鳥爵

【時　　代】西周早期。

【出土時地】1998-2001 年山東滕州市官橋鎮前掌大村商周墓地(III M308.9)。

【收 藏 者】滕州市博物館。

【尺　　度】通高 20、流至尾長 17.3 釐米。

【形制紋飾】曲口寬流槽,尖尾上翹,口沿有一對菌狀柱,卵圓形杯體,内側有牛首半環鋬,三棱錐足外撇。柱帽飾渦紋,腹部飾雲雷紋組成的獸面紋帶。

【著　　録】海岱考古第三輯 338 頁圖 95.19。

【銘文字數】鋬下鑄銘文 1 字。

【銘文釋文】鳥。

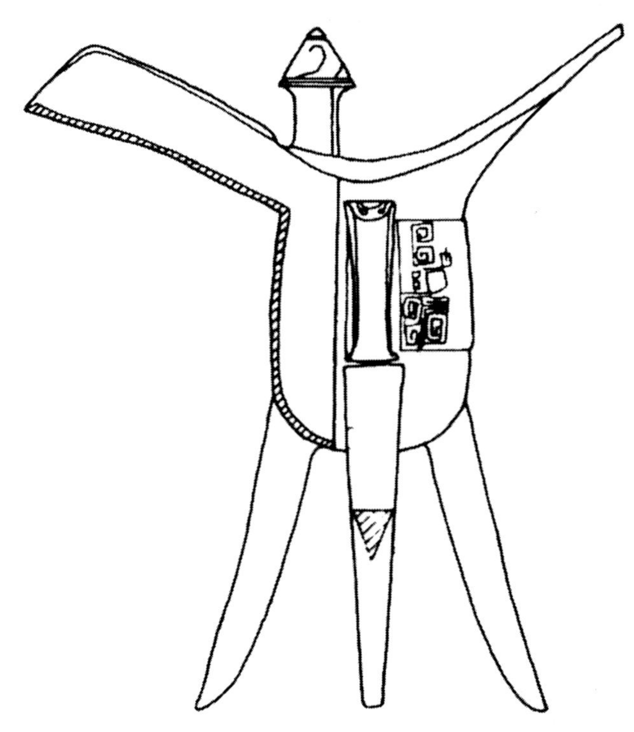

0580. 鳥爵

【時　　代】西周早期。

【出土時地】1998-2001 年山東滕州市官橋鎮前掌大村商周墓地(III M309.23)。

【收 藏 者】滕州市博物館。

【尺　　度】通高 20.3、流至尾長 16.7 釐米。

【形制紋飾】曲口長流槽,尖尾上翹,口沿有一對菌狀柱,長卵形杯體,内側有牛首半環鋬,三棱錐足外撇。柱帽飾渦紋,腹部飾連珠紋鑲邊的夔龍紋帶。

【著　　録】海岱考古第三輯 338 頁圖 95.20。

【銘文字數】鋬下鑄銘文 1 字。

【銘文釋文】鳥。

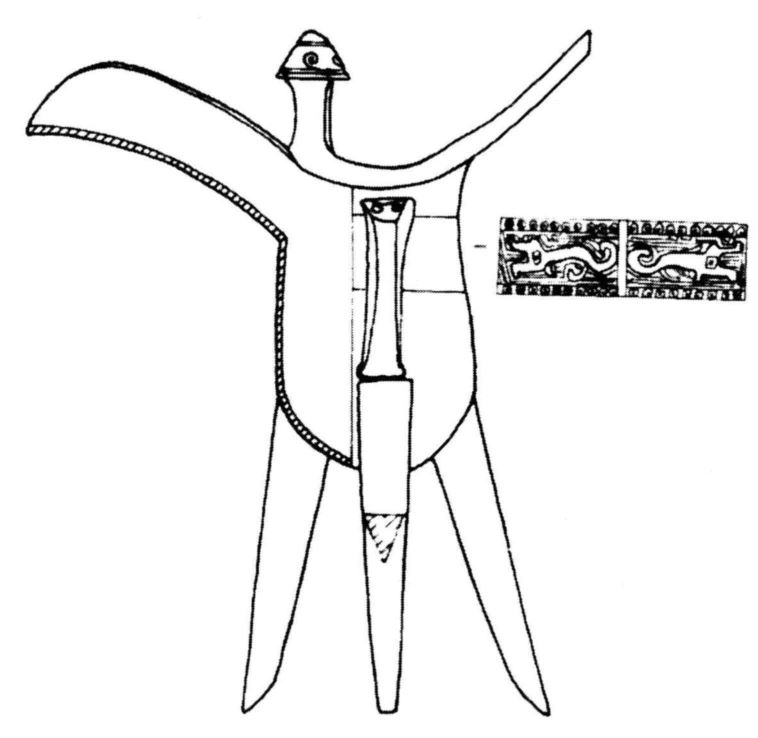

0581. 鳥爵

【時　　代】西周早期。

【出土時地】1998-2001 年山東滕州市官橋鎮前掌大村商周墓地(III M309.26)。

【收 藏 者】滕州市博物館。

【尺　　度】通高 20、流至尾長 17.3 釐米。

【形制紋飾】曲口長流槽,尖尾上翹,口沿有一對菌狀柱,長卵形杯體,内側有牛首半環鋬,三棱錐足外撇。柱帽飾渦紋,腹部飾連珠紋鑲邊的夔龍紋帶。

【著　　録】海岱考古第三輯 338 頁圖 95.22。

【銘文字數】鋬下鑄銘文 1 字。

【銘文釋文】鳥。

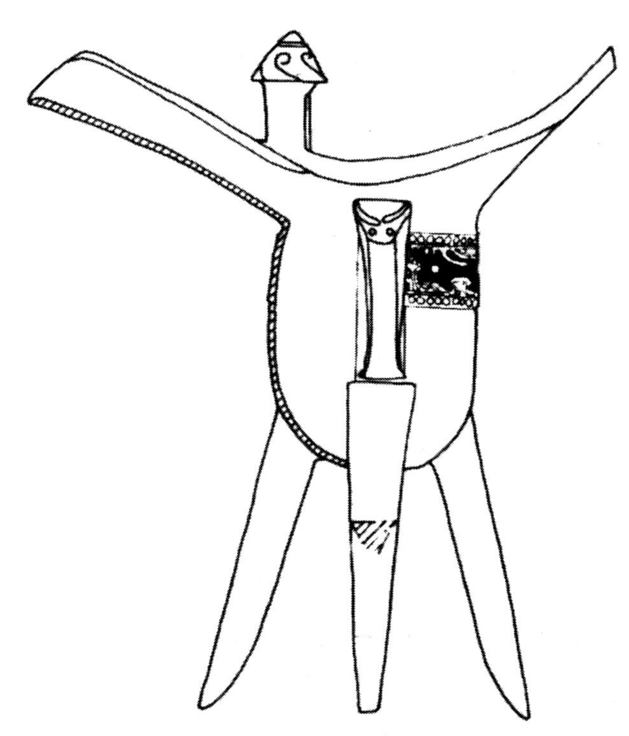

0582. 龍爵

【時　　代】西周早期。

【出土時地】2015 年出現在南京。

【收 藏 者】某收藏家。

【形制紋飾】曲口寬流槽，口沿上有一對束傘形立柱，尖尾上翹，長卵形杯體，内側有牛首半環形鋬，三條三棱刀足。柱帽飾渦紋，流槽下面飾卷喙大鳥紋，上腹飾兩對昂首飄冠大鳥紋，下腹飾兩對垂冠回首鳥紋，均以雲雷紋襯底。

【著　　録】未著録。

【銘文字數】内柱鑄銘文 1 字。

【銘文釋文】龍。

0583. 子爵

【時　　代】商代晚期。

【出土時地】2015 年 9 月出現在美國紐約蘇富比拍賣會。

【收 藏 者】某收藏家。

【尺　　度】通高 20.3 釐米。

【形制紋飾】曲口較平緩，窄流槽，尖尾上翹，流折處有一對較矮的菌狀立柱，卵圓形杯體，内側有扁條半環形鋬，三條錐足較高。腹部飾獸面紋帶。

【著　　録】未著録。

【銘文字數】鋬下腹壁鑄銘文 1 字。

【銘文釋文】子。

0584. 子爵

【時　　代】西周早期。

【出土時地】2012 年 11 月出現在美國紐約拍賣會。

【收 藏 者】某收藏家。

【尺　　度】通高 19.5、流至尾長 17 釐米。

【形制紋飾】曲口寬流槽，尖尾上翹，口沿上有一對菌狀立柱，長卵形杯體，内側有半環形鋬，三棱錐足外撇。腹部飾三道弦紋。

【著　　録】未著録。

【銘文字數】鋬下腹壁鑄銘文 1 字。

【銘文釋文】子。

0585. 母爵

【時　　代】西周早期。

【收 藏 者】某收藏家。

【形制紋飾】曲口寬流槽，尖尾上翹，口沿上有一對菌狀柱，長卵形杯體，有半環形鋬，三條三棱錐足外撇。腹部飾三道弦紋。

【著　　録】未著録。

【銘文字數】鋬下腹壁鑄銘文 1 字。

【銘文釋文】母。

0586. 申爵

【時　　代】西周早期。

【出土時地】2012 年 11 月出現在澳門大唐國際藝術品拍賣會。

【收 藏 者】某收藏家。

【尺　　度】通高 19.5 釐米。

【形制紋飾】曲口較深，長流槽，口沿上有一對菌狀柱，長卵形杯體，腹內側有牛首半環鋬，三棱錐足外撇。柱帽飾渦紋，腹部飾曲折角獸面紋，以雲雷紋襯底。

【著　　録】大唐（2012）77。

【銘文字數】鋬内鑄銘文 1 字。

【銘文釋文】申。

0587. 若爵

【時　　代】西周早期。

【收 藏 者】某收藏家。

【形制紋飾】曲口長流槽，尖尾上翹，流折處有一對菌狀立柱，長卵形杯體，内側有半環形鋬，三棱錐足較細。腹部飾獸面紋。

【著　　録】未著録。

【銘文字數】鋬下腹壁鑄銘文 1 字。

【銘文釋文】若。

0588. □爵

【時　　代】西周早期。

【收 藏 者】某收藏家。

【形制紋飾】曲口長流槽，尖尾上翹，口沿上有一對菌狀柱，長卵形杯體，内側有半環形鋬，三條三棱錐足。通體光素。

【著　　録】未著録。

【銘文字數】鋬下腹壁鑄銘文 1 字。

【銘文釋文】□。

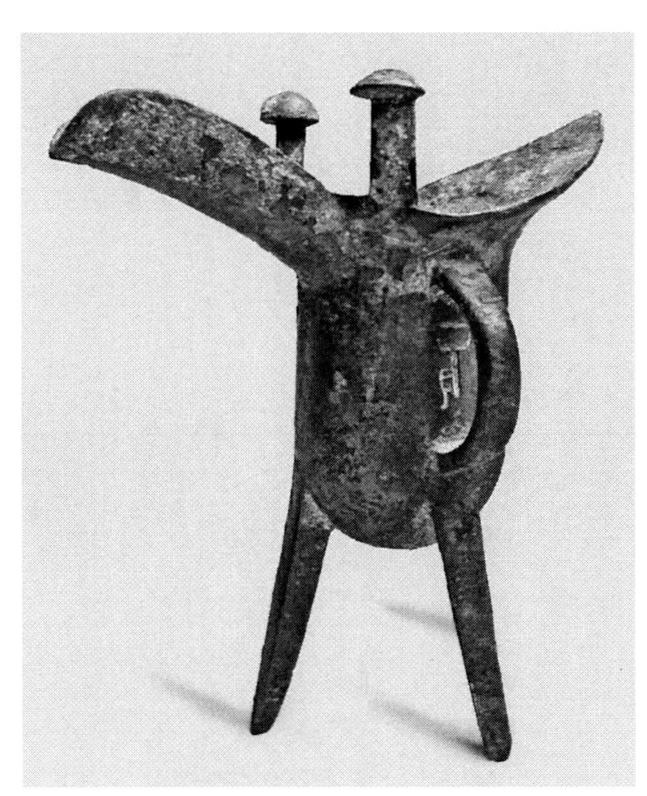

0589. 亞離爵

【時　　代】商代晚期。

【出土時地】安徽太湖縣流畈鄉。

【收 藏 者】太湖縣文物管理所。

【尺　　度】高 20、流至尾殘長 12.2 釐米。

【形制紋飾】曲口，流槽殘，尖尾上翹，流折處有一對菌狀立柱，長卵形杯體，内側有牛首半環形鋬，三條三棱錐足外撇。腹部飾連珠紋鑲邊的四瓣花紋。

【著　　録】江淮 029。

【銘文字數】鋬内腹壁鑄銘文 2 字。

【銘文釋文】亞離。

【備　　注】“亞”與 2007 年山西翼城大河口西周墓地出土的亞離父戊簋的“亞”字略同，爲美化而有所變形。

0590. 亞覷爵(亞醜爵)

【時　　代】商代晚期。

【收 藏 者】臺北震榮堂(陳鴻榮、王亞玲夫婦)。

【尺　　度】通高 22、流至尾長 18 釐米。

【形制紋飾】曲口尖尾,長流槽,口沿上有一對束傘形立柱,長卵形杯體,内側有牛首半環鋬,三棱錐足外撇。柱帽飾渦紋,腹部飾獸面紋,流下及尾下飾蕉葉紋。

【著　　録】金銅器 155 頁爵 08。

【銘文字數】鋬内鑄銘文 2 字。

【銘文釋文】亞覷(醜)。

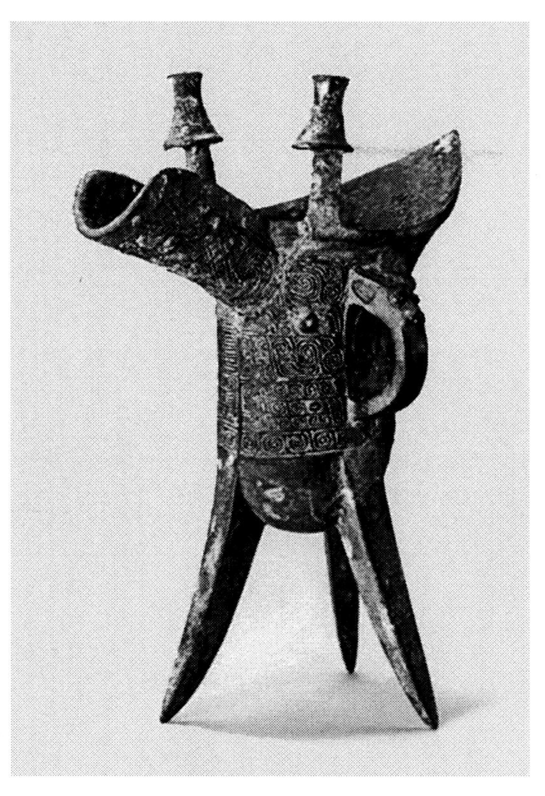

0591. 韋舌爵

【時　　代】商代晚期。

【出土時地】2006 年 9 月河南滎陽市廣武鎮小胡村晚商貴族墓地(M22.7)。

【收 藏 者】河南省文物考古研究所。

【形制紋飾】曲口,長流槽,尖尾上翹,流折有一對菌狀柱,長卵形杯體,腹内側設帶狀鋬,三棱錐足外撇。柱帽飾渦紋,上腹部飾連珠紋鑲邊的雲雷紋帶。

【著　　録】發現(2006)52 頁下。

【銘文字數】鋬内鑄銘文 2 字。

【銘文釋文】韋舌。

0592. 烎吾爵

【時　　代】商代晚期。

【出土時地】2009 年河南安陽市殷墟王裕口村南地商代墓地(M103.5)。

【收 藏 者】中國社會科學院考古研究所。

【尺　　度】通高 19.9、流至尾長 17.2 釐米。

【形制紋飾】曲口較淺，窄流寬尾，流折處有一對菌狀矮立柱，卵圓形杯體，腹內側有帶狀鋬，三棱錐足外撇。柱帽飾渦紋，腹部飾雲雷紋組成的獸面紋。

【著　　録】考古 2012 年 12 期 15 頁圖 22.3。

【銘文字數】鋬内鑄銘文 2 字。

【銘文釋文】烎吾(珏)。

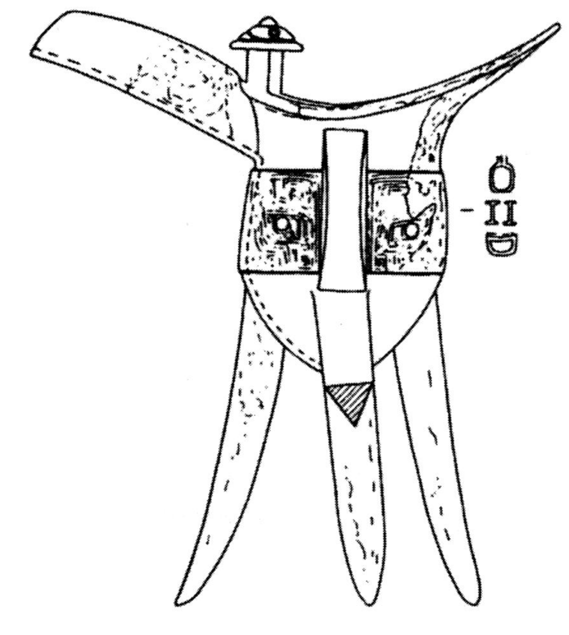

0593. 婦姘爵

【時　　代】商代晚期。

【收 藏 者】某收藏家。

【形制紋飾】曲口較平緩，窄長流槽，流折處有一對菌狀柱，卵圓形杯體，腹内側有牛首半環鋬，三棱錐足外撇。柱帽飾渦紋，頸部飾三角雲雷紋，腹部飾曲折角獸面紋。

【著　　録】金石拓 49 頁。

【銘文字數】鋬内鑄銘文 2 字。

【銘文釋文】帚(婦)姘。

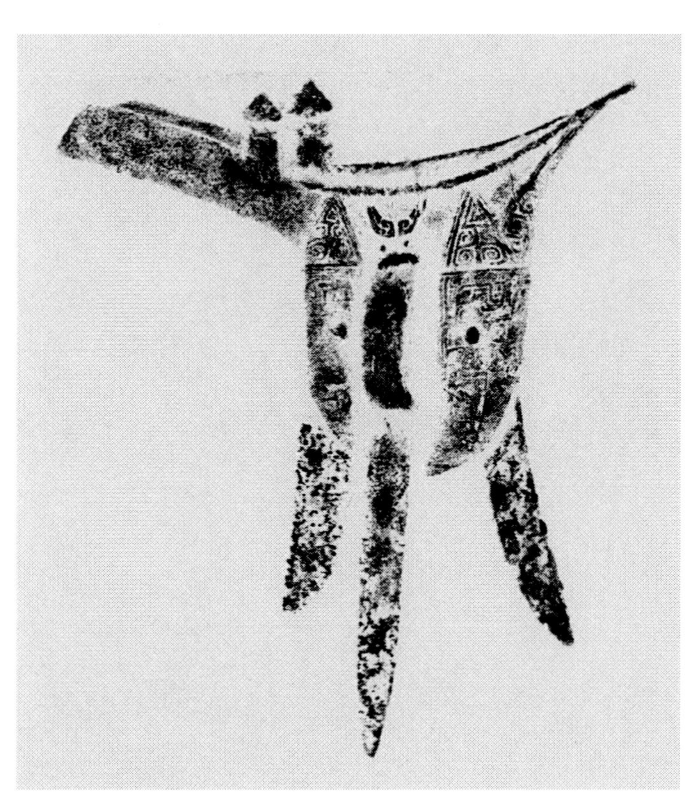

0594. 宁矢爵

【時　　代】商代晚期。

【出土時地】明義士購自河南安陽。

【收 藏 者】加拿大多倫多皇家安大略博物館。

【尺　　度】通高 19、流至尾長 15.4 釐米。

【形制紋飾】曲口長流槽，尖尾較短，流折處有一對菌狀柱，長卵形杯體，腹内側設有扁條半環形鋬，三棱錐足外撇。腹部飾三道弦紋。

【著　　録】明藏 263 頁圖 3.1。

【銘文字數】鋬内鑄銘文 2 字。

【銘文釋文】矢宁。

【備　　注】館藏號：ROM960.234.4。

0595. 𠆢甲爵(甲𠆢爵)

【時　　代】商代晚期。

【出土時地】明義士二十世紀四十年代購藏。

【收 藏 者】原藏明義士，現藏加拿大多倫多皇家安大略博物館。

【尺　　度】通高 19、流至尾長 16.5 釐米。

【形制紋飾】曲口，窄長流，尖尾上翹，流折處有一對菌狀柱，長卵形杯體，腹内側設有扁條半環形鋬，三棱錐足外撇。通體光素。

【著　　録】明藏 263 頁圖 3.6。

【銘文字數】鋬内鑄銘文 2 字。

【銘文釋文】甲𠆢。

【備　　注】館藏號：ROM960.234.11。

0596. 守乙爵

【時　　代】商代晚期。

【收 藏 者】四川博物院。

【尺　　度】通高 18.8 釐米。

【形制紋飾】曲口，長流槽，尖尾上翹，流折處有一對菌狀柱，長卵形杯體，腹内側設牛首鋬，三棱錐足外撇。柱帽飾渦紋，腹部飾三道弦紋。

【著　　録】文物 2014 年 2 期 78 頁圖 1。

【銘文字數】鋬内鑄銘文 2 字。

【銘文釋文】守乙。

0597. 父己爵

【時　　代】商代晚期。

【出土時地】2015 年 9 月出現在美國紐約佳士得拍賣會。

【收 藏 者】原藏孔祥熙，現藏某收藏家。

【尺　　度】通高 20 釐米。

【形制紋飾】曲口長流槽，尾尖殘缺，流折處有一對菌狀立柱，長卵形杯體，内側有半環形鋬，三條錐足外撇。腹部飾雲雷紋組成的獸面紋。

【著　　録】未著録。

【銘文字數】鋬下腹壁鑄銘文 2 字。

【銘文釋文】父己。

0598. 父己爵

【時　　代】商代晚期。

【收 藏 者】四川博物院。

【尺　　度】通高 19.3 釐米。

【形制紋飾】曲口，長流槽，尖尾上翹，流折有一對菌狀柱，長卵形杯體，腹内側設帶狀鋬，三棱錐足外撇。柱帽飾渦紋，腹部飾三道弦紋。

【著　　録】文物 2014 年 2 期 78 頁圖 3。

【銘文字數】鋬内鑄銘文 2 字。

【銘文釋文】父己。

0599. ☐射爵

【時　　代】商代晚期。
【出土時地】河南偃師縣山化鄉忠義村黃家。
【收 藏 者】洛陽博物館。
【尺　　度】通高19.8、流至尾長17.8釐米。
【形制紋飾】曲口長流槽，尖尾較短，流折處有一對菌狀柱，卵圓形杯體，内側有帶狀半環鋬，三棱錐足外撇。柱帽飾渦紋，腹部飾三道弦紋。
【著　　録】洛銅84。
【銘文字數】鋬内鑄銘文2字。
【銘文釋文】☐射。

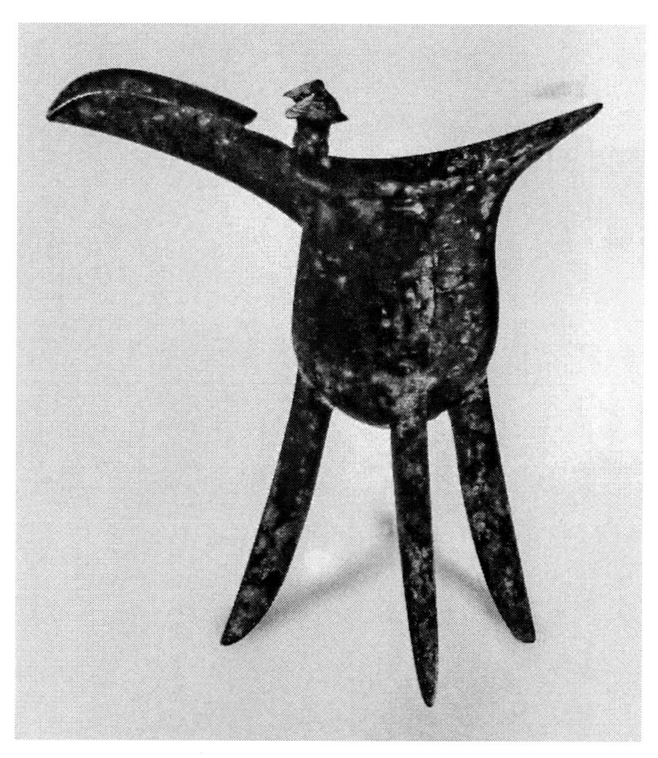

0600. □乙爵

【時　　代】商代晚期。

【收 藏 者】某收藏家。

【尺　　度】通高20、流至尾長16.5釐米。

【形制紋飾】曲口平緩，長流槽，尖尾較短，流折處有一對菌形立柱，長卵形杯體，内側有扁條半環形鋬，三棱錐足外撇。柱帽飾渦紋，腹部飾上卷角獸面紋。

【著　　録】未著録。

【銘文字數】鋬下内壁鑄銘文2字。

【銘文釋文】□乙。

0601. 冉己爵

【時　　代】商代晚期。

【出土時地】安徽六安市物資公司揀選。

【收 藏 者】皖西文物處。

【尺　　度】通高 18.5、流至尾長 17.5 釐米。

【形制紋飾】曲口長流槽，尖尾上翹，流折處有一對菌狀立柱，卵形杯體，内側有牛首半環形鋬，三條三棱錐足外撇。柱帽飾渦紋，頸部飾三角雷紋，腹部飾獸面紋。

【著　　録】江淮 038。

【銘文字數】鋬内腹壁鑄銘文 2 字。

【銘文釋文】己，冉。

0602. 天黽爵甲

【時　　代】西周早期。

【收 藏 者】某收藏家。

【尺　　度】通高 20 釐米。

【形制紋飾】曲口長流槽，尖尾上翹，口沿上有一對菌形立柱，長卵形杯體，内側有扁條半環形鋬，三棱錐足外撇。柱帽飾渦紋，腹部飾三道弦紋。

【著　　録】未著録。

【銘文字數】鋬下内壁鑄銘文 2 字。

【銘文釋文】天黽。

【備　　注】同坑出土一對，形制、紋飾、大小、銘文基本相同。

0603. 天黽爵乙

【時　　代】西周早期。

【收 藏 者】某收藏家。

【尺　　度】通高 20 釐米。

【形制紋飾】曲口長流槽，尖尾上翹，口沿上有一對菌形立柱，長卵形杯體，内側有扁條半環形鋬，三棱錐足外撇。柱帽飾渦紋，腹部飾三道弦紋。

【著　　録】未著録。

【銘文字數】鋬下内壁鑄銘文 2 字。

【銘文釋文】天黽。

0604. 祖乙爵

【時　　代】西周早期。

【收 藏 者】臺北震榮堂(陳鴻榮、王亞玲夫婦)。

【尺　　度】通高 19.5、流至尾長 19.5 釐米。

【形制紋飾】曲口,寬流槽,尖尾上翹,口沿上有一對菌狀柱,卵圓形杯體,内側有牛首半環鋬,三棱錐足外撇,腹部有三道扉棱。柱帽飾渦紋,腹部飾下卷角獸面紋,頸部飾三角蟬紋,流下及尾下飾蕉葉紋。

【著　　録】金銅器 157 頁爵 10。

【銘文字數】鋬内鑄銘文 2 字。

【銘文釋文】且(祖)乙。

0605. 祖庚爵

【時　　代】西周早期。

【出土時地】河南汝陽縣。

【收 藏 者】洛陽博物館。

【尺　　度】通高 21.1、流至尾長 18 釐米。

【形制紋飾】曲口,流槽寬大,尖尾較短,口沿上有一對菌狀立柱,長卵形杯體,内側有半環鋬,圜底,三棱錐足外撇。柱帽飾渦紋,腹部飾兩道弦紋。

【著　　録】洛銅 97。

【銘文字數】鋬内鑄銘文 2 字。

【銘文釋文】且(祖)庚。

0606. 父乙爵甲

【時　　代】西周早期。

【出土時地】1998-2001 年山東滕州市官橋鎮前掌大村商周墓地(III M306.5)。

【收 藏 者】滕州市博物館。

【尺　　度】通高 23、流至尾長 17.4 釐米。

【形制紋飾】曲口寬流槽,尖尾上翹,口沿有一對束傘形立柱,長卵形杯體,内側有牛首半環鋬,三棱刀足外撇。柱帽飾渦紋,腹部飾卷鼻夔龍紋,以雲雷紋襯底。

【著　　録】海岱考古第三輯 338 頁圖 95.7。

【銘文字數】鋬下鑄銘文 2 字。

【銘文釋文】父乙。

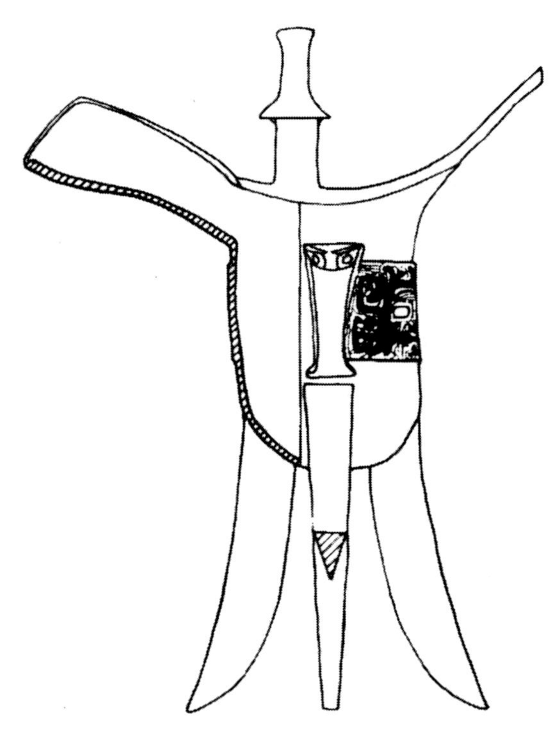

0607. 父乙爵乙

【時　　代】西周早期。
【出土時地】河南洛陽。
【收 藏 者】洛陽博物館。
【尺　　度】通高 21.7、流至尾長 17.5 釐米。
【形制紋飾】曲口寬流槽，尖尾較長，口沿上有一對束傘狀立柱，腹壁較直，内側有牛首半環鋬，鋬圈較細，三棱刀足外撇。柱帽飾渦紋，腹部飾獸面紋。
【著　　録】洛銅 95。
【銘文字數】鋬内鑄銘文 2 字。
【銘文釋文】父乙。

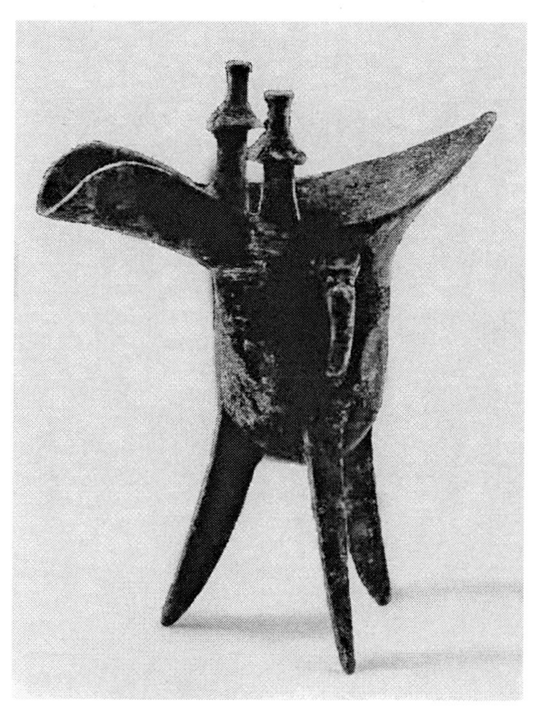

0608. 父乙爵丙

【時　　代】西周早期。
【出土時地】1965 年在河北邢臺專區土産經理部揀選。
【收 藏 者】河北省文物研究所。
【著　　録】未著録。
【銘文字數】鋬内鑄銘文 2 字。
【銘文釋文】父乙。
【備　　注】圖像未公布。

0609. 父丁爵甲

【時　　代】西周早期。
【出土時地】1982 年 5 月安徽潁上縣王崗鄉鄭家灣村。
【收 藏 者】潁上縣文物管理所。
【尺　　度】通高 21、腹深 10、足高 8 釐米。
【形制紋飾】長流槽，尖尾上翹，口沿上近流處有一對菌狀柱，深腹圜底，内側有牛首半環鋬，三棱錐足外撇。腹部飾兩道弦紋。
【著　　録】安徽銘文 30 頁圖 19.2。
【銘文字數】鋬内鑄銘文 2 字。
【銘文釋文】父丁。
【備　　注】圖像未公布。

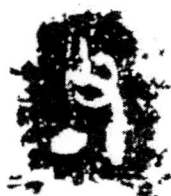

0610. 父丁爵乙

【時　　代】西周早期。

【出土時地】1998-2001 年山東滕州市官橋鎮前掌大村商周墓地(III M307.6)。

【收 藏 者】滕州市博物館。

【尺　　度】通高 23、流至尾長 18 釐米。

【形制紋飾】曲口寬流槽，尖尾上翹，口沿有一對束傘形立柱，長卵形杯體，内側有牛首半環鋬，三棱刀足外撇。柱帽飾弦紋和雲紋紋，腹部飾卷鼻夔龍紋，以雲雷紋襯底。

【著　　録】海岱考古第三輯 338 頁圖 95.6。

【銘文字數】鋬下鑄銘文 2 字。

【銘文釋文】父丁。

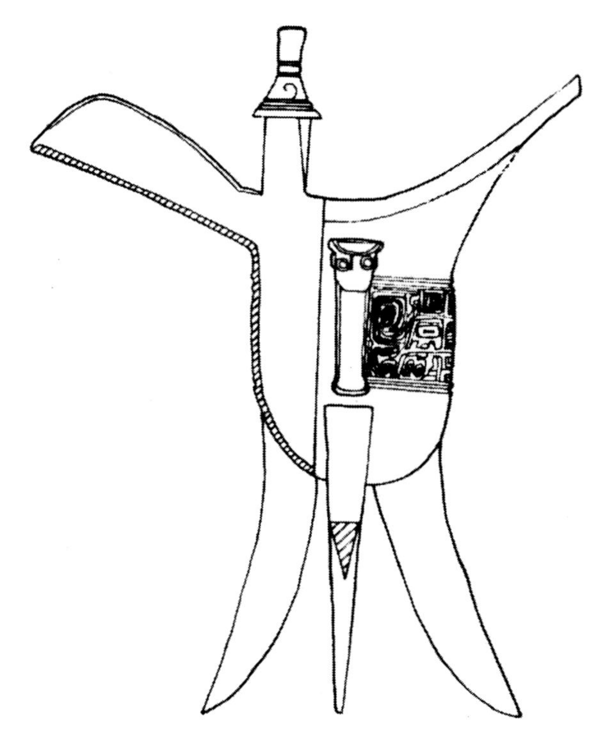

0611. 父辛爵甲

【時　　代】西周早期。

【收 藏 者】陝西師範大學博物館。

【尺　　度】通高 22.5、流至尾長 18 釐米。

【形制紋飾】曲口，淺流槽，口沿上有一對束傘形柱，長卵形杯體，内側有牛首鋬，三棱刀足外撇。柱帽飾渦紋，腹部飾獸面紋，以雲雷紋襯底。

【著　　録】未著録。

【銘文字數】鋬内鑄銘文 2 字。

【銘文釋文】父辛。

0612. 父辛爵乙

【時　　代】西周早期。

【收 藏 者】某收藏家。

【尺　　度】通高 22.3、口寬 7.9、腹深 9.9、流至尾長 18 釐米。

【形制紋飾】曲口寬流槽，尖尾上翹，口沿上有一對束傘形立柱，長卵形杯體，内側有半環形鋬，三棱刀足外撇。腹部、流槽下及尾下均飾雲雷紋組成的獸面紋。

【著　　録】未著録。

【銘文字數】鋬下鑄銘文 2 字。

【銘文釋文】父辛。

0613. 父辛爵丙

【時　　代】西周早期。

【出土時地】2013 年湖北隨州市曾都區淅河鎮蔣寨村葉家山西周墓地(M28.171)。

【收 藏 者】湖北省文物考古研究所。

【尺度重量】通高 19.7、口徑 8.1、流至尾長 18.3、腹深 9.8 釐米,重 0.615 公斤。

【形制紋飾】曲口,寬流槽,尖尾上翹,口沿近流處有一對菌狀柱,長卵形杯體,腹內側有牛首半環形鋬,三棱錐足外撇。柱帽飾渦紋,腹部飾獸面紋,除鋬周圍外均已磨光。

【著　　録】葉家山 78 頁,江漢考古 2013 年 31 頁拓片 13。

【銘文字數】鋬內鑄銘文 2 字。

【銘文釋文】父辛。

0614. 父癸爵

【時　　代】西周早期。

【收 藏 者】某收藏家。

【形制紋飾】曲口，流槽寬大，尖尾上翹，口沿上有一對菌狀柱，長卵形杯體，内側有牛首半環鋬，三棱刀足外撇。腹部飾兩道弦紋。

【著　　録】未著録。

【銘文字數】立柱上鑄銘文 2 字。

【銘文釋文】父癸。

【備　　注】同坑出土一對，形制、紋飾、大小、銘文相同，另一件銘文未拍照。

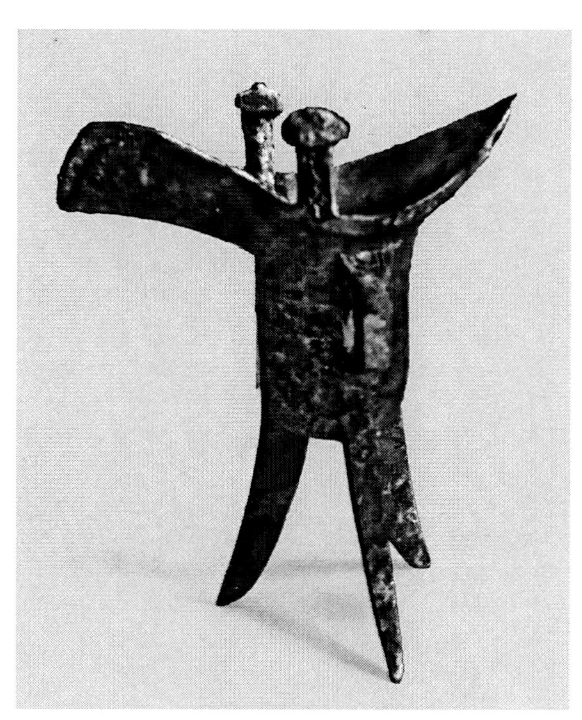

0615. 父癸爵

【時　　代】西周早期。

【收 藏 者】某收藏家。

【尺　　度】通高 21、流至尾長 18.3、腹深 9.2 釐米。

【形制紋飾】曲口,寬長流,口沿上有一對菌狀柱,卵圓形杯體,内側有牛首鋬,三棱錐足外撇。腹部飾曲折角獸面紋,柱帽飾渦紋。

【著　　録】未著録。

【銘文字數】鋬内鑄銘文 2 字。

【銘文釋文】父癸。

0616. 㝑父爵

【時　　代】西周早期。

【收 藏 者】海外某收藏家。

【尺　　度】通高 17.5、流至尾長 14.8 釐米。

【形制紋飾】曲口，淺流槽，尖尾上翹，口沿上有一對菌狀立柱，長卵形杯體，内側有牛首半環鋬，三棱錐足外撇。柱帽飾渦紋，腹部飾曲折角獸面紋，以雲雷紋襯底。

【著　　録】未著録。

【銘文字數】鋬内鑄銘文 2 字。

【銘文釋文】㝑父。

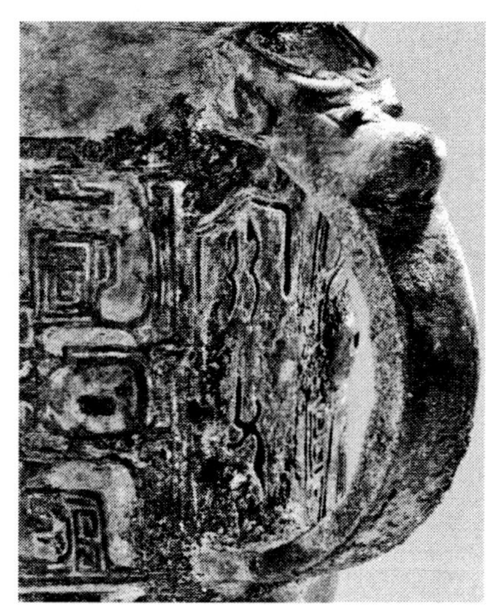

0617. 矢𠂤爵甲

【時　　代】西周早期。

【出土時地】傳山西晉南出土。

【收 藏 者】某收藏家。

【尺　　度】通高 19.3、流至尾長 16.5、口寬 7、腹深 9.7 釐米。

【形制紋飾】曲口，窄流槽，口沿上有一對菌狀立柱，長卵形杯體，内側有牛首半環形鋬，三棱錐足外撇。柱帽飾渦紋，腹部飾獸面紋。

【著　　録】未著録。

【銘文字數】鋬下内壁鑄銘文 2 字。

【銘文釋文】矢𠂤。

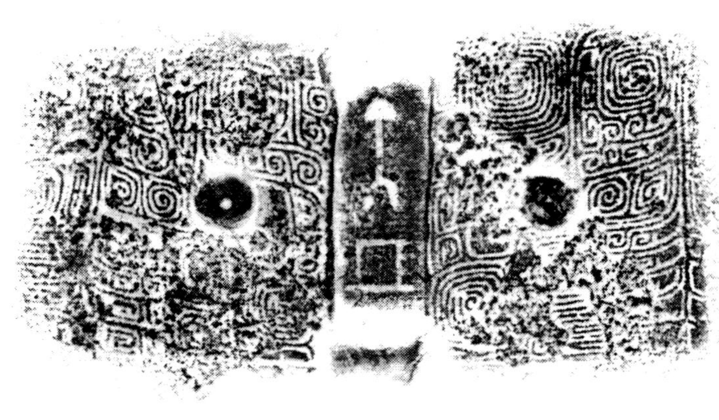

0618. 矢𬻂爵乙

【時　　代】西周早期。
【出土時地】傳山西晉南出土。
【收 藏 者】某收藏家。
【形制紋飾】曲口，窄流槽，口沿上有一對菌狀立柱，長卵形杯體，内側有牛首半環形鋬，三棱錐足外撇。柱帽飾渦紋，腹部飾獸面紋。
【著　　録】未著録。
【銘文字數】鋬下内壁鑄銘文 2 字。
【銘文釋文】矢𬻂。

0619. 義爵

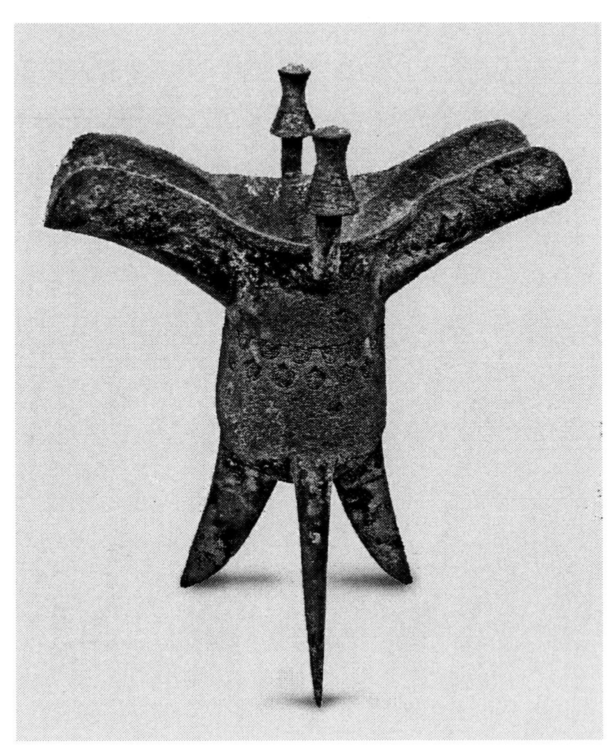

【時　　代】西周中期前段。
【出土時地】2012 年 9 月出現在西安，傳出山西。
【收 藏 者】某收藏家。
【尺　　度】通高 21、通長 18 釐米。
【形制紋飾】曲口垂腹，兩個寬流槽横出，兩個流槽之間的口沿下横出一對束傘形立柱，緊貼口沿上伸，無鋬，三棱刀足較矮。柱帽飾渦紋，腹部飾兩排鱗紋，相互錯落。
【著　　録】未著録。
【銘文字數】内壁鑄銘文 2 字。
【銘文釋文】義乍(作)。

0620. 亞韋舌爵

【時　　代】商代晚期。

【出土時地】2006 年 7 月河南滎陽市廣武鎮小胡村商代墓(M22.7)。

【收 藏 者】河南省文物考古研究院。

【尺度重量】通高 18.7、流至尾長 15.2 釐米，重 0.594 公斤。

【形制紋飾】曲口，長流槽，尖尾上翹，流折處有一對菌狀立柱，長卵形杯體，内側有扁條半環形鋬，三條錐形足外撇。柱帽飾渦紋，頸部飾連珠紋鑲邊的雲雷紋帶。

【著　　録】華夏考古 2015 年 1 期 5 頁圖 3.2。

【銘文字數】鋬下鑄銘文 3 字。

【銘文釋文】亞韋舌。

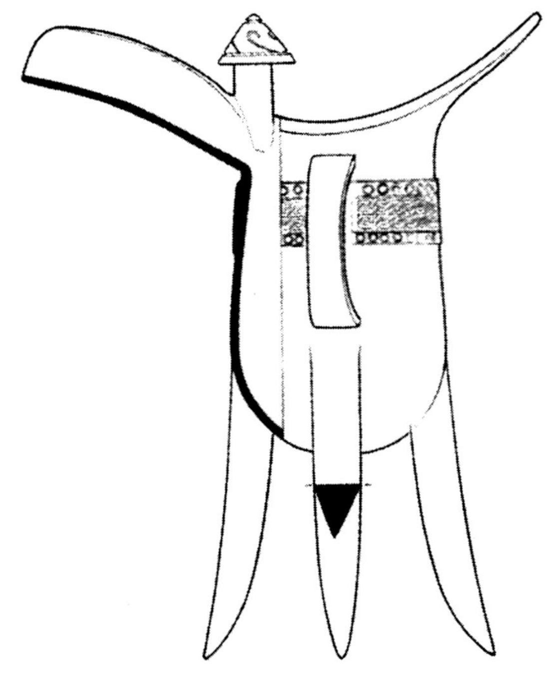

0621. 子■單爵

【時　　代】商代晚期。

【收 藏 者】四川博物院。

【尺　　度】通高 19.3 釐米。

【形制紋飾】曲口，長流槽，尖尾上翹，流折處有一對菌狀柱，長卵形杯體，腹内側設帶狀鋬，三棱錐足外撇。柱帽飾渦紋，流下及尾下飾蕉葉紋，頸部飾三角雷紋，腹部飾獸面紋。

【著　　録】文物 2014 年 2 期 78 頁圖 2。

【銘文字數】鋬内鑄銘文 3 字。

【銘文釋文】子■單。

0622. 祖日口爵

【時　　代】西周早期。

【收 藏 者】某收藏家。

【尺　　度】通高 20、流至尾長 17 釐米。

【形制紋飾】曲口寬流槽，尖尾上翹，口沿上有一對束傘形立柱，長卵形杯體，内側有半環形牛首鋬，三棱刀足外撇。腹部有一道箍棱，通體光素。

【著　　録】未著録。

【銘文字數】内柱側面及口沿下鑄銘文 3 字。

【銘文釋文】且（祖）日口。

0623. 戈祖丁爵

【時　　代】商代晚期。

【出土時地】明義士二十世紀四十年代購藏。

【收 藏 者】原藏明義士，現藏加拿大多倫多皇家安大略博物館。

【尺　　度】通高 20.3、流至尾長 16.5 釐米。

【形制紋飾】曲口，寬流槽，尖尾上翹，一對菌狀柱近於流折處，長卵形杯體，内側有牛首鋬，三棱錐足外撇。腹部飾獸面紋。

【著　　録】明藏 264 頁圖 4.2。

【銘文字數】鋬内鑄銘文 2 字。

【銘文釋文】戈且(祖)丁。

【備　　注】館藏號：ROM960.234.270。

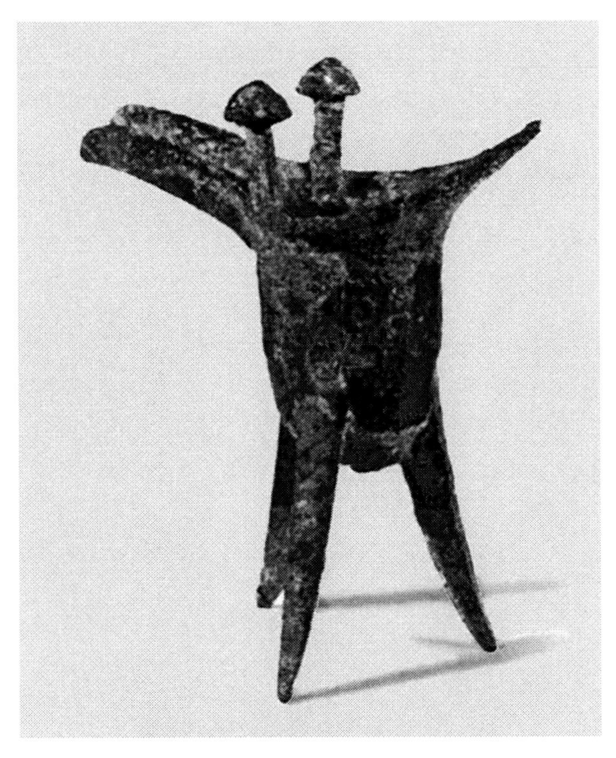

0624. 㝵祖丁爵

【時　　代】西周早期。

【收 藏 者】故宫博物院。

【尺度重量】通高 24.3、流至尾長 18.2 釐米，重 0.94 公斤。

【形制紋飾】曲口寬流槽，尖尾上翹，口沿上有一對束傘形立柱，長卵形杯體，内側設牛獸半環形鋬，三棱刀足。柱帽飾渦紋，腹部飾獸面紋。

【著　　録】辨僞 253 頁圖 191。

【銘文字數】鋬内鑄銘文 3 字，内側柱有僞刻銘文 1 字（不録）。

【銘文釋文】㝵祖丁。

0625. 冈祖丁爵（冈祖丁爵）

【時　　代】西周早期。
【收 藏 者】原藏吴大澂。
【形制紋飾】曲口尖尾，寬流槽，口沿上有一對菌狀柱，長卵形杯體，腹內側有牛首半環鋬，三棱錐足外撇。柱帽飾渦紋，流下飾雲雷紋，腹部飾獸面紋。
【著　　録】愙圖注 044 頁。
【銘文字數】內側立柱鑄銘文 1 字，鋬內 2 字。
【銘文釋文】冈（冈）且（祖）丁。

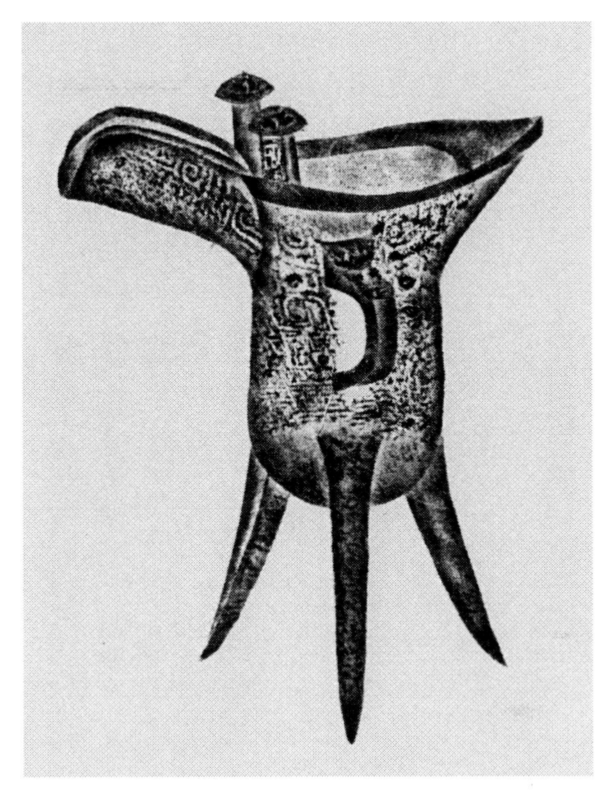

0626. 史祖戊爵

【時　　代】西周早期。

【出土時地】1998-2001 年山東滕州市官橋鎮前掌大村商周墓地（II M213.2）。

【收 藏 者】滕州市博物館。

【尺　　度】通高 21、流至尾長 16.7 釐米。

【形制紋飾】口部平緩，寬流槽，尖尾上翹，口沿有一對束傘形立柱，腹壁較直，底部弧度不大，腹內側有半環牛首鋬，三條刀足微外撇。腹部飾雲雷紋組成的獸面紋帶。

【著　　録】海岱考古第三輯 294 頁圖 56.2、3。

【銘文字數】柱內壁鑄銘文 1 字，鋬下 2 字。

【銘文釋文】史，且（祖）戊。

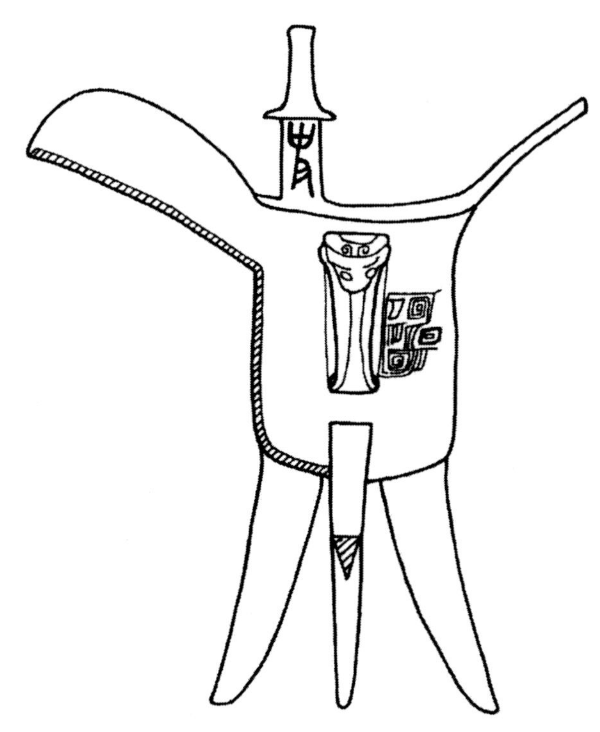

0627. 戈祖己爵

【時　　代】西周早期。

【出土時地】明義士 1930 年購自林來鋒，傳出河南洛陽附近。

【收 藏 者】原藏明義士，現藏加拿大多倫多皇家安大略博物館。

【尺　　度】通高 21 釐米。

【形制紋飾】流殘，曲口，尖尾上翹，長卵形杯體，腹内側設有牛首半環形鋬，三棱錐足，兩條殘缺。腹部飾三條弦紋。

【著　　録】明藏 263 頁圖 3.4。

【銘文字數】鋬内鑄銘文 3 字。

【銘文釋文】戈且(祖)己。

【備　　注】館藏號：ROM960.234.8。

0628. 戈祖辛爵

【時　　代】西周早期。
【收 藏 者】某收藏家。
【尺度重量】通高 22、口寬 7.5、流至尾長 17.5 釐米，重 0.768 公斤。
【形制紋飾】曲口寬流槽，尖尾上翹，口沿上有一對菌狀立柱，長卵形杯體，内側有牛首半環形鋬，三條刀形足外撇。柱帽飾渦紋，流槽下面飾一對夔龍紋，上腹飾下卷角獸面紋，下腹飾列旗脊獸面紋帶。
【著　　録】未著録。
【銘文字數】鋬下鑄銘文 3 字。
【銘文釋文】戈且（祖）辛。

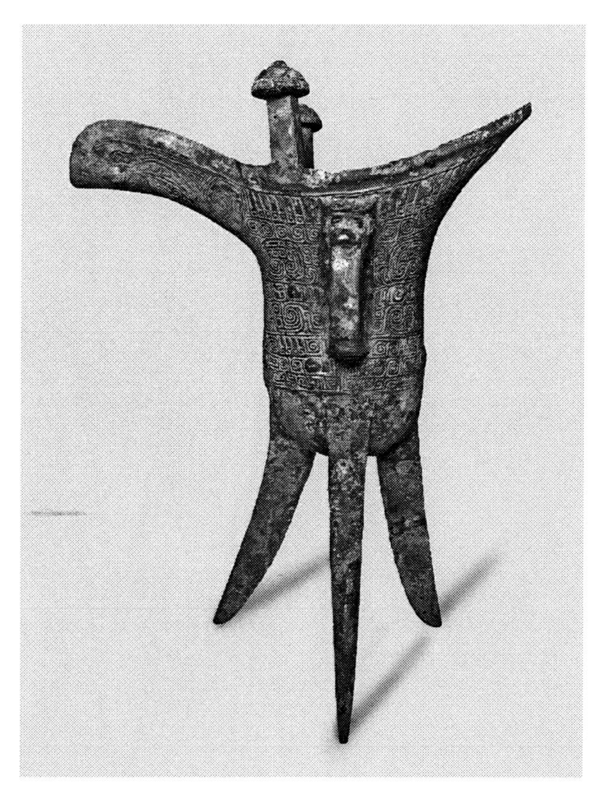

0629. 冉祖壬爵

【時　　代】西周早期。
【出土時地】2012年10月出現在日本美協秋季拍賣會。
【收 藏 者】日本關西某收藏家。
【尺　　度】通高21、流至尾長17釐米。
【形制紋飾】曲口，寬流槽，尖尾上翹，口沿上有一對菌狀立柱，長卵形杯體，内側有牛首半環形鋬，三棱錐足較細。流尾之下和腹部均飾獸面紋。
【著　　録】未著録。
【銘文字數】鋬下腹壁鑄銘文3字。
【銘文釋文】冉且(祖)壬。

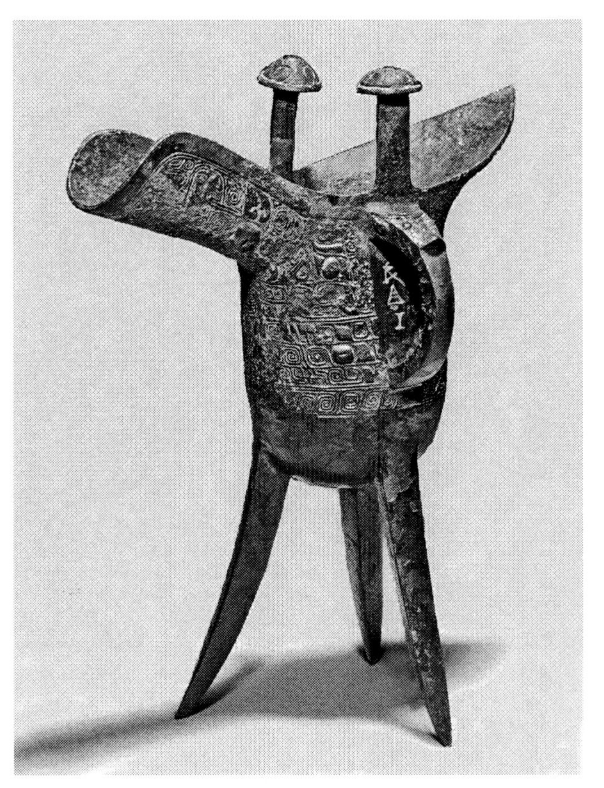

0630. 冉父乙爵

【時　　代】西周早期。

【收 藏 者】某收藏家。

【尺　　度】通高 20.5-21.5、流至尾長 19.5、口寬 8.2、腹深 8.5 釐米。

【形制紋飾】曲口寬流槽，尖尾上翹，口沿上有一對菌狀柱，卵圓形杯體，内側有牛首半環形鋬，三棱刀足外撇。腹部飾連珠紋鑲邊的獸面紋帶。

【著　　録】未著録。

【銘文字數】鋬下腹壁鑄銘文 1 字，内柱 2 字。

【銘文釋文】鋬下銘：冉(冉)；柱銘：父乙。

鋬下銘

柱銘

0631. 子父乙爵

【時　　代】西周早期。

【出土時地】河北滿城縣要莊，1973 年由河北石家莊市物資回收公司揀選得到。

【收 藏 者】河北省文物研究所。

【著　　録】未著録。

【銘文字數】鋬内鑄銘文 3 字。

【銘文釋文】子父乙。

【備　　注】圖像未公布。

0632. 𠂔父乙爵

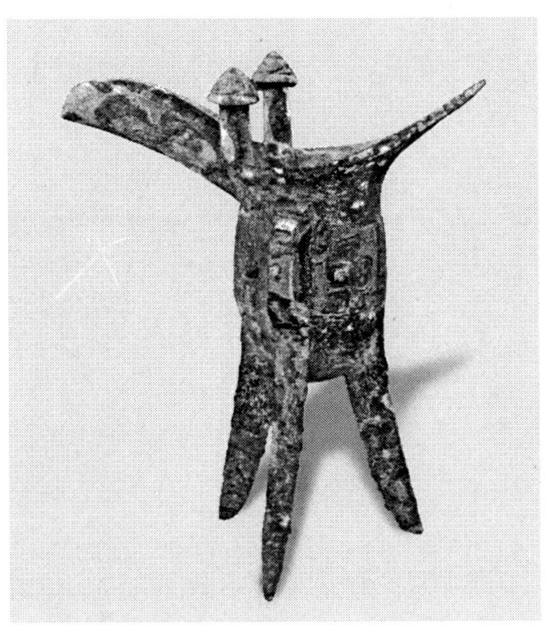

【時　　代】西周早期。

【出土時地】1998-2001 年山東滕州市官橋鎮前掌大村商周墓地(III M312.4)。

【收 藏 者】滕州市博物館。

【尺　　度】通高 21、流至尾長 18.5 釐米。

【形制紋飾】曲口，長流槽，尖尾上翹，口沿有一對菌狀柱，卵圓形杯體，内側有牛首半環鋬，三棱錐足外撇。柱帽飾渦紋，腹部飾獸面紋。

【著　　録】海岱考古第三輯 338 頁圖 95.5。

【銘文字數】鋬下鑄銘文 3 字。

【銘文釋文】𠂔父乙。

0633. 弔父丙爵(叔父丙爵)

【時　　代】西周早期。

【出土時地】明義士1931年3月25日購自Shaiwan。

【收 藏 者】加拿大多倫多皇家安大略博物館。

【尺　　度】通高22.4、流至尾長17.3釐米。

【形制紋飾】曲口,流槽短闊,尖尾上翹,口沿有一對束傘形立柱,長卵形杯體,腹内側設有細圓半環形鋬,其上有圓雕牛頭,三棱刀足外撇。腹部飾兩道弦紋。

【著　　録】明藏263頁圖3.2。

【銘文字數】立柱及柱下鑄銘文3字。

【銘文釋文】弔(叔)父丙。

【備　　注】館藏號:ROM960.234.6。

0634. 弔父丙爵（叔父丙爵）

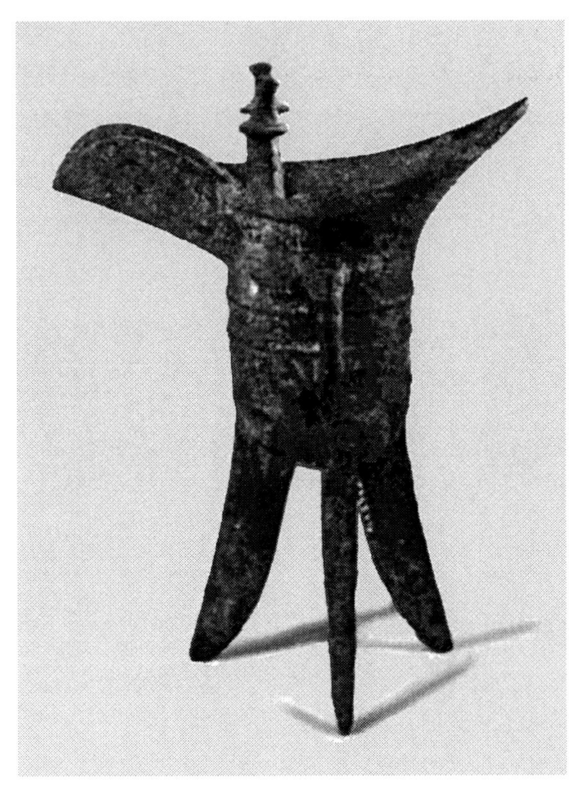

【時　　代】西周早期。

【出土時地】明義士二十世紀四十年代購藏。

【收 藏 者】原藏明義士，現藏加拿大多倫多皇家安大略博物館。

【尺　　度】通高 21.5、流至尾長 17 釐米。

【形制紋飾】曲口，流槽寬短，尖尾上翹，口沿上有一對束傘形立柱，長卵形杯體，腹内側設有牛首半環形鋬，三棱刀足外撇。腹部飾兩道弦紋。

【著　　録】明藏 263 頁圖 3.7、8。

【銘文字數】立柱及柱下鑄銘文 3 字。

【銘文釋文】父丙，弔（叔）。

【備　　注】館藏號：ROM960.234.10。

0635. 冉父丁爵(冄父丁爵)

【時　　代】西周早期。

【出土時地】2012 年 9 月出現在西安。

【收 藏 者】某收藏家。

【尺度重量】通高 20、流至尾長 17 釐米,重 0.76 公斤。

【形制紋飾】曲口寬流槽,尖尾上翹,口沿上有一對菌狀立柱,長卵形杯體,内側有牛首鋬,三棱錐足外撇。柱帽飾渦紋,腹部飾兩組下卷角獸面紋。

【著　　録】未著録。

【銘文字數】鋬内鑄銘文 3 字。

【銘文釋文】冄(冉)父丁。

0636. 冉父丁爵（冄父丁爵）

【時　　代】西周早期。

【出土時地】2014 年 9 月日本東京中央秋季拍賣會。

【收 藏 者】原藏日本某收藏家。

【尺　　度】通高 21.5 釐米。

【形制紋飾】曲口寬流槽，尖尾上翹，口沿上有一對菌狀柱，長卵形杯體，腹壁較直，内側有牛首半環形鋬，三條三棱刀足。柱帽飾渦紋，頸部飾雲雷紋組成的獸面紋帶。

【著　　録】未著録。

【銘文字數】鋬下腹壁鑄銘文 1 字，内柱 2 字。

【銘文釋文】鋬下銘：冄（冉）；柱銘：父丁。

鋬下銘

柱銘

0637. 鳥父丁爵

【時　　代】西周早期。

【出土時地】2011 年湖北隨州市淅河鎮蔣寨村葉家山西周墓地(M46.14)。

【收 藏 者】湖北省文物考古研究所。

【尺度重量】通高 21.7、流至尾長 18.1、腹深 10.7 釐米,重 0.81 公斤。

【形制紋飾】曲口長流槽,尖尾上翹,口沿上有一對菌狀柱,長卵形杯體,腹部有三道扉棱,内側有牛首鋬,三棱錐足外撇。柱帽飾渦紋,腹部飾連珠紋鑲邊的獸面紋。

【著　　録】考古 2012 年 7 期 42 頁圖 18.12,葉家山 249 頁。

【銘文字數】鋬内鑄銘文 3 字。

【銘文釋文】鳥父丁。

0638. 弓父丁爵

【時　　代】西周早期。

【收 藏 者】某收藏家。

【形制紋飾】曲口，長流槽，尖尾上翹，口沿上有一對束傘形立柱，長卵形杯體，内側有牛首半環形鋬，三棱錐足外撇。柱帽飾渦紋，腹部飾雲雷紋組成的獸面紋帶。

【著　　録】未著録。

【銘文字數】内柱上鑄銘文 1 字，鋬下内壁 2 字。

【銘文釋文】柱銘：弓；鋬下銘：父丁。

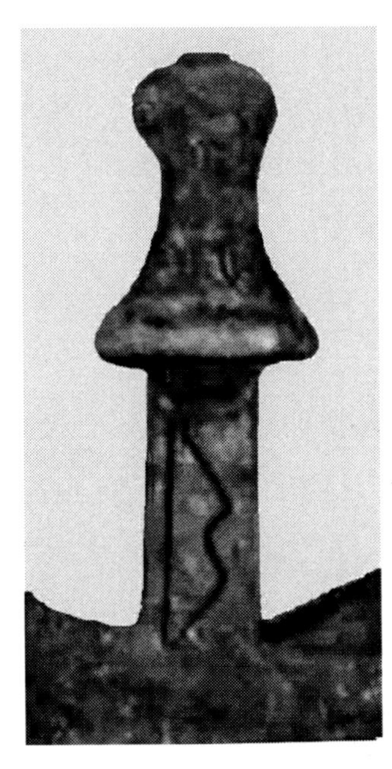

柱銘

鋬下銘

0639. 共父丁爵

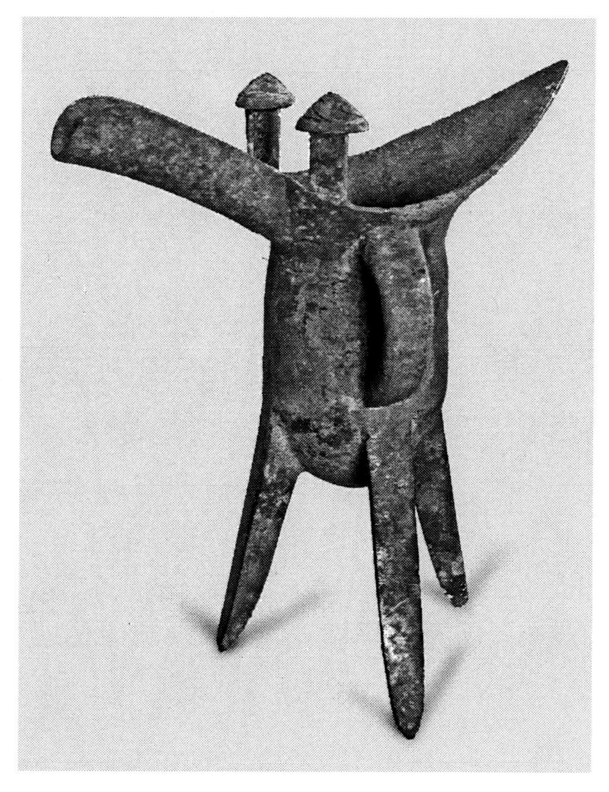

【時　　代】西周早期。
【收 藏 者】黑龍江省博物館。
【尺　　度】通高 20.5、流至尾長 17 釐米。
【形制紋飾】曲口長流槽，尖尾上翹，口沿上有一對菌狀柱，長卵形杯體，内側有半環形鋬，三棱錐足外撇。腹部飾雲雷紋襯底的夔龍紋，大部分已磨光，僅餘鋬兩側可見。
【著　　録】未著録。
【銘文字數】鋬下腹壁鑄銘文 3 字。
【銘文釋文】共父丁。

0640. 枚父丁爵

【時　　代】西周早期。

【收 藏 者】某收藏家。

【形制紋飾】曲口，寬流槽，口沿上有一對菌狀立柱，長卵形杯體，内側有牛首半環形鋬，腹部有三道扉棱，三棱錐足外撇。頸部飾三角紋，腹部飾獸面紋。

【著　　録】未著録。

【銘文字數】柱壁鑄銘文 3 字。

【銘文釋文】枚父丁。

0641. 子父庚爵

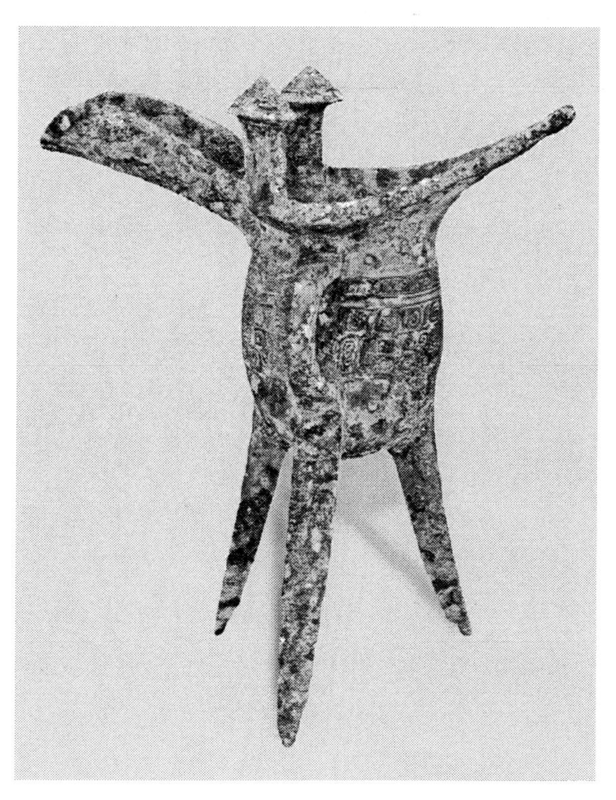

【時　　代】西周早期。

【出土時地】1998-2001 年山東滕州市官橋鎮前掌大村商周墓地(III M305.2)。

【收 藏 者】滕州市博物館。

【尺　　度】通高 20、流至尾長 17.3 釐米。

【形制紋飾】曲口,寬流槽,尖尾上翹,口沿有一對菌狀柱,卵圓形杯體,内側有牛首半環鋬,三棱錐足外撇。柱帽飾渦紋,腹部飾雲雷紋組成的獸面紋帶。

【著　　録】海岱考古第三輯 338 頁圖 95.15。

【銘文字數】鋬下鑄銘文 3 字。

【銘文釋文】子父庚(?)。

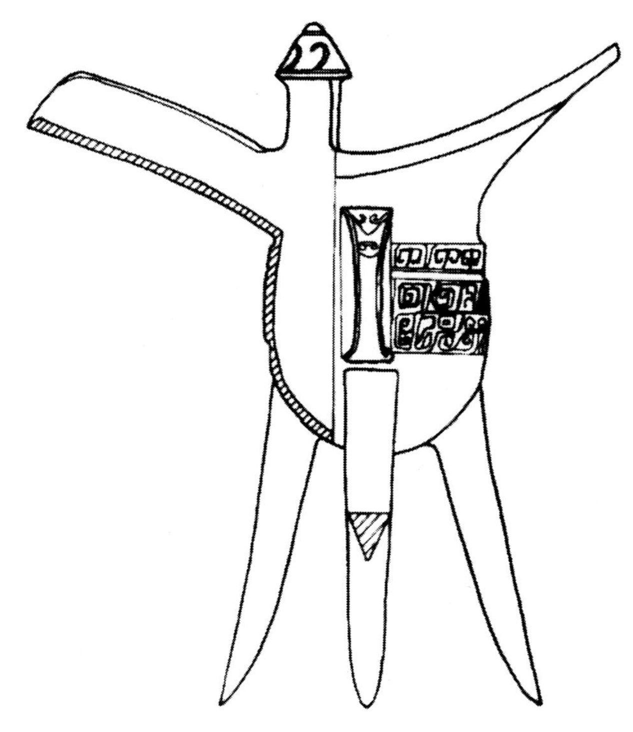

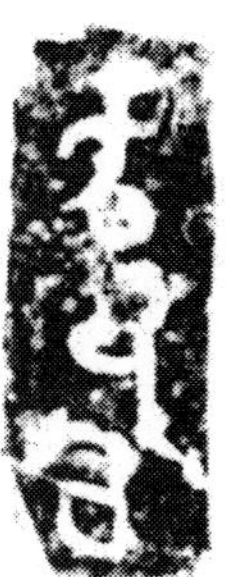

0642. 伽父辛爵

【時　　代】西周早期。

【收 藏 者】某收藏家。

【形制紋飾】曲口，長流槽，口沿上有一對束傘形柱，卵圓形杯體，内側有牛首鋬，三棱刀足外撇。柱帽飾渦紋，腹部飾下卷角獸面紋，以雲雷紋襯底。

【著　　録】未著録。

【銘文字數】口内壁鑄銘文 3 字。

【銘文釋文】伽父辛。

0643. 㠱父辛爵

【時　　代】西周早期。

【出土時地】1984 年安徽舒城縣古城鄉金墩村。

【收 藏 者】舒城縣文物管理所。

【尺度重量】通高 20.5、流至尾長 18.1、腹深 9.6、足高 7.8 釐米，重 0.85 公斤。

【形制紋飾】曲口，流槽寬淺，尖尾平緩上翹，口沿上近流處有一對菌狀柱，卵圓形杯體，内側有牛首鋬，三棱錐足外撇。柱帽飾渦紋，腹部飾曲折角獸面紋。

【著　　録】安徽銘文 291 頁圖 200.1，江淮 032。

【銘文字數】鋬内鑄陽文 1 字，柱上鑄陰文 2 字。

【銘文釋文】鋬内銘：㠱；柱銘：父辛。

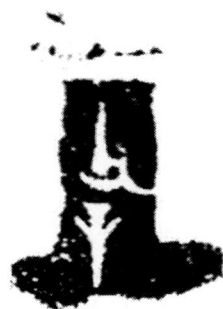

鋬銘

柱銘

0644. 㺇父辛爵

【時　　代】商代晚期。
【收 藏 者】安徽臨泉縣博物館。
【著　　録】安徽銘文 25 頁圖 15.1。
【銘文字數】鋬内鑄銘文 3 字。
【銘文釋文】㺇父辛。
【備　　注】圖像未公布。

0645. ○父辛爵

【時　　代】商代晚期。
【出土時地】河南洛陽。
【收 藏 者】洛陽博物館。
【尺　　度】通高 19、流至尾長 15.5 釐米。
【形制紋飾】曲口寬流槽，尖尾上翹，流折處有一對菌狀柱，長卵形杯體，内側有牛首半環鋬，三棱錐足外撇。柱帽飾渦紋，腹部飾獸面紋。
【著　　録】洛銅 85。
【銘文字數】鋬内鑄銘文 3 字。
【銘文釋文】○父辛。

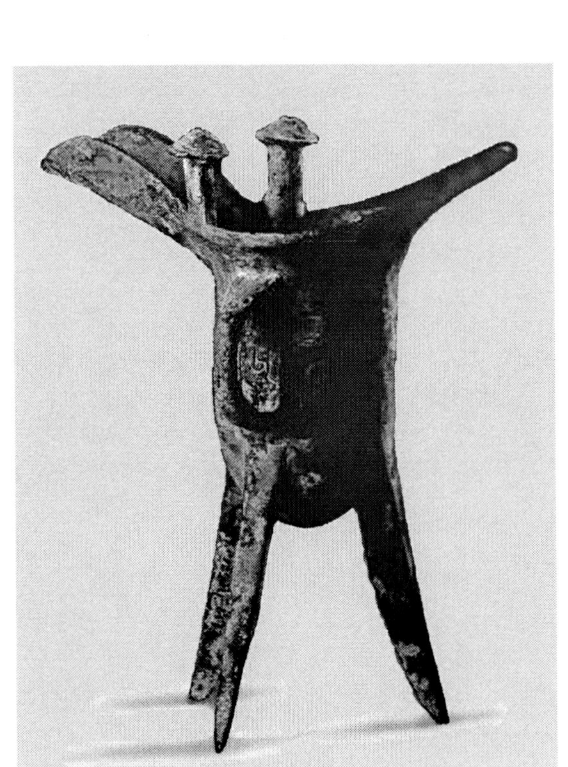

0646. [illegible]父辛爵

【時　　代】西周早期。

【收 藏 者】某收藏家。

【尺　　度】通高 20.4、流至尾長 17.2、腹深 8.5 釐米。

【形制紋飾】曲口，寬流槽，口沿上有一對菌狀柱，長卵形杯體，内側有牛首鋬，三棱錐足外撇。柱帽飾渦紋，腹部飾雲雷紋組成的獸面紋。

【著　　録】未著録。

【銘文字數】鋬内鑄銘文 3 字。

【銘文釋文】[illegible]父辛。

0647. 𠆢父辛爵

【時　　代】西周早期。

【出土時地】2013年湖北隨州市曾都區淅河鎮蔣寨村葉家山西周墓地（M28.172）。

【收 藏 者】湖北省文物考古研究所。

【尺度重量】通高19.9、口徑8.4、流至尾長18、腹深9.1釐米，重0.775公斤。

【形制紋飾】曲口，長流槽，尖尾上翹，口沿近流處有一對菌狀柱，長卵形杯體，腹內側有牛首半環形鋬，三棱錐足外撇。柱帽飾渦紋，腹部飾獸面紋，除鋬周圍外均已磨光。

【著　　録】葉家山75頁，江漢考古2013年31頁拓片14。

【銘文字數】鋬内鑄銘文3字。

【銘文釋文】𠆢父辛。

0648. 保父癸爵

【時　　代】商代晚期。

【出土時地】2006年9月河南安陽市殷墟郭家莊賽格金地城市廣場商代墓葬(M13.4)。

【收 藏 者】安陽市文物考古研究所。

【尺　　度】通高20.8、口寬7.8、流至尾長17.6釐米。

【形制紋飾】曲口窄長流,尖尾上翹,近流處有一對菌狀柱,長卵形杯體,内側有牛首半環鋬,鋬殘斷,三棱錐足外撇。柱帽飾渦紋,腹部飾獸面紋和"臣"字形眼。

【著　　録】徐郭墓69頁拓片5.4。

【銘文字數】鋬内鑄銘文3字。

【銘文釋文】保父癸。

0649. 史父癸爵

【時　　代】西周早期。

【出土時地】2015 年 11 月出現在英國倫敦佳士得秋季拍賣會。

【收 藏 者】原藏美國夏威夷檀香山 Dr. Kyoshi Hosoi，1982 年 6 月歐洲某收藏家從美國紐約古董商 Rare Art，lnc 購得，現藏某收藏家。

【尺　　度】通高 18.4 釐米。

【形制紋飾】曲口，長流槽，尖尾上翹，口沿上有一對菌狀柱，長卵形杯體，内側有牛首半環形鋬，三條三棱錐足外撇，腹部有三道扉棱。頸部飾下卷角獸面紋，腹部飾 T 字形角獸面紋，其下有一周連珠紋，柱帽飾渦紋。

【著　　録】未著録。

【銘文字數】鋬下腹部鑄銘文 3 字。

【銘文釋文】史父癸。

0650. 木父癸爵

【時　　代】西周早期。

【收 藏 者】傳世品，現不知藏於何處。

【形制紋飾】腹内側設獸首鋬，腹部飾獸面紋。

【著　　録】未著録。

【銘文字數】鋬下鑄銘文 3 字。

【銘文釋文】木父癸。

【備　　注】拓本藏於湖南省檔案館。

0651. □父癸爵

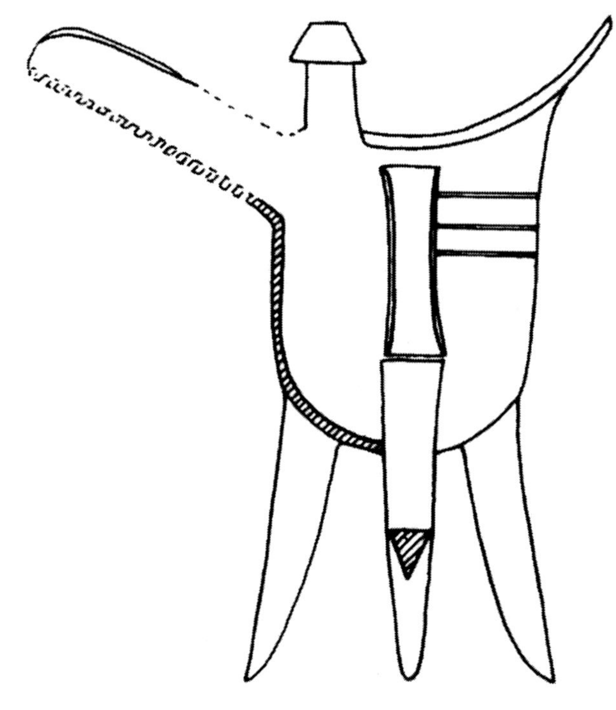

【時　　代】商代晚期或西周早期。

【出土時地】1998-2001 年山東滕州市官橋鎮前掌大村商周墓地（III M312.6）。

【收 藏 者】滕州市博物館。

【尺　　度】通高 18.6、流至尾長 16 釐米。

【形制紋飾】曲口，長流槽，杯體較粗，尖尾較短，流折處有一對菌狀柱，内側有帶狀半環鋬，三棱錐足外撇。上腹飾三道弦紋。

【著　　録】海岱考古第三輯 338 頁圖 95.3。

【銘文字數】鋬下鑄銘文 3 字。

【銘文釋文】□父癸。

0652. 尧父癸爵

【時　　代】商代晚期。

【收 藏 者】某收藏家。

【形制紋飾】曲口，窄流槽，流折處有一對菌狀立柱，長卵形杯體，内側有牛首半環形鋬，三棱錐足外撇。柱帽飾渦紋，腹部飾"臣"字眼獸面紋。

【著　　録】未著録。

【銘文字數】鋬下内壁鑄銘文3字。

【銘文釋文】□(尧一剌)父癸。

0653. 咸母乙爵

【時　　代】商代晚期。

【出土時地】1998-2001 年山東滕州市官橋鎮前掌大村商周墓地（III M316.7）。

【收 藏 者】滕州市博物館。

【尺　　度】通高 19、流至尾長 17.2 釐米。

【形制紋飾】曲口，長流槽，尖尾上翹，流折處有一對菌狀柱，卵圓形杯體，内側有扁條半環鋬，三棱錐足外撇。柱帽飾渦紋，腹部飾曲折角獸面紋。

【著　　録】海岱考古第三輯 338 頁圖 95.5。

【銘文字數】鋬下鑄銘文 3 字。

【銘文釋文】咸母乙。

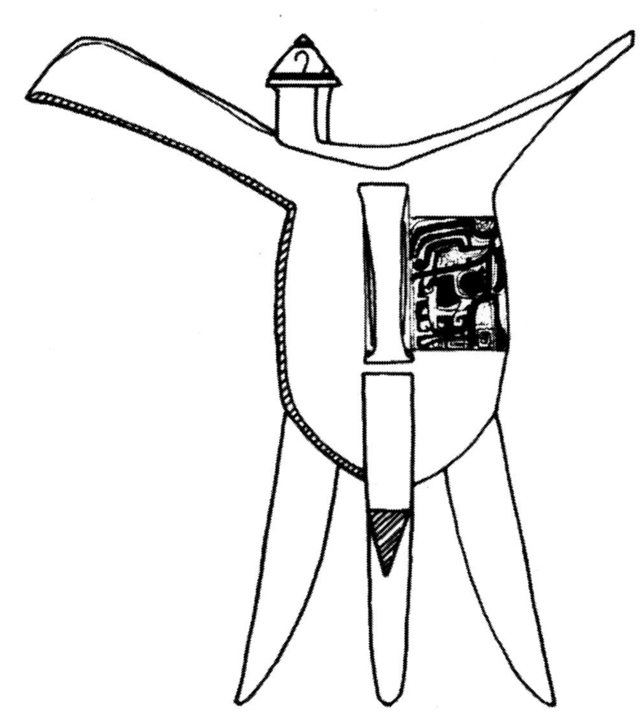

0654. 戈作從爵(作從戈爵)

【時　　代】西周早期。

【出土時地】明義士二十世紀四十年代購藏。

【收 藏 者】原藏明義士,現藏加拿大多倫多皇家安大略博物館。

【尺　　度】通高 20、流至尾長 15.8 釐米。

【形制紋飾】曲口,寬流槽,尖尾上翹,口沿上有一對束傘形立柱,長卵形杯體,腹内側設有牛首半環形鋬,三棱刀足外撇。腹部飾兩道弦紋。

【著　　録】明藏 263 頁圖 3.5。

【銘文字數】立柱及柱下鑄銘文 3 字。

【銘文釋文】乍(作)从(從),戈。

【備　　注】館藏號: ROM960.234.9。

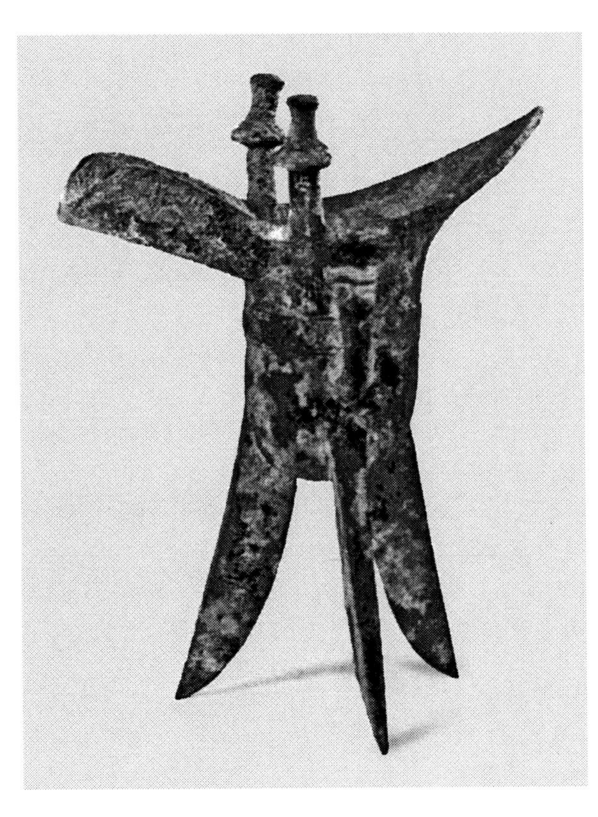

0655. 戈作從爵(作從戈爵)

【時　　代】西周早期。

【出土時地】明義士二十世紀四十年代購藏。

【收 藏 者】原藏明義士,現藏加拿大多倫多皇家安大略博物館。

【尺　　度】通高 19.8、流至尾長 15.7 釐米。

【形制紋飾】曲口,寬流槽,尖尾上翹,口沿上有一對束傘形立柱,長卵形杯體,腹内側設有牛首半環形鋬,三棱刀足外撇。腹部飾兩條弦紋。

【著　　録】明藏 263 頁圖 3.9。

【銘文字數】立柱及柱下鑄銘文 3 字。

【銘文釋文】乍(作)从(從),戈。

【備　　注】館藏號:ROM960.234.15。

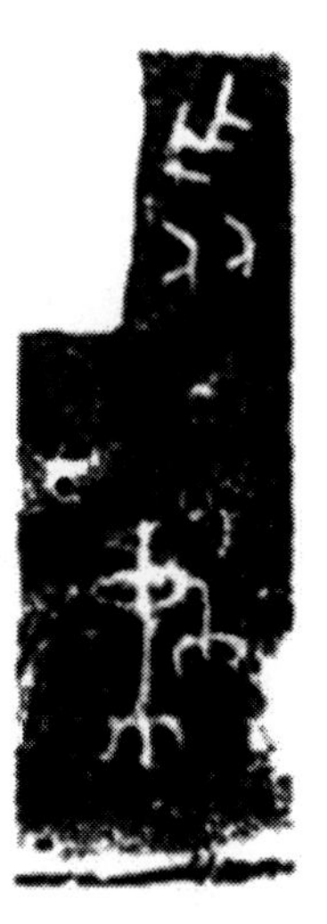

0656. ✦凵父丁爵

【時　　代】西周早期。

【出土時地】日本藏家上世紀 80-90 年代購於海外。

【收 藏 者】日本某收藏家。

【尺度重量】通高 22 釐米。

【形制紋飾】曲口寬流槽，尖尾上翹，口沿有一對束傘形立柱，筒狀杯體，腹内側有牛首半環形鋬，三棱刀足外撇。柱帽飾雲紋，腹部飾鳳鳥紋，流槽下飾一對夔龍紋，夔龍頭向流口，均以雲雷紋襯底。

【著　　録】未著録。

【銘文字數】柱上鑄銘文 4 字。

【銘文釋文】✦凵父丁。

【備　　注】此爵與下器作寶彝爵同坑出土，形制、紋飾基本相同，大小相若，應是一組器物。

0657. 作寶彝爵

【時　　代】西周早期。

【出土時地】日本藏家上世紀 80-90 年代購於海外。

【收 藏 者】日本某收藏家。

【尺　　度】通高 23 釐米。

【形制紋飾】曲口寬流槽，尖尾上翹，口沿有一對束傘形立柱，筒狀杯體，腹内側有牛首半環形鋬，三棱刀足外撇。柱帽飾雲紋，腹部飾鳳鳥紋，流槽下飾一對夔龍紋，夔龍頭向杯體，均以雲雷紋襯底。

【著　　録】未著録。

【銘文字數】柱上鑄銘文 3 字。

【銘文釋文】乍(作)寶彝。

【備　　注】此爵與◆凵父丁爵同坑出土，形制、紋飾基本相同，大小相若，應是一組器物。

0658. 作父乙爵

【時　　代】西周早期。

【出土時地】2015 年 9 月出現在美國紐約佳士得拍賣會。

【收 藏 者】某收藏家。

【尺　　度】通高 21.5 釐米。

【形制紋飾】曲口，長流槽，尖尾上翹，口沿上有一對菌狀立柱，長卵形杯體，内側有牛首半環形鋬，三條錐足外撇，腹部有三道扉棱。流下和尾下飾蕉葉紋，頸部飾三角雲雷紋，腹部飾獸面紋。

【著　　録】未著録。

【銘文字數】鋬下腹壁鑄銘文 4 字。

【銘文釋文】□乍(作)父乙。

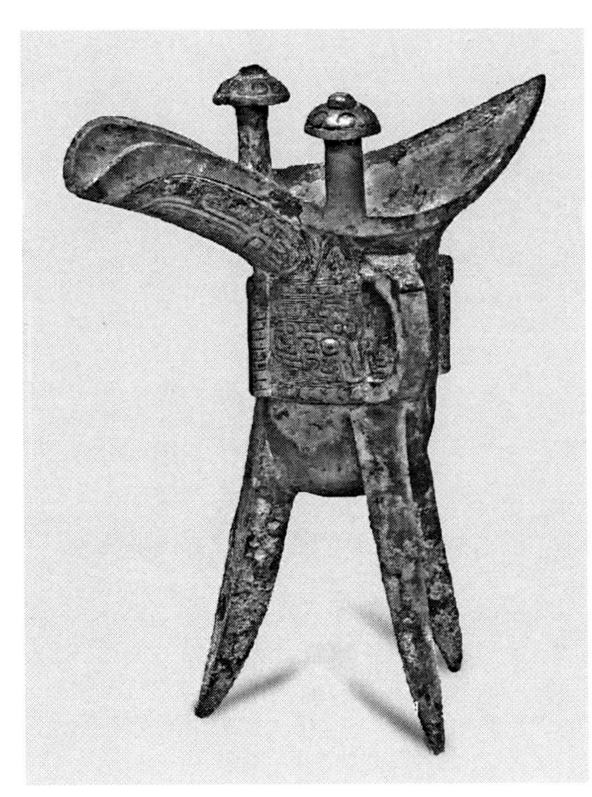

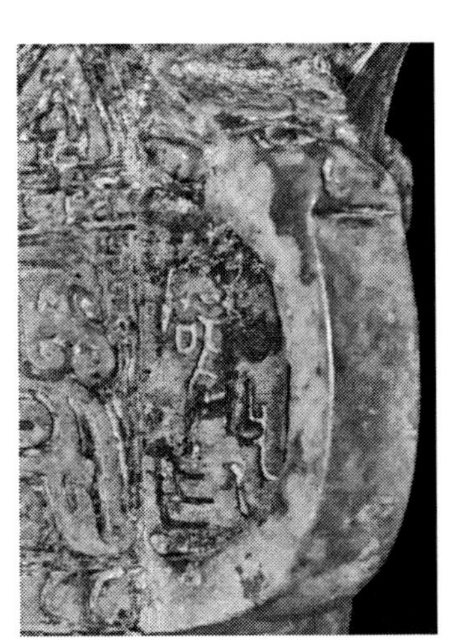

0659. 𠫑册父乙爵

【時　　代】西周早期。

【收 藏 者】臺北震榮堂(陳鴻榮、王亞玲夫婦)。

【尺　　度】通高 19.5、流至尾長 14.6 釐米。

【形制紋飾】曲口,長流槽,尖尾上翹,口沿上有一對束傘形立柱,長卵形杯體,内側有牛首鋬,三棱刀足外撇。柱帽飾渦紋,腹部飾雲雷紋組成的獸面紋,頸部飾三角蟬紋,流下飾龍紋。

【著　　録】金銅器 158 頁爵 11。

【銘文字數】鋬内鑄銘文 4 字。

【銘文釋文】父乙𠫑(𠫑、庚)册。

0660. 亞牧父乙爵

【時　　代】西周早期。

【出土時地】2012 年 9 月見於西安。

【收 藏 者】某收藏家。

【尺度重量】通高 20.7、流至尾長 18、口寬 7.8 釐米，重 0.76 公斤。

【形制紋飾】曲口，寬流槽，尖尾上翹，口沿上有一對菌狀立柱，長卵形杯體，内側有獸首鋬，三棱錐足外撇。柱帽飾渦紋，腹部飾兩組獸面紋。

【著　　録】未著録。

【銘文字數】鋬内鑄銘文 4 字。

【銘文釋文】亞牧父乙。

0661. 犬交父丁爵

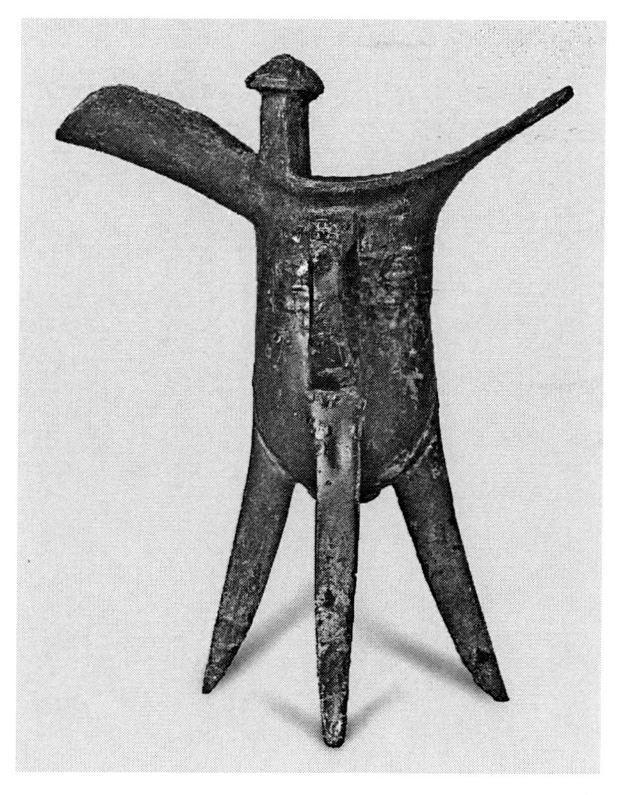

【時　　代】商代晚期。

【出土時地】安徽肥西縣上派鎮。

【收 藏 者】肥西縣文物管理所。

【尺　　度】通高21.3、流至尾長17釐米。

【形制紋飾】曲口，長流槽，尖尾上翹，流折處有一對菌狀立柱，長卵形杯體，内側有牛首半環形鋬，三條三棱錐足外撇。腹部飾三道弦紋。

【著　　録】江淮030。

【銘文字數】鋬内腹壁鑄銘文4字。

【銘文釋文】犬交父丁。

0662. 北爵甲

【時　　代】西周早期。

【出土時地】2010年山西翼城縣隆化鎮大河口西周墓地。

【收 藏 者】山西省考古研究所。

【尺　　度】通高19.5、流至尾長16.5釐米。

【形制紋飾】曲口，寬流槽，尖尾上翹，口沿上有一對菌狀立柱，卵圓杯體，内側有牛首半環形鋬，三條三棱錐足。柱帽飾渦紋，腹部飾獸面紋。

【著　　録】正經224頁。

【銘文字數】柱面鑄銘文2字，鋬下腹壁2字。

【銘文釋文】柱銘：北乍(作)；鋬下铭：父乙。

0663. 北爵乙

【時　　代】西周早期。

【出土時地】2010 年山西翼城縣隆化鎮大河口西周墓地。

【收 藏 者】山西省考古研究所。

【尺　　度】通高 19.5、流至尾長 16.5 釐米。

【形制紋飾】曲口寬流槽，尖尾上翹，口沿上有一對菌狀立柱，卵圓杯體，内側有牛首半環形鋬，三條三棱錐足。柱帽飾渦紋，腹部飾獸面紋。

【著　　録】正經 224 頁。

【銘文字數】柱面鑄銘文 2 字，鋬下腹壁 2 字。

【銘文釋文】柱銘：北乍(作)；鋬下铭：父乙。

【備　　注】鋬下銘未拓。

柱銘

0664. 曲臣𠂤父癸爵

【時　　代】商代晚期。

【出土時地】2012 年 6 月陝西寶雞市渭濱區石鼓鎮石嘴頭村石鼓山西周墓(M3.12)。

【收 藏 者】寶雞市渭濱區博物館。

【尺度重量】通高 21 釐米,重 0.8 公斤。

【形制紋飾】曲口,長流槽,口沿近流折處有一對菌狀柱,卵圓形杯體,內側有牛首鋬,三棱錐足外撇。腹部飾雲雷紋組成的獸面紋,柱帽飾渦紋。

【著　　録】考古與文物 2013 年 1 期 21 頁圖 38.10,文物 2013 年 2 期 49 頁圖 69.6。

【銘文字數】鋬内鑄銘文 5 字。

【銘文釋文】曲臣𠂤(侁)父癸。

【備　　注】"癸"字僅鑄出半個,"臣"字僅拓出下半。

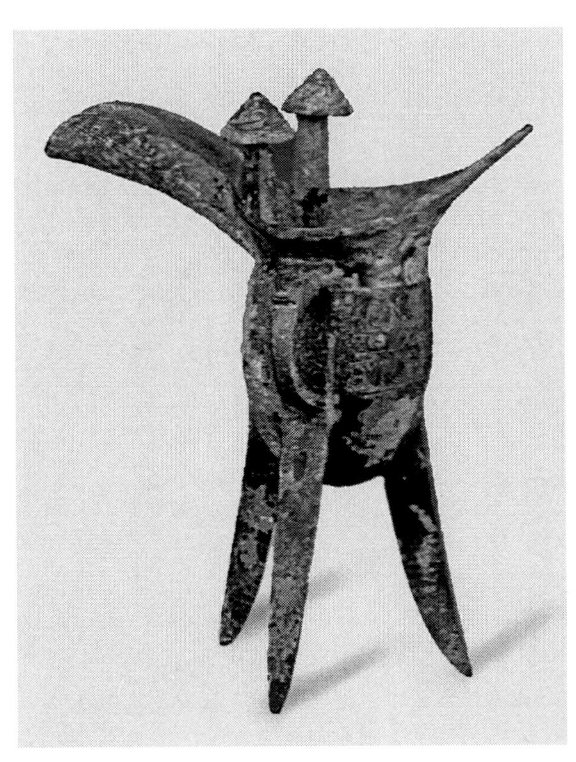

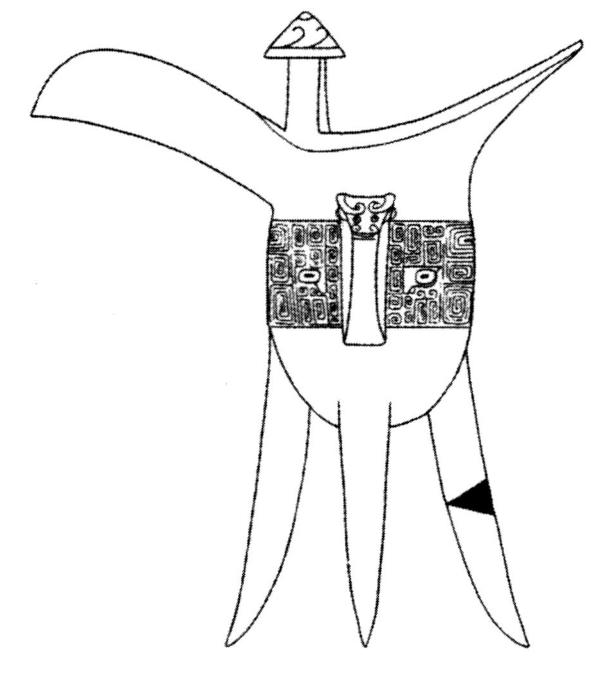

0665. 羕爵

【時　　代】西周早期。

【收 藏 者】某收藏家。

【形制紋飾】曲口，寬流槽，尖尾上翹，口沿上有一對束傘形立柱，長卵形杯體，内側有牛首半環形鋬，三條三棱刀足外撇。頸部飾三列雲雷紋組成的獸面紋帶。

【著　　録】未著録。

【銘文字數】内柱及頸部鑄銘文 6 字。

【銘文釋文】羕册册乍(作)父乙。

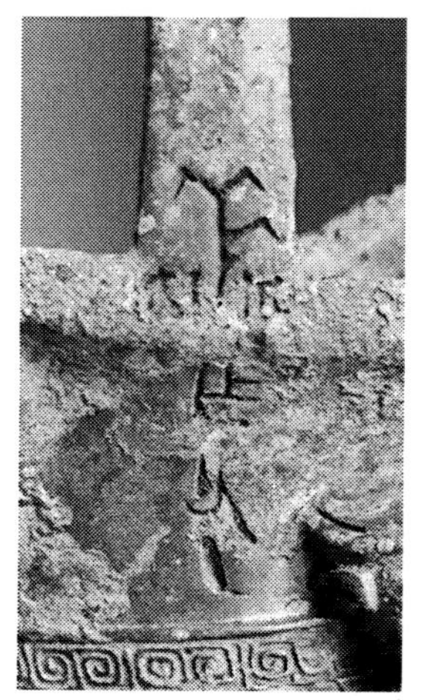

0666. 旨爵

【時　　代】西周早期。

【出土時地】2010年山西翼城縣隆化鎮大河口西周墓地。

【收 藏 者】山西省考古研究所。

【尺　　度】通高23釐米。

【形制紋飾】曲口寬流槽，尖尾上翹，口沿上有一對束傘形立柱，長卵形杯體，内側有牛首半環形鋬，三條三棱錐足。腹部飾一周目紋和列旗紋。

【著　　録】正經58頁。

【銘文字數】内柱鑄銘文2字，鋬下腹壁4字，共6字。

【銘文釋文】柱銘：旨乍(作)；鋬下銘：父辛、冉丁。

柱銘

鋬下銘

0667. 歷爵

【時　　代】西周早期。

【出土時地】河南洛陽。

【收 藏 者】洛陽博物館。

【尺　　度】通高 22.5、流至尾長 16.5 釐米。

【形制紋飾】曲口，流槽寬大，尖尾較短，口沿上有一對束傘狀立柱，長卵形杯體，内側有牛首鋬，三棱刀足外撇。柱帽飾渦紋，腹部飾目雷紋。

【著　　録】洛銅 98。

【銘文字數】内壁鑄銘文 7 字。

【銘文釋文】歷乍(作)父丁寶尊□。

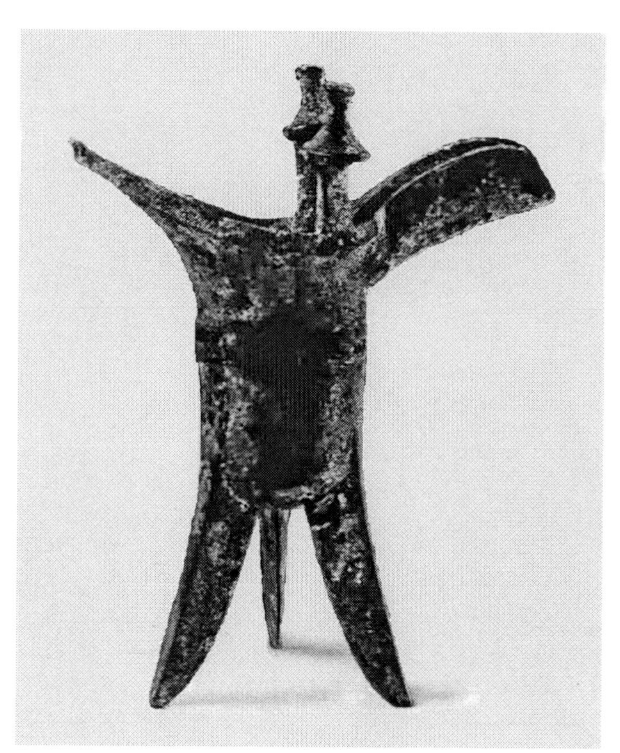

0668. □父爵

【時　　代】西周早期。

【收 藏 者】某收藏家。

【形制紋飾】曲口，寬流槽，尾較短，口沿上有一對束傘形立柱，長卵形杯體，内側有牛首半環形鋬，三棱刀足外撇。腹部飾雲雷紋組成的獸面紋，頸部、流下和尾下飾雲雷紋，頸的前面飾浮雕獸頭。

【著　　録】未著録。

【銘文字數】尾内鑄銘文16字(其中合文1)。

【銘文釋文】□白(伯)□父易(錫)□父貝卅朋，用乍(作)父寶隮(尊)彝。

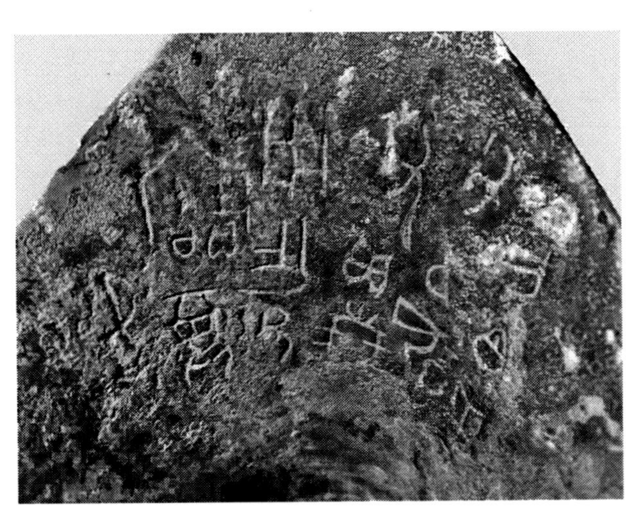

13．角

（0669）

0669. 亞㞷父丁角

【時　　代】商代晚期。

【收 藏 者】臺北震榮堂(陳鴻榮、王亞玲夫婦)。

【尺　　度】通高 23.5、兩尾相距 18.5 釐米。

【形制紋飾】曲口較平緩,兩翼上翹,卵圓形杯體,内側有牛首半環形鋬,三棱錐足外撇,腹部有三道扉棱。腹部飾雲雷紋組成的獸面紋,頸部飾三角雲雷紋,頸的前部增飾浮雕獸頭,尾下飾蕉葉紋。

【著　　録】金銅器 160 頁角 01。

【銘文字數】鋬内鑄銘文 4 字。

【銘文釋文】亞㞷(趄) 父丁。

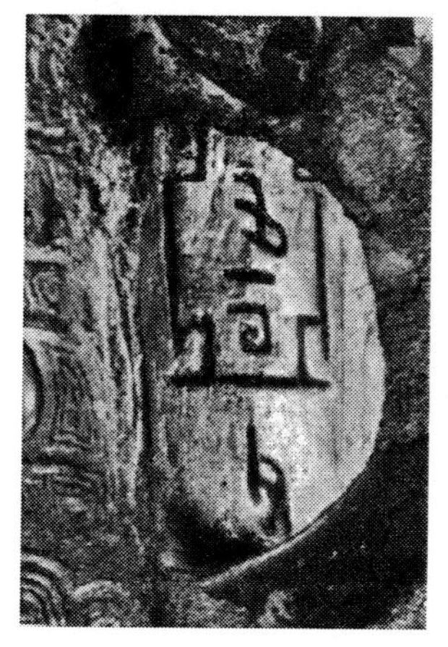

14. 觚

（0670-0709）

0670. 天觚

【時　　代】商代晚期。

【出土時地】安徽肥西縣上派鎮。

【收 藏 者】肥西縣文物管理所。

【尺　　度】通高 25.5、口徑 17.7 釐米。

【形制紋飾】喇叭口，長頸鼓腹，高圈足沿外侈。頸下部和圈足上部飾兩道弦紋，腹部飾雲雷紋組成的獸面紋，圈足飾目雲紋。

【著　　録】江淮 018。

【銘文字數】圈足内壁鑄銘文 1 字。

【銘文釋文】𠤎(天)。

0671. 刀觚（□觚）

【時　　代】商代晚期。

【出土時地】1948 年希臘駐華大使阿基洛珀斯購於上海金才記。

【收 藏 者】原藏希臘阿基洛珀斯(H. E. Alexandre J. Argyropoulos)，現藏奧地利朱利思·艾伯哈特。

【尺　　度】通高 31 釐米。

【形制紋飾】體細高，腹部略粗，圈足沿下折成較高的邊圈，腹和圈足有四道扉棱。頸上飾仰葉紋，葉内填以倒置的獸面紋，腹部飾上卷角獸面紋，圈足飾夔龍紋及下卷角獸面紋。

【著　　録】未著録。

【銘文字數】圈足内鑄銘文 1 字。

【銘文釋文】□（刀）。

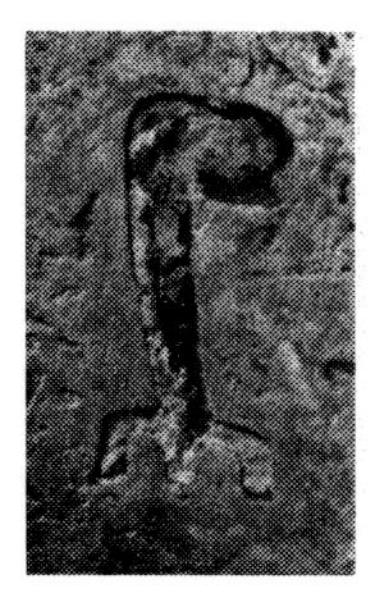

0672. 舌觚

【時　　代】商代晚期。

【出土時地】2006 年 7 月河南滎陽市廣武鎮小胡村商代墓(M28.7)。

【收 藏 者】河南省文物考古研究院。

【尺度重量】通高 22.5、口徑 13.3 釐米,重 0.8 公斤。

【形制紋飾】喇叭口,鼓腹,高圈足沿下折,圈足上部有一對十字孔。腹部飾獸面紋,圈足飾目雲紋。

【著　　録】華夏考古 2015 年 1 期 10 頁圖 9.1。

【銘文字數】圈足内壁鑄銘文 1 字。

【銘文釋文】舌。

0673. 舌觚

【時　　代】商代晚期。

【收 藏 者】某收藏家。

【尺　　度】通高 25.07、口徑 14.5、足徑 8.3 釐米。

【形制紋飾】喇叭口，長頸鼓腹，高圈足沿外侈。腹部及圈足有四道扉棱，頸部飾蕉葉紋，腹部飾獸面紋，圈足飾鏤空獸面紋。

【著　　録】未著録。

【銘文字數】圈足内鑄銘文 1 字。

【銘文釋文】舌。

0674. 畆觚

【時　　代】商代晚期。

【收 藏 者】某收藏家。

【尺　　度】通高 29、口徑 14.6、足徑 8.2 釐米。

【形制紋飾】喇叭口，長頸直腹，喇叭形高圈足，沿下折，形成一道窄邊圈，腹部和圈足各有四道扉棱。頸部飾蕉葉紋，腹部飾上卷角獸面紋，圈足飾下卷角獸面紋。

【著　　録】未著録。

【銘文字數】圈足内壁鑄銘文 1 字。

【銘文釋文】畆。

觚

0675. 先觚

【時　　代】商代晚期。

【出土時地】可能是 2001 年出自山西浮山縣橋北商代墓地。

【收 藏 者】日本大阪某收藏家。

【尺度重量】通高 28.2、口徑 15.7 釐米，重 1.22 公斤。

【形制紋飾】喇叭口，長頸，腹微粗，高圈足沿外撇，然後下折，形成一道邊圈，腹部和圈足有四道扉棱，圈足上部有一對十字孔。頸下部和圈足上部各有兩道弦紋，腹部和圈足均飾獸面紋。

【著　　録】中原文物 2014 年 61 頁圖 3、4。

【銘文字數】圈足内鑄銘文 1 字。

【銘文釋文】先。

【備　　注】2001 年山西省破獲一起文物盜掘案，繳獲 6 件先觚和 1 件先罍，均出自浮山縣橋北墓地。

0676. 鳶觚

【時　　代】商代晚期。

【出土時地】1955年從上海購得。

【收 藏 者】故宫博物院。

【尺度重量】通高25.3、口徑15釐米，重0.84公斤。

【形制紋飾】喇叭口，長頸鼓腹，高圈足沿下折，腹部和圈足各有四道矮扉棱。頸部飾蛇紋，其上飾蕉葉紋，腹部和圈足飾形象不同的獸面紋。此觚上部是民國時期北京藝人修配的，頸部的蕉葉紋屬僞刻。

【著　　録】辨僞446頁圖337。

【銘文字數】圈足内壁鑄銘文1字。

【銘文釋文】鳶。

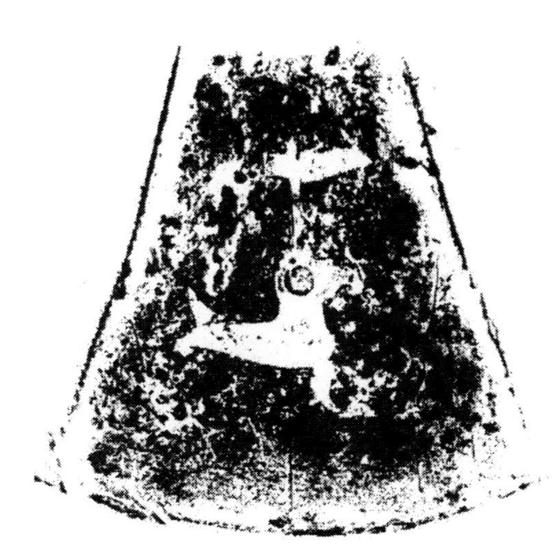

0677. 爻觚

【時　　代】商代晚期。

【收 藏 者】黑龍江省博物館。

【尺　　度】通高 27.6、口徑 14.2 釐米。

【形制紋飾】喇叭口，長頸，腹壁較直，高圈足沿下折，形成一道較高的邊圈，圈足上部有一對十字鏤孔。腹部和圈足均飾雲雷紋組成的獸面紋。

【著　　録】未著録。

【銘文字數】圈足内壁鑄銘文 1 字。

【銘文釋文】爻。

0678. 癸觚

【時　　代】商代晚期。

【收 藏 者】黑龍江省博物館。

【尺　　度】通高 25.2、口徑 14.8 釐米。

【形制紋飾】喇叭口，長頸，腹壁較直，高圈足沿下折，形成一道較高的邊圈。腹部和圈足均飾雲雷紋組成的獸面紋。

【著　　録】未著録。

【銘文字數】圈足内壁鑄銘文 1 字。

【銘文釋文】癸。

0679. 徙觚

【時　　代】商代晚期。

【收 藏 者】海外某收藏家。

【尺度重量】通高 14 釐米。

【形制紋飾】體較粗，喇叭口，長頸，腹微粗壯，高圈足沿外撇。頸下部和圈足上部各有兩道弦紋，腹部飾下卷角獸面紋。

【著　　録】未著録。

【銘文字數】圈足内鑄銘文 1 字。

【銘文釋文】徙。

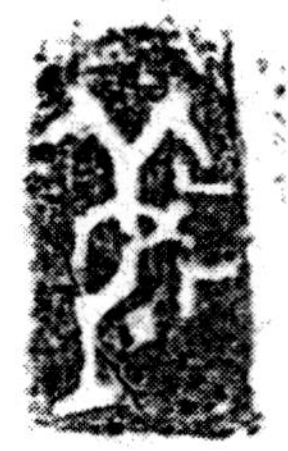

0680. 桒觚

【時　　代】商代晚期。

【出土時地】2014 年 9 月日本東京中央秋季拍賣會。

【收 藏 者】原藏日本某收藏家。

【尺　　度】通高 26.5 釐米。

【形制紋飾】喇叭口，長頸，腹壁較直，高圈足沿下折，形成一道邊圈，腹部和圈足各有四道扉棱。頸部飾蛇紋，其上爲蕉葉紋，腹部飾上卷角獸面紋，圈足上部飾蟬紋，下部飾曲折角獸面紋，均以雲雷紋襯底。

【著　　録】未著録。

【銘文字數】圈足内壁鑄銘文 1 字。

【銘文釋文】桒。

0681. □觚

【時　　代】商代晚期。

【出土時地】2015 年 3 月出現在美國紐約蘇富比春季拍賣會。

【收 藏 者】某收藏家。

【尺　　度】通高 20.3 釐米。

【形制紋飾】喇叭口，長頸，腹部微粗，高圈足呈喇叭形。頸下部和圈足上部各飾一道弦紋，腹部飾單綫獸面紋。

【著　　録】未著録。

【銘文字數】圈足内鑄銘文 1 字。

【銘文釋文】□。

0682. □觚

【時　　代】商代晚期。

【收 藏 者】臺北震榮堂（陳鴻榮、王亞玲夫婦）。

【尺　　度】通高 28、口徑 17 釐米。

【形制紋飾】喇叭口，長頸，腹微鼓，喇叭形高圈足，沿下折，形成一道窄邊圈，腹部和圈足各有四道扉棱。頸部飾蕉葉紋，腹部及圈足飾雲雷紋組成的獸面紋。

【著　　録】金銅器 173 頁觚 11。

【銘文字數】圈足内壁鑄銘文 1 字。

【銘文釋文】□。

【備　　注】同坑出土的另一件觚，與此形制、紋飾、大小相同，但銘文爲“史”，資料未公布。

0683. □觚

【時　　代】商代晚期。

【出土時地】明義士購自上海。

【收 藏 者】原藏明義士，現藏加拿大多倫多皇家安大略博物館。

【尺　　度】通高 33 釐米。

【形制紋飾】體較粗，喇叭口，長頸鼓腹，高圈足沿外撇，然後下折，形成一道邊圈，腹部和圈足有四道扉棱，圈足上部有一對十字孔。頸下部和圈足上部各有兩道弦紋，腹部飾獸面紋，圈足飾夔龍紋。

【著　　録】明藏 262 頁圖 2.3。

【銘文字數】圈足内鑄銘文 1 字。

【銘文釋文】□。

【備　　注】館藏號：ROM960.234.21。

0684. 中觚

【時　　代】商代晚期。

【出土時地】1975 年 6 月 4 日購自美國紐約古董商 Rare Art，lnc。

【收 藏 者】歐洲某收藏家。

【尺　　度】通高 29.8 釐米。

【形制紋飾】喇叭口，長頸，腹壁較直，高圈足沿下折，形成一道邊圈，腹部和圈足有四道扉棱。頸部飾蕉葉紋，腹部和圈足飾兩組由倒置夔龍組成的獸面紋，圈足上部增飾小鳥紋，均以雲雷紋襯底。

【著　　録】未著録。

【銘文字數】圈足内鑄銘文 1 字。

【銘文釋文】中。

0685. 𠨘觚

【時　　代】西周早期前段。
【收 藏 者】某收藏家。
【形制紋飾】喇叭口，長頸，腹壁直，高圈足沿下折，形成一道邊圈，腹部和圈足各有四道扉棱。器腹和圈足均飾獸面紋。
【著　　録】未著録。
【銘文字數】圈足内壁鑄銘文 1 字。
【銘文釋文】𠨘。

0686. 南㲋觚

【時　　代】商代晚期。
【收 藏 者】某收藏家。
【著　　録】未著録。
【銘文字數】圈足内鑄銘文 2 字。
【銘文釋文】南㲋。

0687. 旬觚（旬觚）

【時　　代】商代晚期。

【出土時地】2015 年 12 月 10 日見於盛世收藏網。

【收 藏 者】某收藏家。

【尺度重量】通高 27.7、口徑 15.2、底徑 8.7 釐米，重 1030 克。

【形制紋飾】喇叭口，長頸，腹壁較直，高圈足，沿下折形成一道邊圈，腹部和圈足各有四道扉棱。頸飾蕉葉紋，腹部和圈足飾雲雷紋組成的獸面紋。

【著　　録】未著録。

【銘文字數】圈足内鑄銘文 2 字，内容相同。

【銘文釋文】旬（旬）旬（旬）。

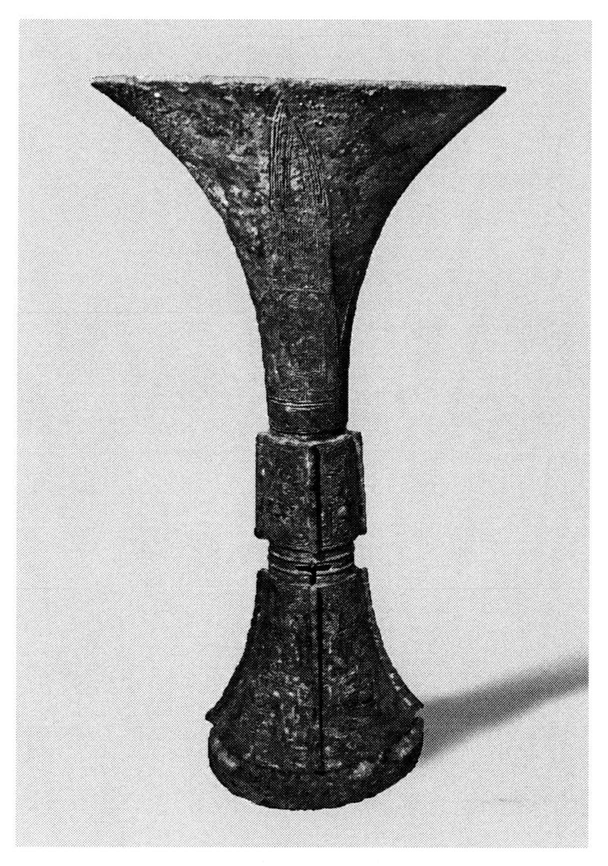

0688. 宁矢觚(矢宁觚)

【時　　代】商代晚期。

【出土時地】明義士購自河南安陽。

【收 藏 者】原藏明義士,現藏加拿大多倫多皇家安大略博物館。

【尺　　度】通高 30、口徑 18.1、底徑 10.8 釐米。

【形制紋飾】喇叭口,長頸,腹微粗,高圈足沿外撇,然後下折,形成一道邊圈,圈足上部有一對十字孔。頸下部和圈足上部各有兩道弦紋,腹部和圈足均飾獸面紋。

【著　　録】明藏 262 頁圖 2.2。

【銘文字數】圈足内鑄銘文 2 字。

【銘文釋文】矢宁。

【備　　注】館藏號:ROM960.234.21。

0689. 尹舟觚

【時　　代】商代晚期。
【收 藏 者】臺北震榮堂(陳鴻榮、王亞玲夫婦)。
【尺度重量】通高 26、口徑 15 釐米。
【形制紋飾】喇叭口,長頸,腹微鼓,喇叭形高圈足。頸的下部和圈足的上部各飾兩周弦紋,腹部飾雲雷紋組成的獸面紋,圈足飾雲雷紋組成的夔龍紋。
【著　　録】金銅器 175 頁觚 13。
【銘文字數】圈足内壁鑄銘文 2 字。
【銘文釋文】尹舟。
【備　　注】“尹舟”或釋爲“肁”。

0690. 冉癸觚(𠕁癸觚、癸𠕁觚)

【時　　代】商代晚期。

【出土時地】2015 年 9 月出現在美國紐約佳士得拍賣會。

【收 藏 者】某收藏家。

【尺　　度】通高 29.2 釐米。

【形制紋飾】三段式,喇叭口,鼓腹長頸,圈足沿有邊圈,腹部和圈足各有四道矮扉棱。頸部飾蕉葉紋,腹部和圈足飾雲雷紋組成的獸面紋。

【著　　録】未著録。

【銘文字數】圈足内壁鑄銘文 1 字。

【銘文釋文】癸𠕁(冉)。

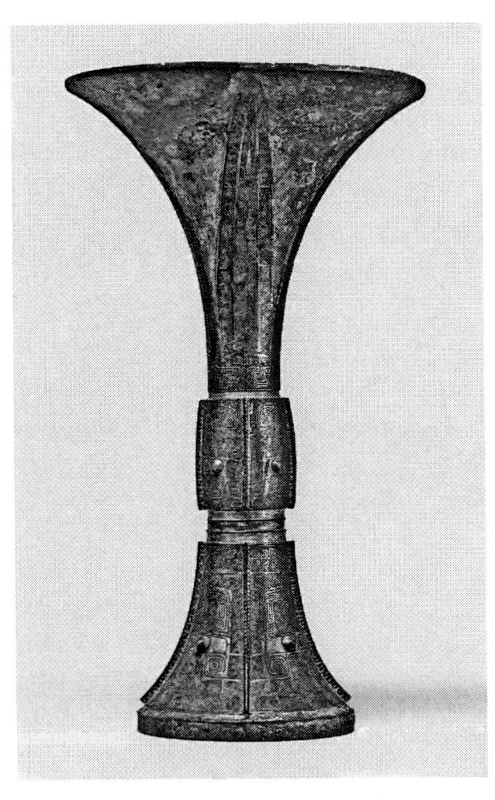

0691. 亞醜士觚(士亞醜觚)

【時　　代】商代晚期。

【收 藏 者】臺北震榮堂(陳鴻榮、王亞玲夫婦)。

【尺度重量】通高 30.5、口徑 16.5 釐米。

【形制紋飾】喇叭口,長頸直腹,喇叭形高圈足,足沿下折,形成較高的邊圈,腹部和圈足有四道扉棱。頸部飾蛇紋,其上飾蕉葉紋,葉内填以倒置的獸面,腹部飾上卷角獸面紋,圈足飾夔龍紋和下卷角獸面紋,均以雲雷紋襯底。

【著　　録】金銅器 167 頁觚 05。

【銘文字數】圈足内壁鑄銘文 3 字。

【銘文釋文】士亞醜(醜)。

0692. 史母癸觚甲

【時　　代】商代晚期。

【收 藏 者】臺北震榮堂(陳鴻榮、王亞玲夫婦)。

【尺度重量】通高 25、口徑 14 釐米。

【形制紋飾】喇叭口，長頸鼓腹，喇叭形高圈足。頸部飾兩周鱗紋組成的蕉葉紋，腹部飾上卷角獸面紋，圈足飾回首龍紋，均以雲雷紋襯底。

【著　　録】金銅器 165 頁觚 03。

【銘文字數】圈足内壁鑄銘文 3 字。

【銘文釋文】史母癸。

0693. 史母癸觚乙

【時　　代】商代晚期。

【收 藏 者】臺北震榮堂(陳鴻榮、王亞玲夫婦)。

【尺度重量】通高 24、口徑 14 釐米。

【形制紋飾】喇叭口,長頸,腹微鼓,喇叭形高圈足。腹部及圈足均飾雲雷紋組成的獸面紋。

【著　　録】金銅器 171 頁觚 09。

【銘文字數】圈足内壁鑄銘文 3 字。

【銘文釋文】史母癸。

0694. 山父戊觚

【時　　代】商代晚期。

【收 藏 者】日本兵庫縣千石唯司。

【形制紋飾】喇叭口,長頸,腹壁較直,高圈足,通體有四道扉棱。頸部飾蕉葉紋,腹部飾由倒置的夔龍組成的獸面紋,圈足飾一對顧首龍組成的獸面紋,均以雲雷紋襯底。

【著　　録】考古學集刊(15)108 頁圖 3.3。

【銘文字數】圈足内壁鑄銘文 3 字。

【銘文釋文】山父戊。

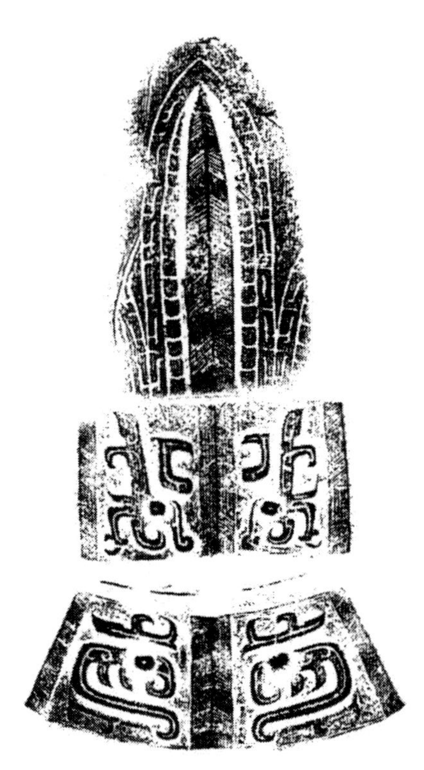

0695. 㠱父辛觚

【時　　代】商代晚期。

【收 藏 者】海外某收藏家。

【尺　　度】通高 23.4、口徑 14.5 釐米。

【形制紋飾】橫截面呈圓形，喇叭口，鼓腹，高圈足沿下折，形成一道較高的邊圈。腹部和圈足各有四道低扉棱，頸部飾蕉葉紋，腹部和圈足飾獸面紋。

【著　　録】未著録。

【銘文字數】圈足内鑄銘文 3 字。

【銘文釋文】㠱父辛。

0696. 戈辛乙觚

【時　　代】商代晚期。

【出土時地】1954 年收購。

【收 藏 者】故宫博物院。

【尺度重量】通高 27、口徑 14.5 釐米，重 1.06 公斤。

【形制紋飾】該觚係生坑，但器身上部是用他器拼湊而成，焊接處在腹部上端。喇叭口，長頸鼓腹，高圈足沿下折，頸的下部和圈足上部飾兩道弦紋，腹部飾兩組雲雷紋組成的獸面紋，圈足飾目雷紋。

【著　　録】辨僞 21 頁圖 10。

【銘文字數】圈足内鑄銘文 3 字。

【銘文釋文】戈辛乙。

0697. 戈父乙觚

【時　　代】商代晚期。
【出土時地】2014 年 9 月日本東京中央秋季拍賣會。
【收 藏 者】原藏日本京都某收藏家。
【尺　　度】通高 30.8 釐米。
【形制紋飾】喇叭口，長頸，腹壁較直，高圈足沿下折，形成一道邊圈，腹部和圈足各有四道扉棱。頸部飾蛇紋，其上爲蕉葉紋，腹部飾上卷角獸面紋，圈足上部飾夔龍紋，下部飾曲折角獸面紋，均以雲雷紋襯底。
【著　　録】未著録。
【銘文字數】圈足内壁鑄銘文 3 字。
【銘文釋文】戈父乙。

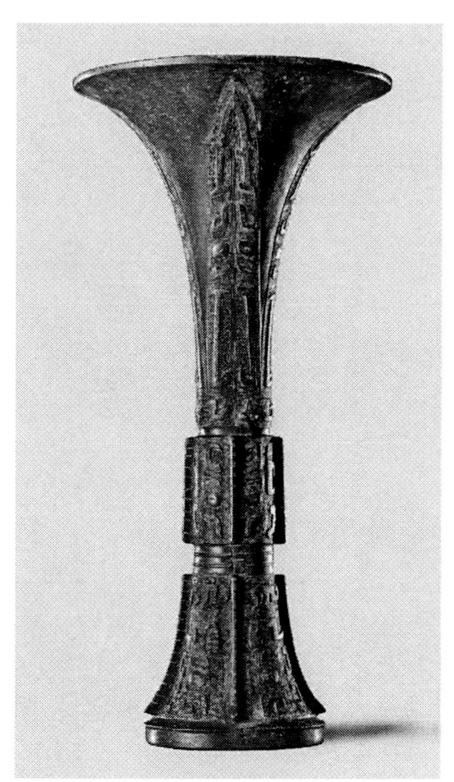

0698. □父辛觚(父辛□觚)

【時　　代】商代晚期。

【收 藏 者】海外某收藏家。

【尺　　度】通高 31 釐米。

【形制紋飾】細高體,喇叭口,長頸鼓腹,高圈足沿下折,形成一道邊圈,腹部和圈足各有四道扉棱。頸部飾蛇紋,其上飾蕉葉紋,腹部飾上卷角獸面紋,圈足飾曲折角獸面紋。

【著　　録】未著録。

【銘文字數】圈足内鑄銘文 3 字。

【銘文釋文】父辛,□。

0699. 冈父癸觚

【時　　代】商代晚期。

【收 藏 者】某收藏家。

【尺　　度】通高 30.2、口徑 17 釐米。

【形制紋飾】喇叭口，長頸直腹，圈足沿外侈，下沿有邊圈，腹部和圈足各有四道扉棱。腹部飾兩組上卷角獸面紋，圈足飾兩組曲折角獸面紋，頸部飾一周蛇紋，其上有四組蕉葉紋，蕉葉之内填以倒置的獸面，均以雲雷紋襯底。

【著　　録】未著録。

【銘文字數】圈足内鑄銘文 3 字。

【銘文釋文】冈父癸。

0700. 亞離示癸觚(示亞離癸觚)

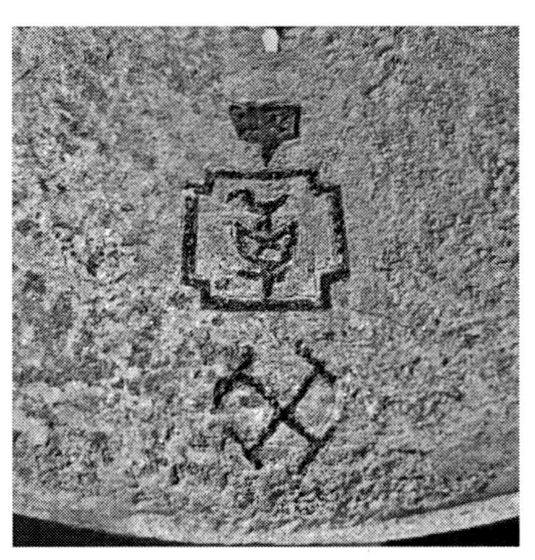

【時　　代】商代晚期。
【收 藏 者】某收藏家。
【形制紋飾】高圈足,沿下折,足上部有一對十字鏤孔。
【著　　録】未著録。
【銘文字數】圈足内鑄銘文 4 字。
【銘文釋文】示亞離癸。
【備　　注】銘文應讀爲“亞離示癸”。

0701. 天黽父戊觚

【時　　代】商代晚期。
【出土時地】2015 年西安市公安局破案繳獲。
【收 藏 者】西安市公安局。
【尺　　度】通高 18.1、口徑 11.6 釐米。
【形制紋飾】横截面呈圓形,喇叭口,長頸,高圈足,腹部略高。腹部飾上卷角獸面紋,以雲雷紋襯底。
【著　　録】未著録。
【銘文字數】圈足内壁鑄銘文 4 字。
【銘文釋文】天黽父戊。

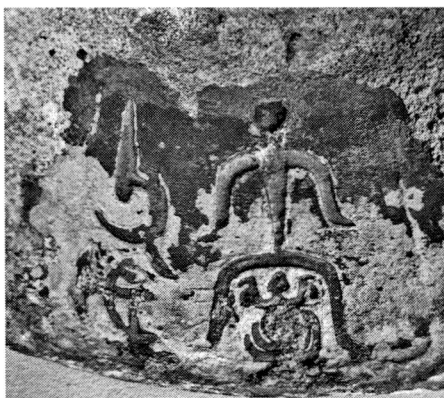

0702. 雋乙亞舟觚

【時　　代】商代晚期。

【收 藏 者】某收藏家。

【形制紋飾】喇叭口，長頸，腹微外鼓，高圈足，沿下折，圈足上部有一對十字孔。頸的下部和圈足上部各飾兩道弦紋，腹部飾連珠紋鑲邊的獸面紋，圈足飾目雲紋。

【著　　録】未著録。

【銘文字數】圈足内鑄銘文 4 字。

【銘文釋文】[illegible]（雋－雋）乙亞舟。

0703. 犬交父丁觚

【時　　代】商代晚期。

【出土時地】安徽肥西縣上派鎮。

【收 藏 者】肥西縣文物管理所。

【尺　　度】通高 15.3、口徑 10.8、圈足徑 8.1 釐米。

【形制紋飾】喇叭口，長頸，腹部微鼓，高圈足沿外侈，然後下折，形成一道邊圈。頸部飾雲雷紋，其上飾蕉葉紋，腹部飾雲雷紋和目紋組成的四瓣花紋，圈足飾鳥紋。

【著　　録】江淮 022。

【銘文字數】圈足内壁鑄銘文 4 字。

【銘文釋文】犬交父丁。

0704. 天黽獻□田觚

【時　　代】商代晚期。

【收 藏 者】涵古齋。

【尺　　度】通高 29 釐米。

【形制紋飾】喇叭口，長頸，腹壁直，喇叭形高圈足，沿下折形成一道較高的邊圈，腹部和圈足各有四道扉棱。頸部飾蛇紋，其上爲蕉葉紋，腹部飾上卷角獸面紋，圈足飾曲折角獸面紋。

【著　　録】未著録。

【銘文字數】圈足内鑄銘文 5 字。

【銘文釋文】天黽獻□田。

0705. 亞𠄒天黽獻觚甲

【時　　代】商代晚期。
【收 藏 者】日本某收藏家。
【形制紋飾】喇叭口，長頸，鼓腹，高圈足。
【著　　録】未著録。
【銘文字數】圈足内鑄銘文5字。
【銘文釋文】亞𠄒天黽獻。
【備　　注】同坑出土有卣2件、觚2件、觶等。“亞𠄒”二字接近腹底，未拍清楚。

0706. 亞𠄒天黽獻觚乙

【時　　代】商代晚期。
【收 藏 者】日本某收藏家。
【形制紋飾】喇叭口，長頸，鼓腹，高圈足。
【著　　録】未著録。
【銘文字數】圈足内鑄銘文5字。
【銘文釋文】亞𠄒天黽獻。
【備　　注】“亞𠄒”二字接近腹底，未拍清楚。

0707. 魚觚

【時　　代】西周早期。

【收 藏 者】某收藏家。

【形制紋飾】喇叭口，長頸鼓腹，高圈足，沿外撇。頸的下部和圈足上部各有兩道弦紋，腹部飾浮雕獸面紋。

【著　　録】未著録。

【銘文字數】圈足内鑄銘文5字。

【銘文釋文】魚乍(作)寶隮(尊)彝。

0708. 西觚甲

【時　　代】西周早期。

【出土時地】2004 年底山東滕州市官橋鎮前掌大村西周墓(M1.1)。

【收 藏 者】滕州市博物館。

【尺　　度】通高 28.5、口徑 16.5 釐米。

【形制紋飾】喇叭口,長頸直腹,高圈足沿下折,腹部和圈足各有四道扉棱。頸部飾夔龍紋,其上飾蕉葉紋,葉内填以倒置的獸面,腹部飾上卷角獸面紋,圈足飾夔龍紋和曲折角獸面紋。

【著　　録】文物 2014 年 4 期 6 頁圖 8.3。

【銘文字數】圈足内鑄銘文 7 字。

【銘文釋文】西乍(作)父丁寶彝,史。

0709. 西觚乙

【時　　代】西周早期。

【出土時地】2004年底山東滕州市官橋鎮前掌大村西周墓（M1. 盜5）。

【收 藏 者】滕州市博物館。

【尺　　度】通高28.5、口徑16.5釐米。

【形制紋飾】喇叭口，長頸直腹，高圈足沿下折，腹部和圈足各有四道扉棱。頸部飾夔龍紋，其上飾蕉葉紋，葉内填以倒置的獸面，腹部飾上卷角獸面紋，圈足飾夔龍紋和曲折角獸面紋。

【著　　録】文物2014年4期封二：1。

【銘文字數】圈足内鑄銘文7字。

【銘文釋文】西乍（作）父丁寶彝，史。

15. 觶

（0710－0737）

0710. 獸觶

【時　　代】商代晚期。

【收 藏 者】臺北震榮堂(陳鴻榮、王亞玲夫婦)。

【尺度重量】通高 22、口徑 11.5 釐米。

【形制紋飾】體細高,侈口束頸,鼓腹,高圈足沿下折,形成一道較高的邊圈,蓋面隆起,上有菌狀鈕,下有子口。蓋面、頸部、腹部及圈足均飾獸面紋。

【著　　録】金銅器 180 頁觶 03。

【銘文字數】鑄銘文 1 字。

【銘文釋文】獸(獸)。

0711. 魚觶

【時　　代】西周早期。

【收 藏 者】海外某收藏家。

【尺　　度】通高 13.3 釐米。

【形制紋飾】侈口束頸，唇沿寬厚，圓鼓腹，高圈足沿下折，形成一道邊圈。頸部和圈足均飾菱形雷紋帶，上下以横鱗紋鑲邊。

【著　　録】未著録。

【銘文字數】内底鑄銘文 1 字。

【銘文釋文】魚。

0712. 冉觶（〓觶）

【時　　代】西周早期。

【出土時地】1969 年 4 月 11 日歐洲某收藏家購自日本東京古董商 Seikodo，2015 年 10 月又出現在英國倫敦佳士得拍賣會。

【收 藏 者】歐洲某收藏家。

【尺度重量】通高 13 釐米。

【形制紋飾】侈口長頸，鼓腹，高圈足沿外侈。通體光素。

【著　　録】未著録。

【銘文字數】圈足内鑄銘文 1 字。

【銘文釋文】〓（冉）。

0713. 祖丙觶

【時　　代】西周早期。

【出土時地】2011 年湖北隨州市淅河鎮蔣寨村葉家山西周墓地(M8.9)。

【收 藏 者】湖北省文物考古研究所。

【尺度重量】通高 14.5、口徑 6.4 × 7.1、腹深 11.9 釐米,重 0.36 公斤。

【形制紋飾】横截面呈橢圓形,侈口長頸,鼓腹,高圈足。圈足飾一周目雷紋,腹部光素。

【著　　録】考古 2012 年 7 期 42 頁圖 18.13。

【銘文字數】内底鑄銘文 2 字。

【銘文釋文】且(祖)丙。

0714. 父乙觶

【時　　代】商代晚期。

【出土時地】1956 年入藏。

【收 藏 者】故宫博物院。

【尺度重量】通高 14.3、寬 12.3 釐米，重 0.28 公斤。

【形制紋飾】橢圓體，侈口長頸，垂腹，高圈足。頸部和圈足均飾雲雷紋組成的獸面紋帶。原本口部殘缺一塊，後人以它器的流槽和牛首扁條鋬拼湊呈現狀。

【著　　録】辨僞 76 頁圖 58。

【銘文字數】内底鑄銘文 2 字。

【銘文釋文】父乙。

0715. 父庚觶

【時　　代】西周早期。

【收 藏 者】海外某收藏家。

【尺　　度】通高 24 釐米。

【形制紋飾】橫截面呈圓形，侈口束頸，鼓腹，蓋面呈弧形隆起，頂部有一個圓雕立牛，圈足沿下折，形成一道邊圈。蓋面、頸部均飾垂冠回首夔龍紋，頸的前後增飾浮雕獸頭，圈足飾卷唇夔龍紋，均以雲雷紋襯底。

【著　　録】未著録。

【銘文字數】蓋、器同銘，各 2 字。

【銘文釋文】父庚。

蓋

器

0716. 父癸觶

【時　　代】西周早期。
【出土時地】河南洛陽。
【收 藏 者】洛陽博物館。
【尺　　度】通高 13、口徑 6.7 釐米。
【形制紋飾】横截面呈圓形，侈口長頸，鼓腹，高圈足。通體光素。
【著　　録】洛銅 105。
【銘文字數】内底鑄銘文 2 字。
【銘文釋文】父癸。

0717. 亞𣪕雁觶

【時　　代】商代晚期。

【收 藏 者】某收藏家。

【形制紋飾】侈口束頸，鼓腹，高圈足，蓋面隆起，上有半環形鈕，下有子口。蓋面飾及頸部飾一周雲雷紋，圈足亦有紋飾。

【著　　録】未著録。

【銘文字數】蓋、器同銘，各 3 字。

【銘文釋文】亞𣪕雁。

【備　　注】器銘銹蝕嚴重未拍照。

0718. 保父辛觶

【時　　代】商代晚期。

【出土時地】2006 年 9 月河南安陽市殷墟郭家莊賽格金地城市廣場商代墓葬(M13.2)。

【收 藏 者】安陽市文物考古研究所。

【尺度重量】通高 17.6、口徑 8.4 釐米,重 0.65 公斤。

【形制紋飾】侈口束頸,鼓腹,圈足沿外侈。蓋面弧形隆起,上有菌狀鈕,整體銹蝕較嚴重。紋飾已無法分辨。

【著　　録】徐郭墓 69 頁拓片 5.5。

【銘文字數】蓋内鑄銘文 3 字。

【銘文釋文】保父辛。

0719. 戈祖己觶

【時　　代】商代晚期。

【出土時地】2014 年 9 月日本東京中央秋季拍賣會。

【收 藏 者】原藏日本九州某收藏家。

【尺　　度】通高 14.5 釐米。

【形制紋飾】侈口長頸，鼓腹，高圈足。頸部和圈足均飾目雲紋。

【著　　録】未著録。

【銘文字數】内底鑄銘文 3 字。

【銘文釋文】戈且(祖)己。

0720. 戈祖己觶

【時　　代】西周早期。
【收 藏 者】臺北震榮堂(陳鴻榮、王亞玲夫婦)。
【尺度重量】通高 11.5、口徑 8.8 釐米。
【形制紋飾】侈口束頸,鼓腹,高圈足。頸飾目雷紋,圈足飾雲雷紋。
【著　　録】金銅器 177 頁觶 01。
【銘文字數】圈足内壁鑄銘文 3 字。
【銘文釋文】且(祖)己,戈。

0721. 戈父乙觶

【時　　代】西周早期。

【出土時地】1998-2001 年山東滕州市官橋鎮前掌大村商周墓地(III M307.4)。

【收 藏 者】滕州市博物館。

【尺　　度】通高 13.9、口徑 10 釐米。

【形制紋飾】横截面呈橢圓形，侈口長頸，鼓腹圜底，圈足沿外侈。通體光素。

【著　　録】海岱考古第三輯 338 頁圖 95.9。

【銘文字數】内底鑄銘文 3 字。

【銘文釋文】戈父乙。

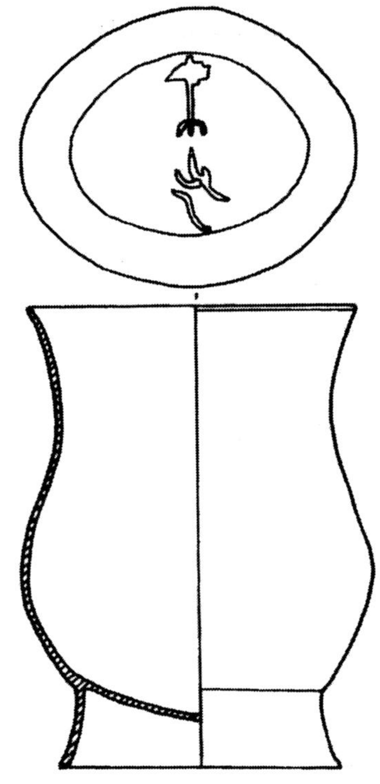

0722. 魚父丁觶

【時　　代】西周早期。

【收 藏 者】某收藏家。

【形制紋飾】橫截面呈圓形，侈口粗長頸，腹部微向外鼓，圈足沿外撇。頸部和圈足各有兩道弦紋，腹部飾浮雕狀下卷角獸面紋，不施底紋。

【著　　録】未著録。

【銘文字數】内底鑄銘文 3 字。

【銘文釋文】魚父丁。

0723. 藝父己觶

【時　　代】西周早期。

【收 藏 者】臺北震榮堂(陳鴻榮、王亞玲夫婦)。

【尺度重量】通高 14、口徑 7.5 釐米。

【形制紋飾】侈口束頸,鼓腹,高圈足。頸部飾一周目雷紋,圈足飾兩道弦紋。

【著　　録】金銅器 179 頁觶 02.2。

【銘文字數】内底壁鑄銘文 3 字。

【銘文釋文】൮(藝)父己。

0724. 兾父己觶

【時　　代】西周早期。

【收 藏 者】臺北震榮堂(陳鴻榮、王亞玲夫婦)。

【尺度重量】通高 14、口徑 7.5 釐米。

【形制紋飾】侈口束頸,鼓腹,高圈足。頸部及圈足均飾目雷紋。

【著　　録】金銅器 179 頁觶 02.1。

【銘文字數】内底鑄銘文 3 字。

【銘文釋文】□(兾)父己。

0725. 兆父辛觶

【時　　代】西周早期。

【出土時地】2003 年徵集。

【收 藏 者】中國國家博物館。

【尺　　度】通高 15.7、口徑 8.8、足徑 6.9 釐米。

【形制紋飾】侈口束頸，鼓腹圈足。通體光素。

【著　　録】百年 67 頁 29。

【銘文字數】内底鑄銘文 3 字。

【銘文釋文】兆父辛。

0726. 止父癸觶

【時　　代】西周早期。

【收 藏 者】臺北震榮堂(陳鴻榮、王亞玲夫婦)。

【尺度重量】通高 14、口徑 7.5 釐米。

【形制紋飾】侈口束頸,鼓腹,高圈足。頸部及圈足各飾兩周弦紋。

【著　　録】金銅器 179 頁觶 02.3。

【銘文字數】内底鑄銘文 3 字。

【銘文釋文】止父癸。

【備　　注】銘文照片中第一字僅有下半部。

0727. 册父口觶

【時　　代】西周早期。

【出土時地】2014 年 9 月日本東京中央秋季拍賣會。

【收 藏 者】原藏日本某收藏家。

【尺　　度】通高 14 釐米。

【形制紋飾】喇叭口，長頸鼓腹，高圈足沿外撇。頸部飾雲雷紋，圈足飾目紋和斜角雲雷紋。

【著　　録】未著録。

【銘文字數】内底鑄銘文 3 字。

【銘文釋文】册父口。

0728. 㠱母辛觶

【時　　代】西周早期。

【出土時地】2013年湖北隨州市曾都區淅河鎮蔣寨村葉家山西周墓地(M28.168)。

【收 藏 者】湖北省文物考古研究所。

【尺度重量】通高12.6、口徑6.6×7.8、腹深11.5、足徑58×6.5釐米,重0.305公斤。

【形制紋飾】横截面呈橢圓形,侈口束頸,下腹外鼓,圜底圈足。通體光素。

【著　　録】江漢考古32頁拓片16。

【銘文字數】内底鑄銘文3字。

【銘文釋文】㠱母辛。

0729. 㲽觶

【時　　代】西周早期。

【出土時地】2010 年 10 見於盛世收藏網。

【收 藏 者】某收藏家。

【尺　　度】通高 17 釐米。

【形制紋飾】横截面呈圓形，喇叭口，長頸，腹部微鼓，高圈足沿外撇。頸部和圈足各飾兩道弦紋。

【著　　録】未著録。

【銘文字數】圈足内壁鑄銘文 4 字。

【銘文釋文】㲽乍(作)且(祖)彝。

0730. 祖壬父戊觶

【時　　代】西周早期。

【收 藏 者】北京漢唐雅集。

【尺度重量】通高 15 釐米，重 800 克。

【形制紋飾】横截面呈橢圓形，侈口束頸，鼓腹圈足。頸部及圈足均飾目雲紋。

【著　　録】未著録。

【銘文字數】内底鑄銘文 4 字。

【銘文釋文】且（祖）壬、父戊。

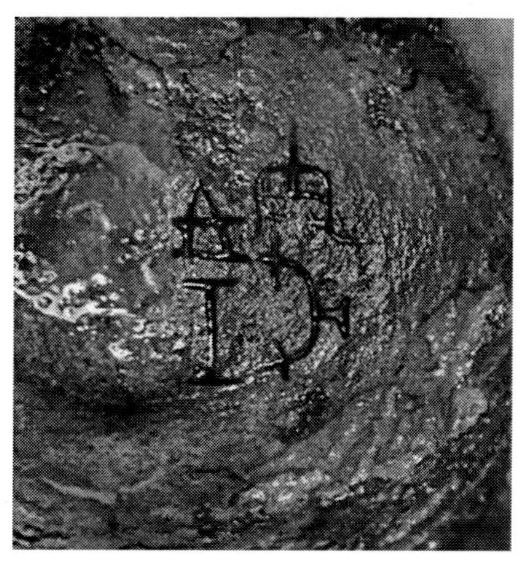

0731. 需册册父丁觶

【時　　代】西周早期。

【收 藏 者】某收藏家。

【形制紋飾】侈口束頸，鼓腹，高圈足。頸部飾一周雲雷紋，腹部光素。

【著　　録】未著録。

【銘文字數】内底鑄銘文 5 字。

【銘文釋文】需册册父丁。

0732. 爽鼎父癸觶(㠱觶)

【時　　代】西周早期。

【出土時地】2012 年 9 月出現在西安。

【收 藏 者】某收藏者。

【尺度重量】通高 19.2、口徑 9.3 × 10.8 釐米，重 1.03 公斤。

【形制紋飾】橫截面呈橢圓形，侈口束頸，鼓腹圈足，蓋面呈弧形鼓起，中部有半環鈕，鈕兩端飾圓雕犀牛頭。蓋沿、頸部飾連珠紋鑲邊的雲雷紋帶，圈足飾雲雷紋。

【著　　録】未著録。

【銘文字數】蓋内鑄銘文 1 字，器内底 4 字，共 5 字。

【銘文釋文】蓋銘：㠱；器銘：□(爽、戎)鼎父癸。

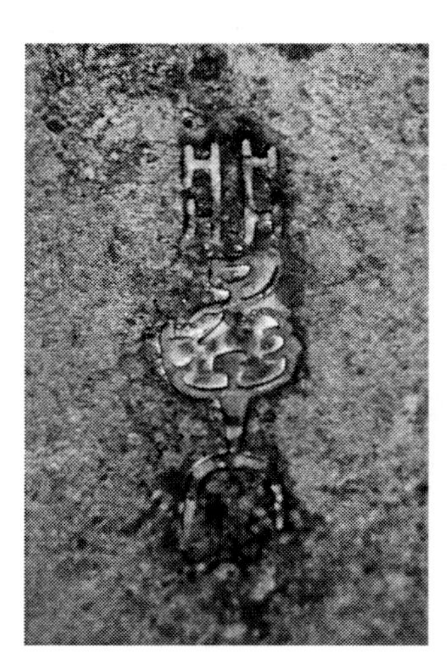

蓋

器

0733. 卯祖丁父戊觶

【時　　代】西周早期。

【收 藏 者】某收藏家。

【尺　　度】通高 15.5、口徑 7.7 × 6.9 釐米。

【形制紋飾】侈口長頸，鼓腹高圈足。頸部和圈足均飾變形夔龍紋，腹部光素。

【著　　録】未著録。

【銘文字數】内底鑄銘文 5 字。

【銘文釋文】卯且(祖) 丁父戊。

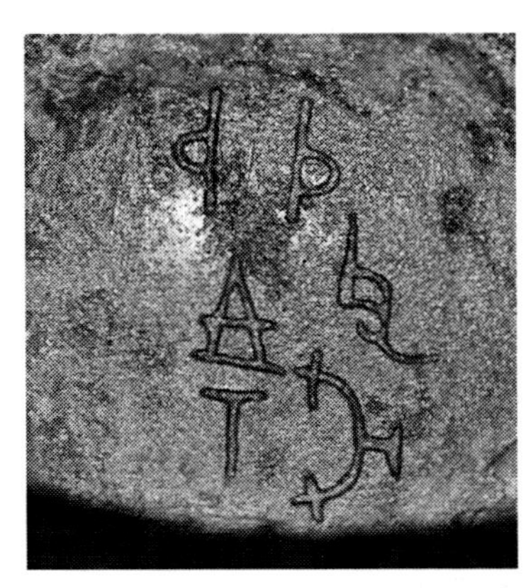

0734. 伯衜觶

【時　　代】西周早期。

【收 藏 者】某收藏家。

【形制紋飾】侈口束頸，鼓腹，矮圈足沿外侈。頸部飾兩道弦紋，並有一對圓雕象首，圈足飾一道弦紋。

【著　　録】未著録。

【銘文字數】内底鑄銘文 5 字。

【銘文釋文】伯衜乍(作)旅彝。

0735. 伯逨觶

【時　　代】西周中期前段。

【收 藏 者】某收藏家。

【形制紋飾】侈口鼓腹，圈足，蓋面隆起，上有半環形鈕。蓋沿和器頸飾垂冠回首尾下卷作刀形的夔龍紋，圈足飾兩道弦紋。

【著　　録】未著録。

【銘文字數】蓋、器同銘，各7字。

【銘文釋文】白（伯）逨乍（作）宫公尊彝。

【備　　注】器銘“尊”字作“隮”。

蓋

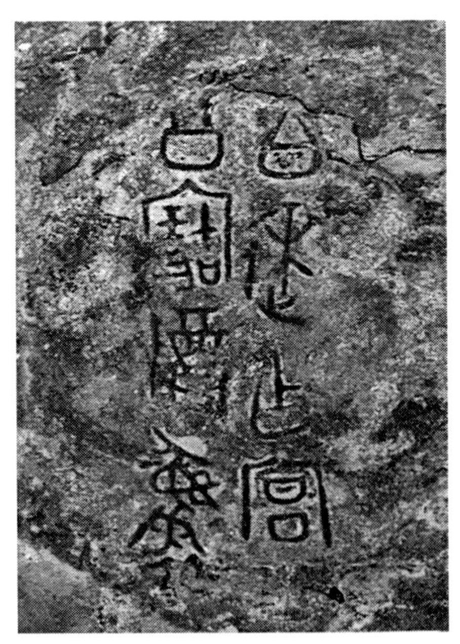

器

0736. 宣觶

【時　　代】西周早期。
【出土時地】2015 年 4 月出現在北京。
【收 藏 者】某收藏家。
【尺　　度】通高 19.8 釐米。
【形制紋飾】侈口束頸，鼓腹圜底，圈足沿下折，球面形蓋，上有圈狀捉手。蓋面上部和器腹飾直棱紋，蓋面下部、器頸和圈足均飾垂冠回首夔龍紋，不施底紋。
【著　　録】未著録。
【銘文字數】蓋、器同銘，各 8 字。
【銘文釋文】亞束，宣乍(作)父乙隮(尊)彝。

0737. 傳觶

【時　　代】西周早期。
【收 藏 者】某收藏家。
【形制紋飾】侈口長頸，鼓腹，高圈足，沿外侈。頸部飾雲雷紋，圈足飾目雷紋。
【著　　録】未著録。
【銘文字數】内底鑄銘文 10 字。
【銘文釋文】傳易（錫）貝，用乍（作）且（祖）戊寶障（尊）彝。

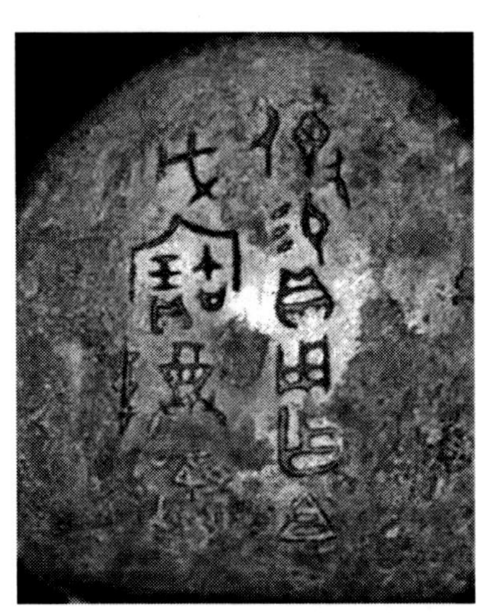